Allegría

Der Autor

Deepak Chopra ist der wohl bekannteste amerikanisch-indische Ayurveda-Arzt und Autor zahlreicher Bücher zu Themen des ganzheitlichen Heilens (von praktischen Ayurveda-Handbüchern bis zu philosophischen Grundlagenwerken). In seinen zahlreichen Vorträgen und seinen Werken, zu denen inzwischen auch literarische Erzählungen gehören, verbindet er östliche Weisheitslehren mit westlicher Wissenschaft. Zu seinen international erfolgreichsten Büchern gehören „Die sieben geistigen Gesetze des Erfolgs" und „Die sieben geistigen Gesetze des Yoga". Weitere Informationen zu Deepak Chopras Werk unter www.chopra.com

Von Deepak Chopra sind in unserem Hause erschienen:

Leben nach dem Tod
Bewusst glücklich
Frieden statt Angst
Die Rückkehr des Rishi
Die sieben geistigen Gesetze des Erfolgs
Die sieben geistigen Gesetze des Yoga
Heilkraft Ayurveda
Alle Kraft steckt in Dir
Die Quelle von Wohlstand und Glück
Das Orakel des Erfolgs (Deck)
Die sieben geistigen Gesetze des Erfolgs (CD)

Deepak Chopra

LEBEN NACH DEM TOD
Das letzte Geheimnis unserer Existenz

Aus dem Amerikanischen
übersetzt von
Wulfing von Rohr

Ullstein

Besuchen Sie uns im Internet:
www.ullstein-taschenbuch.de

Allegria im Ullstein Taschenbuch
Herausgegeben von Michael Görden

Dieses Taschenbuch wurde auf FSC-zertifiziertem Papier gedruckt.
FSC (Forest Stewardship Council) ist eine nichtstaatliche, gemeinnützige
Organisation, die sich für eine ökologische und sozialverantwortliche
Nutzung der Wälder unserer Erde einsetzt.

Ullstein Taschenbuch ist ein Verlag der Ullstein Buchverlage
Neuausgabe im Ullstein Taschenbuch
1. Auflage Mai 2010
© der deutschsprachigen Ausgabe 2007 by
Ullstein Buchverlage GmbH, Berlin
© der Originalausgabe LIFE AFTER DEATH 2006 by Deepak Chopra
Umschlaggestaltung: FranklDesign, München
Titelabbildung: Ateet Frankl
Satz: te*ha, Anif
Gesetzt aus der Sabon
Papier: Pamo Super von Arctic Paper Mochenwangen GmbH
Druck und Bindearbeiten: GGP Media GmbH, Pößneck
Printed in Germany
ISBN 978-3-548-74494-0

Meinen geliebten Eltern

INHALT

Erinnerung: Das jenseitige Leben 11

Teil I: Leben nach dem Tod
   1. Der Tod vor der Tür 35
   2. Das Sterben kurieren 51
   3. Der Tod erfüllt drei Wünsche 63
   4. Dem Strick entkommen 76
   5. Der Weg zur Hölle 93
   6. Geister 106
   7. Der unsichtbare Faden 119
   8. Die Seele sehen 136
   9. Zwei magische Worte 150
  10. Den Sturm überleben 173
  11. Geistführer und Boten 192
  12. Der Traum geht weiter 209

Teil II: Kann man es beweisen?
  13. Gibt es Akasha wirklich? 241
  14. Denken jenseits des Gehirns 263
  15. Der Mechanismus der Schöpfung 291

Epilog: Maha Samadhi 307

Anhang
Dank 315
Anmerkungen 316

LEBEN NACH
DEM TOD

ERINNERUNG:

DAS JENSEITIGE LEBEN

WÄHREND ICH AN diesem Buch über das Nachleben arbeitete, fühlte ich mich immer wieder an Geschichten erinnert, die ich als Kind in Indien gehört hatte. Gleichnisse sind eine eindrucksvolle Methode, um Kindern etwas beizubringen, und viele solcher Gleichnisse haben mich mein ganzes Leben hindurch begleitet. Deshalb entschloss ich mich, in dieses Buch Geschichten und Gleichnisse einzuweben, die ich damals zu Hause, in den Tempeln und in der Schule gehört hatte. Ich hoffe darauf, dass die Leser sich von einer Welt ansprechen lassen, in der Helden gegen das Dunkel kämpfen, um in das Licht zu gelangen.

In dieser Geschichte ist der Held eine Frau, Savitri. Ihr Feind, den sie besiegen muss, ist Yama, der Herr des Todes. Yama taucht eines Tages bei ihr im kleinen Garten vor dem Haus auf und wartet darauf, ihren Mann mitzunehmen, sobald er von seiner Arbeit als Holzfäller zurückkommt. Savitri erschrickt fürchterlich. Welche Strategie sollte denn überhaupt Erfolg dabei versprechen können, den Tod von seiner unausweichlichen Aufgabe abzuhalten?

Ich hatte niemals Probleme damit, mir die handelnden Personen vorzustellen. Ich hatte mit Savitri Angst und war gespannt herauszufinden, zu welchem Ende der Kampf ihres Verstandes gegen den Tod führen würde. Die Welt solcher Erzählungen floss ganz leicht in meine eigene ein, denn das Indien meiner

Kindheit war nicht so weit vom alten Indien entfernt. Ich
möchte kurz innehalten, um zu vermitteln, was der Tod und
die jenseitige Welt uns damals bedeuteten. Das hört sich vielleicht ziemlich metaphysisch und seltsam an. Sie können zu
dieser Geschichte ja später zurückkehren, nachdem Sie den
Hauptteil des Buches gelesen haben, wenn Ihnen das jetzt zu
viel sein sollte. Gleich, wie rätselhaft und exotisch es klingen
mag, fing ich doch damals genau damit an.

Transformation, Verwandlung, kam mir in meiner Kindheit
besonders magisch vor. Der Tod stellte nur einen kurzen Halte-
punkt auf einer endlosen Seelenreise dar, die aus einem Bauern
einen König machen konnte und umgekehrt. Da sich unendliche Leben zeitlich vorwärts und rückwärts erstreckten, konnte eine Seele Hunderte von Himmeln und Höllen erleben. Der
Tod war nicht das Ende, vielmehr öffnete er den Weg zu unbegrenzten Abenteuern. Auf einer tieferen Ebene ist es typisch indisch, keinerlei Dauer herbeizusehnen. Ein Wassertropfen ver-
dampft und wird unsichtbar, und doch verdichtet sich dieser
Dampf zu sich aufbauschenden Wolken, und aus solchen Wolken fällt der Regen zurück auf die Erde und bildet rauschende
Bäche, die zu großen Strömen werden und schließlich ins Meer
münden. Ist der Wassertropfen unterdessen gestorben? Nein,
er erfährt in jedem Stadium einen neuen Ausdruck. Gleichermaßen ist es eine Einbildung zu meinen, dass ich einen fixen
Körper hätte, der in Raum und Zeit eingeschlossen wäre. Jeder
Tropfen Wasser in meinem Körper ist vielleicht schon viele
Male Meer, Wolke, Fluss oder Quelle gewesen. Vielleicht erst
gestern noch. An diese Tatsache erinnere ich mich immer gern,
wenn die Fesseln des Alltagslebens zu eng werden.

Im Westen hat man sich das Jenseits als einen Ort vorgestellt, welcher der materiellen Welt ähnlich ist. Himmel, Hölle
und Fegefeuer befinden sich demnach in irgendeiner weit entfernten Region jenseits des sichtbaren Himmels oder tief unten
in der Erde. Im Indien meiner Kindheit war das Jenseits überhaupt kein lokalisierbarer Ort, sondern ein Bewusstseinszustand.

Der Kosmos, den Sie und ich gerade jetzt erleben, mit Bäumen, Pflanzen, Menschen, Häusern, Autos, Sternen und Milchstraßensystemen, ist nichts anderes als Bewusstsein, das sich als eine bestimmte Frequenz, als eine besondere Schwingung, zum Ausdruck bringt. In der Raumzeit existieren verschiedene Ebenen gleichzeitig. Wenn ich meine Großmutter gefragt hätte, wo der Himmel ist, hätte sie auf das Haus gezeigt, in dem wir lebten. Nicht nur, weil dieses Haus von Liebe erfüllt war, sondern weil es ihr klar war, dass viele Welten ganz bequem an ein und demselben Ort sein konnten. Eine Analogie dazu ist, dass Sie einem Konzertorchester zuhören können, in dem hundert verschiedene Instrumente spielen, die alle den gleichen Ort in Raum und Zeit einnehmen. Sie können der ganzen Symphonie lauschen oder sich entscheiden, Ihre Aufmerksamkeit auf ein spezielles Instrument zu lenken. Sie können sogar einzelne Noten, die dieses Instrument spielt, herausfiltern. Die Existenz einer Schwingung verhindert nicht, dass am selben Ort und zur selben Zeit auch andere Frequenzen existieren.

Als Kind kam mir der von wogenden Menschenmassen überfüllte Markt von Delhi als der Ort in der Welt vor, an dem am meisten Menschen auf einem Platz zusammengedrängt waren. Ich habe damals nicht gewusst und hätte es mir auch gar nicht vorstellen können, dass die Welt, die ich nicht sehen konnte, noch sehr viel stärker bevölkert war. Die Luft, die ich atmete, enthielt Stimmen, Autogeräusche, Vogelzwitschern, Radiowellen, Röntgenstrahlen und ein schier unendliches Spektrum an subatomaren Teilchen. Überall um mich herum gab es endlose Wirklichkeiten.

Jede Schwingung in der Natur existiert gleichzeitig mit allen anderen und doch erleben wir nur das, was wir sehen. Es ist ganz natürlich, sich vor dem zu fürchten, was wir nicht sehen können, und da der Tod einen Menschen aus unserer Sicht nimmt, reagieren wir mit Angst darauf. Ich war gegen eine solche Angst ebenso wenig immun. Der Tod eines Haustieres

machte mich angstvoll und traurig. Der Tod meines Großvaters, der ganz plötzlich mitten in der Nacht starb, war niederschmetternd. Mein kleinerer Bruder lief durch das Haus und
weinte und rief: „Wo ist er? Wo ist er?" Es dauerte viele Jahre,
bis ich erkannte, dass die richtige Antwort darauf „Hier und
überall" lautete.

Unterschiedliche Existenzebenen stellen verschiedene Bewusst-
seinsfrequenzen dar. Die Welt der physikalischen Materie ist
nur eine Ausdrucksform einer bestimmten Schwingung. (Viele
Jahrzehnte später war ich fasziniert zu lesen, dass Physiker eine
kosmische Hintergrundschwingung festgestellt haben, die ganz
wie der Ton B klingt, obwohl er millionenfach niedriger
schwingt, als es vom menschlichen Gehör wahrgenommen
werden könnte.) In Indien hörten die Kinder keine solch quasi
wissenschaftlichen Ideen; mir wurde stattdessen von den fünf
Elementen oder *Mahabhutas* erzählt: Erde, Wasser, Feuer, Luft
und Raum. Diese Elemente gingen Verbindungen ein, um alles
zu bilden, was es gibt. Das mag sich für die Ohren der westlichen Wissenschaft naiv anhören, enthielt jedoch eine wertvolle Wahrheit: Alle Transformationen ergeben sich letztlich
aus einigen wenigen Elementen.

Die westliche Naturwissenschaft hat im zwanzigsten Jahrhundert erkannt, dass alle festen Dinge in Wahrheit von unsichtbaren Schwingungen gebildet werden. In meiner Kindheit
sprach man davon, dass alle festen Dinge einen hohen Anteil
des Erdelements enthielten. Anders gesagt: feste Dinge besaßen
eine dichte Schwingung bzw. Schwingungen auf einer niedrigeren Ebene. Dampfartige Dinge hatten eine feine Schwingung
auf einer höheren Ebene.

Wie es nun unterschiedliche Ebenen der materiellen Dinge
gibt, existieren auch verschiedene spirituelle Ebenen. Das war
für die frommen katholischen Mönche (die meisten, die meine
Lehrer waren, kamen aus Irland) eine schockierende Ansicht.
Für sie gab es nur einen einzigen Geist, und das war der Heilige

Geist, der im Himmel wohnte. Wir Kinder waren diplomatisch genug, um nicht öffentlich dagegen zu reden, und doch war es für unseren Kosmos nur sinnvoll, dass es neben der Erde als einer dichten spirituellen Welt auch noch höhere spirituelle Ebenen geben musste, die wir *Lokas* nannten. In den esoterischen Kreisen im Westen wurden sie als „Astralebenen" bezeichnet. Es gibt eine nahezu unendliche Anzahl von Astralebenen, die in eine höhere und eine niedrigere Astralwelt getrennt sind, und selbst die niedrigste unter ihnen schwingt in einer höheren Frequenz als die materielle Welt.

Im Westen hat man schon vor langen Zeiten aufgegeben, die Sphärenmusik hören zu wollen, von welcher der griechische Mystiker und Mathematiker Pythagoras noch sprach. In Indien glaubt man, dass sich Menschen mit einem fein abgestimmten Bewusstsein nach Innen wenden und tatsächlich die Schwingungen der unterschiedlichen höheren Ebenen hören können. Auf der Astralebene kann man beispielsweise seinen eigenen Körper sehen, aber sein (vermeintliches) Alter kann sich jederzeit ändern.

In den niedrigeren Astralebenen gibt es Hellsichtigkeit, Telepathie und andere Verfeinerungen der fünf Sinne; aber auch Geister, körperlose Seelen und Geistwesen, die aus irgendeinem Grund „feststecken". Als Kind war ich davon überzeugt, dass eine Katze oder ein Hund, wenn sie in ihrer Bewegung innehielten und die Luft anschauten, etwas sahen, was ich nicht wahrnehmen konnte. Deshalb war ich auch nicht überrascht, später in östlichen und westlichen Berichten davon zu lesen, dass Menschen niedrigere Astralebenen nur manchmal wahrnehmen konnten, während Tieren das häufig gelang. Ich war dann auch nicht verwundert, von einem Patienten in einer psychiatrischen Klinik zu hören, dass er, wenn sein Zimmer nur wenig beleuchtet war, gleichsam aus den Augenwinkeln erkannte, wenn die Seele eine sterbende Person verließ. Jedes indische Kind verschlingt Comic-Bücher über die großartigen

Taten verschiedener Helden, die ihre Kämpfe in weit entfernten Lokas führten. Für uns war dieses Heraus- und wieder Hin-
einschlüpfen in die materielle Existenz so etwas wie unsere
Form der Raumfahrt. Unsere Helden begegneten Gedankenformen und Gedankenwolken, Astralkörpern, die während des
Schlafes reisten, Astralfarben und Auras. Alle diese Schwingungen gehören zur niedrigeren Astralebene.

In der indischen Tradition wird jedem physischen Körper ein
Astralkörper als Begleiter zugeordnet. Ihr Astralkörper ist ein
vollständiger Spiegel Ihres physischen Körpers; er besitzt ein
Herz, Leber, Arme, Beine, ein Gesicht, und so fort. Da er jedoch auf einer höheren Schwingungsebene aktiv ist, sind sich
die meisten Menschen dieses Körpers nicht bewusst. Während
des irdischen Lebens dient der physische Körper als ein Kleid
für die Seele. Er vermittelt den Anschein, dass wir in dieser materiellen Welt örtlich anwesend und lokalisierbar sind. Beim
Tode fängt der physische Körper an, sich aufzulösen. Die Seele,
die sich daraus verabschiedet, tritt auf eine Astralebene ein, die
ihrer Existenzform auf der materiellen Ebene entspricht und
eine Schwingung besitzt, die ihrem früheren Leben am ähnlich-
sten ist.

Ich war damit zufrieden anzunehmen, dass man dorthin
gehen würde, wohin man gehörte. Ich stellte mir vor, dass
Hunde einen Hundehimmel haben, und dass Leute, die Hunde
gern hatten, sie dorthin begleiten würden. Ich stellte mir vor,
dass böse Menschen keinen anderen außer sich selbst mehr
würden verletzen können, weil sie in einer Art von karmischen
Gefängnis isoliert seien. Es war sehr tröstlich, anzunehmen,
dass die guten Menschen, die mich geliebt hatten, zwar von
hier weggegangen waren, aber nun doch auf einer anderen
Ebene an einem Ort der Gutheit lebten. Meine Anschauungen
waren jedoch begrenzt. Ich war mir nie sicher, ob mein weiser
Großvater seinen weisen Großvater im Jenseits traf, der ihm
zeigen konnte, wie es weiterging, oder ob Engel oder erleuch-

tete Geistwesen diese Aufgabe übernahmen. Viel später, als ich anfing, Karma richtig zu erforschen, fand ich heraus, dass wir auch nachdem wir gestorben sind, doch von unseren eigenen Antrieben motiviert werden. Eine Seele bewegt sich entsprechend ihrer eigenen Wünsche und Absichten von einer Ebene zur anderen. Sie projiziert sozusagen, wie in einem Traum, alles was sie an Szenerien und Menschen, Geistführern und Astralwesen für ihre eigene weitere Entwicklung braucht.

All diese Ebenen sind von *Spirit,* vom großen Geist oder allumfassenden Bewusstsein, vorgestellt und somit erschaffen worden, wie Spirit auch die materielle Welt erdachte und manifestierte. Der indische Begriff für Spirit ist *Brahman,* was Alles ist: das eine Bewusstsein, das alle Ebenen des Seins erfüllt. Inder gehen mit Begriffen allerdings recht locker um, wie es einer sehr alten Kultur auch ansteht. Wir sprachen von Gott, von Rama, Shiva oder Maheswara. Es kam nicht auf den Namen an, sondern auf das Konzept eines einzigen Bewusstseins, das alles erschafft und das auch weiterhin wirkt – in unbegrenzten Dimensionen und Ebenen und mit unbegrenzter Geschwindigkeit. Auf den Astralebenen spielt Spirit weiterhin Rollen. Dort kann man tatsächlich Götter- und Göttinnengestalten erblicken, Engel und Dämonen. Letztlich sind dies jedoch Illusionen, denn jede Astralebene bietet nur eine Form der Erfahrung von Spirit, von Geist. Hier auf unserer Erde erfahren wir Geist als Stoff, als feste Materie. Auf den Astralebenen erleben wir subtile Wesen und die Landschaften, die sie bewohnen, etwas, was wir als Träume bezeichnen könnten.

Der Kosmos ist nicht an einen Ort gebunden, er ist nicht lokalisierbar, man kann keine Landkarte des Kosmos erstellen. Nach dem Tode hören wir nach und nach auf, auf einen Ort begrenzt zu sein. Wir sehen uns so, wie unsere Seele uns sieht: überall zugleich. Die Anpassung an diese Sichtweise ist wahrscheinlich die größte Herausforderung, die wir in den Astralebenen erleben. Jetzt im Moment befinden Sie sich im Mittelpunkt des Universums, weil sich rund um Sie herum die Unendlichkeit in alle Richtungen ausbreitet. Allerdings ist jemand auf der anderen Seite der Welt auch im Mittelpunkt des Universums, weil sich die Unendlichkeit auch von ihm aus in alle Richtungen ausdehnt. Wenn Sie beide nun Mittelpunkte des Universums sind, müssen Sie sich am selben Ort befinden. Die Tatsache jedoch, dass Sie sich anscheinend an verschiedenen Orten aufhalten, ist ein Artefakt, ein Produkt der Sinneswahrnehmung. Es beruht auf örtlich gebundenen Sinnen, dem Sehen und Hören, auf ortsgebundenen Anblicken und Geräuschen. Sie selbst sind indes kein ortsgebundenes Ereignis.

Gleichermaßen ist jeder Augenblick der Mittelpunkt der Zeit, da sich die Ewigkeit in alle Richtungen rundherum um jeden Moment ausdehnt. In diesem Sinne ist auch jeder Augenblick derselbe wie jeder andere. Im Kosmos, der nicht örtlich gebunden ist, gibt es kein Oben oder Unten, Norden oder Süden, Osten oder Westen. Das sind nur Bezugspunkte, die in unserer speziellen Schwingungsebene (das heißt innerhalb eines Körpers) hilfreich sind. Der Wandlungsprozess nach dem Tod ist keine Bewegung hin an einen anderen Ort oder in eine andere Zeit, sondern lediglich eine Veränderung in der Qualität Ihrer Aufmerksamkeit, Ihres Bewusstseins. Sie können nur das sehen und wahrnehmen, in dessen Frequenzrate Sie selbst auch schwingen.

Ein Onkel von mir liebte es, herumzureisen und die verschiedenen Heiligen und Weisen zu besuchen, die Indien so zahlreich bevölkern. Manchmal nahm er mich mit, was mich sehr faszinierte. Ich sah Asketen, die in ein und derselben Haltung Jahre hindurch saßen; andere, die kaum atmeten. Heute weiß ich, dass mir meine Augen einen Streich spielten. Ich sah nur eine Larve, in der sich wunderbare Verwandlungen ereigneten. Diese Gestalten stimmten sich schweigend auf andere Schwingungen jenseits der äußerlichen Welt ein. Vermittels einer Umpolung in ihrer Bewusstheit konnten sie mit Rama sprechen (oder Buddha oder Christus, obwohl das in Indien weniger wahrscheinlich war). Tiefe Meditation war kein lebloser, träger Zustand, sondern vielmehr wie eine Startrampe für das Bewusstsein. Wenn in der Notaufnahme jemand mit einem Herzanfall liegt und nach seiner Wiederbelebung von Nahtoderfahrungen berichtet, dann benutzt dieser Mensch ebenfalls eine Startrampe für sein Bewusstsein, wenn auch eine andere. In beiden Fällen handelt es sich um eine Veränderung in der Qualität des Bewusstseins.

Der entscheidende Unterschied besteht darin, dass ein Mensch, der einen Herzanfall erleidet, sich unfreiwillig auf die Reise in das Licht begibt. Die schweigenden Yogis, denen ich früher begegnete, verwirklichten jedoch eine Absicht. Indem sie einem Wunschstreben auf einer sehr tiefen Bewusstseinsebene folgten, erlebten sie einen Vorgang, der dem Tode ähnelt. Die Sinneswahrnehmungen erloschen nacheinander. (Die letzte Sinneswahrnehmung, die einen Menschen beim Tode verlässt, ist der Klang, der bei der Geburt der erste Sinneseindruck war. Das entspricht der indischen Auffassung, dass die fünf Elemente in einer bestimmten Reihenfolge kommen und gehen. Da Klang der Schwingung entspricht, die den Körper zusammenhält, macht es Sinn, dass er als letzter verlöscht.)

Wenn die gröberen Sinne nachlassen oder „tauber" werden, schärfen sich die feineren. Wir sehen und hören immer noch, nachdem wir sterben, aber die Dinge sind dann nicht mehr physisch. Sie bestehen aus allem, was wir auf der Astralebene sehen wollen· aus Himmelspanoramen und Himmelsklängen, aus himmlischen Wesen und strahlenden Lichtern. Bei Nahtoderfahrungen treten als typische Erlebnisse am häufigsten Gesichter, Stimmen oder eine emotionale Präsenz auf. In anderen Kulturen erwarten die Menschen vielleicht, Geistern oder Tieren zu begegnen. Oft spürt ein sterbender Mensch etwas Subtiles um sich herum – eine gewisse Wärme, eine schwache Form oder einen Ton, bevor er den Körper verlässt. Diese sub-

tile Wahrnehmung ist aufgrund der Schwingungsfrequenz des
sterbenden Menschen möglich. Jeder, der Zeit bei Sterbenden
verbracht hat, weiß, dass diese Menschen zum Beispiel mitteilen, dass ein bereits verstorbener Ehepartner sie nun in ihrem Zimmer aufgesucht hat oder andere, längst hingeschiedene
Menschen. In der Übergangszone zwischen der physischen und
der feinstofflichen Ebene kommt es zu einem astralen Kontakt.

Beim Tode trennt sich das astrale Gegenstück zum physischen Körper von diesem. Den vedischen Lehren zufolge
schläft die Seele dann einige Zeit lang in der Astralebene, was
ich als ihre Inkubationszeitspanne bezeichne. Neue Ideen kö-
cheln sozusagen im Geiste, bevor sie zu Aktionen führen, und
etwas Ähnliches passiert mit der Seele. Normalerweise schläft
die Seele friedlich, wenn ein Mensch jedoch plötzlich oder
vorzeitig stirbt, oder noch viele unerfüllte Wünsche hat, dann
kann dieser Schlaf ruhelos sein oder gestört werden. Das
Grauen eines gewaltsamen Todes würde weiterhin schwingen,
genauso wie die eher weltlichen Qualen aufgrund nicht erwi-
derter Liebe oder ungelösten Kummers. Menschen, die sich
selbst töten, erleben demnach danach dieselbe innere Pein, die
sie veranlasst hatte, sich das Leben zu nehmen.

Unerfüllte Wünsche müssen nicht immer negativer Natur sein.
Ein Verlangen nach Genuss stellt genauso eine Unfähigkeit dar
loszulassen. Mein Onkel, der spirituelle Sucher, hatte viele Berichte von Seelen gehört, die in niedrigeren Astralebenen ste-
cken geblieben waren. Tage, Monate und Jahre sind keine
Maßstäbe für die Sichtweise der Seele. Wenn Menschen plötzlich oder auf unnatürliche Weise sterben, hatten sie nicht aus-
reichend Zeit, ihr persönliches Karma auszuleben und abzuar-
beiten. Bis sie ihre Bindungen und Verpflichtungen nicht
gänzlich abgeschlossen haben, werden sie sich zu dieser
niedrigeren irdischen Ebene hingezogen fühlen.

Heilige und Weise genießen den Vorzug, frei und ungebunden durch die Astralebenen reisen zu können, ohne dabei von

Wünschen aufgehalten zu werden. Verstörte Seelen bleiben zwischen zwei Welten gefangen; wenn ihre lieben Hinterbliebenen die Seele anrufen vermittels Gebeten, Kummer, unerfüllter Liebe oder Versuchen, die Toten zu kontaktieren, wird die Seele auch weiterhin gestört bleiben. Die Seele soll im Astralkörper schlafen, wie sie es im Mutterschoß tat, und ein friedvoller Tod macht das möglich.

Dann gibt es das Thema, dass Sie Ihr Leben vor den Augen blitzartig vorbeiziehen sehen. Da Menschen das erleben, die am Rande des Todes stehen, wie beispielsweise Ertrinkende, muss es sich dabei um einen Aspekt des Übergangs handeln, nicht um den Tod im eigentlichen Sinne. Als Kind hatte ich darüber nie etwas gehört, obwohl ich später einen Arzt traf, der mir erzählte, dass er am Great Barrier Riff in Australien fast ertrunken wäre. Er beschrieb das als eine friedvolle Erfahrung, die von einer schnellen Abfolge von Bildern begleitet wurde, die sich über sein gesamtes Leben erstreckten. Er sagte, das sei eher eine Diashow als ein Film gewesen. (Ich frage mich, ob er eine ruhelose, verstörte Seele geworden wäre, wenn die Wasserwacht ihn nicht rechtzeitig gerettet hätte.)

Swamis und andere spirituelle Lehrer sprechen ausgiebig über das Nachleben. Zahlreiche unter ihnen sagen, dass das Aufblitzen ihres Lebens vor dem Tode einen besonderen karmischen Prozess darstellt. Karma windet sich um die Seele wie der Faden um eine Spindel. Wenn ein Mensch möglicherweise in Todesgefahr schwebte, dann wickelt sich der Faden sehr rasch ab und man sieht Bilder von Ereignissen, die früher schon passiert sind. In dieser Bilderfolge tauchen nur karmisch bedeutsame Augenblicke auf.

In anderen Fällen, in denen jemand über Wochen und Monate hinweg langsam stirbt, wickelt sich das Karma langsam ab. Der Mensch wird unter Umständen stark von seiner Vergangenheit absorbiert und lässt sich darauf ein. Im Augenblick des

Sterbens wird der Eintritt in die Astralebene von einem schnellen karmischen Rückblick begleitet mit Bildern, die sich zeigen, als wenn sich ein Film von der Spule abwickelt.

Puristen in Indien könnten dieses Bild ebenfalls als reine Illusion abtun. Sie sagen, dass das Phänomen, sein Leben in Sekundenbruchteilen vor sich ablaufen zu sehen, ein Zeichen dafür ist, dass in jeder Sekunde die ganze Ewigkeit enthalten ist. Während des tiefen Schlafes der Seelen zwischen den Geburten werden die Erinnerungen vergangener Ereignisse, die man im physischen Körper erlebt hat, der Seele eingeprägt. Damit entsteht die „karmische Software", die das künftige Leben der Seele bewirkt.

Eine spirituelle Übung, die ich immer noch praktiziere, besteht darin, im Bett vor dem Einschlafen die Ereignisse des Tages Revue passieren zu lassen. Ich mache das rückwärts, weil sich Karma ebenfalls so abwickelt; ich führe diesen Rückblick durch, um besser zu verstehen, was mir passiert ist und um damit ins Reine zu gelangen. Mein Gefühl ist, dass auch ein sterbender Mensch die gleiche Gelegenheit erhält, Frieden mit dem zu schließen, was in seinem Leben geschehen ist.

Die Zeitspanne, wie lange der Schlaf der Seele dauert, ist unterschiedlich, je nachdem, wie weit sich die Seele zum Zeitpunkt des Todes entwickelt hat. Der Hauptgrund für den Schlaf der Seele ist, dass sie ihre Bindungen abstreifen kann. Die Stärke dieser Bindungen bestimmt, wie lange es dauert, sie zu lösen. Wenn die Seele erwacht, kann sie nur in eine Existenzebene eintreten, die ihr vertraut ist. Wenn Sie in eine Ebene gelangten, die höher ist als ihre derzeitige Evolution, dann würden Sie verwirrt sein und sich dort unwohl fühlen. Sie können genauso wenig in Ihrer Evolution zurückgehen: Sie können nur vorwärtsgehen.

Die Seele wird von einer Art Kokon umhüllt. Wenn die Seele erwacht, streift sie diese Hülle ab; diese verschwindet schließlich ganz. Während der Astralreise treffen Seelen andere Seelen, die auf einer ähnlichen Ebene der Evolution schwingen. Es kann sein, dass Sie einigen Seelen begegnen, die Sie schon in der irdischen Welt kannten, wenn sie auf Ihrer Frequenz sind. Die meisten Menschen sehnen sich sehr danach, mit ihren Lieben auch im Nachleben wieder zusammen zu sein. Ihre Seelen schweben nicht ziellos durch die Astralatmosphäre, sondern werden von der Liebe selbst gelenkt. Liebe ist eine Schwingung, die älter als die Menschheit ist. Das Prinzip der Ausrichtung ist indes sehr menschlich: Wir gehen dorthin, wohin uns unsere tiefsten und höchsten Wünsche führen.

Wenn sich Spirit bzw. Geist in der Welt der physikalischen Objekte bewegt, ist seine Schwingung sehr langsam und dicht, und sie kommt im irdischen Körper fast zum Stillstand. Wenn Spirit mit einer sehr hohen Schwingung wirkt, ist der Geist ebenfalls ganz still, weil er nur reines Bewusstsein erfährt – eben nur sich selbst. Zwischen diesen beiden Extremen liegt das ganze Spektrum der Schöpfung. In der Astralwelt kann die Seele willentlich Ebenen besuchen, die niedriger schwingen als sie selbst. Höher schwingende Ebenen kann sie indes nur aufgrund einer entsprechenden Evolution aufsuchen. Sie können das damit vergleichen, wenn Sie etwas durch immer feinere Siebe geben: Jedes Teilchen kann jederzeit durch ein gröberes Sieb hindurch, aber durch ein feineres nur dann, wenn es selbst entsprechend „feiner" geworden ist.

Die christlichen Mönche, die meine Lehrer waren, sprachen immer sehr gerne darüber, wie das Leben im Himmel sein würde. Für sie war das „Heim" Gottes so real und handfest wie jedes Gebäude in Delhi. Die Swamis und Yogis stimmten dem zwar zu, aber nur deshalb, weil sie glaubten, dass Spirit jede Existenzebene durchdringt. Es hängt von Ihrem Bewusstseinsniveau ab, welche eigenen Himmel, Höllen und Fegefeuer Sie projizieren, um damit sowohl auf der irdischen als auf der astralen Ebene zu arbeiten. Wenn Sie ·in der physikalischen Welt ein Haus bauen wollen, dann müssen Sie Steine zusam-

mentragen, sie aufeinander setzen, und so fort. In der Astralwelt können Sie sich einfach das Haus so vorstellen, wie Sie es
gerne hätten, und es wird als genauso real und solide auftauchen wie das Haus in der irdischen Welt.

In der Astralebene ereignen sich Leiden und Freude in der
Vorstellung, obwohl sie real zu sein scheinen. Jemand, der in
dieser Welt ein Skeptiker gewesen ist, wird ironischerweise
auch auf den Astralebenen ein Skeptiker sein. Er wird es noch
nicht einmal bemerken, dass er genau an dem Ort ist, an den
er nicht glaubt. Der Körper, mit dem Sie die Astralwelt bewohnen, ist jener, mit dem Sie sich am meisten im vorangegangenen
physischen Leben identifiziert haben. Da dieser Astralkörper
ein imaginärer Körper ist, können Sie ihn behalten oder während Ihres Astrallebens verändern. Evolution gibt es sowohl
auf der irdischen wie auf der astralen Ebene, aber sie vollzieht
sich allmählich und braucht ihre Zeit.

Meine christlichen Lehrer hegten die Vorstellung, dass im Himmel jeder Wunsch erfüllt würde, und auf ihre eigene Weise
stimmen die Swamis dem zu. Auch nach dem Tode ist das
Wunschstreben entscheidend. Evolution ist im Grunde genommen der Prozess der Wunscherfüllung. In der Astralwelt erfüllen und verfeinern Sie Ihre übrig gebliebenen Wünsche aus
ihrem letzten irdischen Leben. Sie verfeinern auch Ihr Wissen
und Ihre Erfahrungen aus der Erdenwelt. Die Astralwelt ist wie
eine weiterführende Schule nach Ihrer vorangegangenen physischen Inkarnation. Die Seele speichert nun auch Energie für
Ihre höheren, weiter entwickelten Wünsche, damit diese beim
nächsten Besuch auf der physischen Ebene erfüllt werden können, wenn die Seele einen neuen Körper bewohnt.

Ich war mir nicht sicher, was der Tod für Christen bedeutet.
Manche, die starben, brachen fast unter ihrer Sündenlast zusammen, wie Kriminelle, die den Folgen ihrer schlimmen Taten
entgegensehen müssen, während andere starben, um Gott zu

begegnen und sich darauf freuten, dass die Zeit dafür endlich herbeigekommen war. In Indien stirbt man, nachdem man die höchstmögliche Evolution erreicht hat, die in dieser Lebenszeit möglich war. Die Menschen sind an das Ende dessen gelangt, was ihr Karma ihnen beibringen konnte. Im Spiegel der Astralwelt gilt das Gleiche. Der Kreislauf schließt sich selbst ab, um eine Wiedergeburt zu erzeugen, was mir als Kind völlig natürlich vorkam. So natürlich, dass ich gar nicht darüber nachdachte, wie mysteriös ein solcher Prozess ist. Irgendwie findet die Seele geeignete Eltern, damit sie dort wiedergeboren werden kann, um ihre Evolution fortzuführen. Dank der Ereignisse auf der Astralebene erfolgt die Reinkarnation auf einer höheren Ebene als jener, die man zuvor verlassen hatte. Die speziellen „Berechnungen" dafür wurden vom Universum durchgeführt, oder, wie manche Schriften behaupten, von den „Herren des Karmas".

Als Kind stellte ich mir ein Bild wie in einem Gerichtssaal vor, in dem weise Richter sitzen und jeden Fall überlegen. Sie waren so weise, dachte ich, dass sie jedes Leben kannten, das eine Seele jemals gehabt hatte. Mit vollständiger Gerechtigkeit würden sie die Geschehnisse zuteilen, die im nächsten Leben passieren würden. Ihr Ziel bestünde nicht darin, zu belohnen oder zu bestrafen, sondern Chancen zur Entwicklung anzubieten.

Später im Leben wurde mir klar, dass es gar keiner Herren des Karmas bedarf, da das Universum ohnehin nicht nur jedes Leben mit seinen Ereignissen mit allen anderen korreliert, sondern überhaupt alle Geschehnisse in der Welt aufeinander bezieht und ineinander verzahnt. Die Szene eines Gerichtssaals ist ein Symbol für unsere eigene Klarheit in der Urteilskraft. Zwischen den Leben sind wir durchaus fähig, eigene Entscheidungen über unsere künftige spirituelle Entwicklung zu treffen. Bei den großen Weisen und Heiligen passiert das alles nicht unbewusst. Vielmehr erinnern sie sich an ihre früheren Leben so deutlich, wie Sie und ich uns an etwas erinnern, was gestern

geschah. Für jene Menschen unter uns, die noch nicht über ein
solches befreites Bewusstsein verfügen, bleibt nur eine schwache Erinnerung an das, was früher war.

Geboren zu werden heißt, auf einer neuen Stufe von Einsicht
und Kreativität anzukommen. Dieser Vorgang wiederholt sich
wieder und wieder, und jedes Mal gelangt man auf eine etwas
höhere Ebene. Wenn Ihr Karma genügend „abgearbeitet" ist,
dann kommen sie am maximalen Limit der entsprechenden
Bewusstseinsebene an, und Ihre Seele rutscht in einen Schlum-
mer zurück, und dann beginnt der Kreislauf von Neuem.

Die Bahn der Seele führt immer aufwärts. Jedes Leid auf der
Astralebene, selbst die schlimmsten Höllenqualen, ist nur ein
zeitweiser Umweg. Indem sich das Karma auswirkt und abwickelt, führt Ihr Karma immer dazu, dass Ihre Handlungen
beim nächsten Mal besser sein werden.

Ich weiß, dass diese Feststellung einer populären Ansicht
widerspricht, dass die Reinkarnation einen Menschen auch auf
die Stufe eines Tieres oder gar eines Insekts zurückführen kann,
wenn die frühere Handlungsweise das verdient. Indien hat eine
sehr alte, vielschichtige Kultur. Als ich aufwuchs, war ich erstaunt zu entdecken, wie widersprüchlich seine spirituellen Lehren sein konnten – die Glaubensüberzeugungen konnten sich
von Ort zu Ort ändern, wie das Essen. Inder verschlingen alles.
Dort glaubten die Menschen im Verlaufe der Zeiten schon
alles. Meine katholischen Lehrer waren einfach die neueste
Mode auf einer jahrhundertealten Menükarte. Ich kam am Ende zum Schluss, dass ich nur etwas über spirituelle Themen lernen konnte, wenn ich so viel als möglich las und selbst erlebte.

Den indischen Überzeugungen meiner Kindheit zufolge suchen wir uns unsere nächste Inkarnation nicht völlig freiwillig
aus, obwohl wir eine gewisse Entscheidungsfreiheit dabei besitzen. Das Maß an Entscheidungsfreiheit hängt davon ab, wie
deutlich Sie sich in der Astralebene wahrnehmen können.
Diese Fähigkeit, die man Zeugnisfähigkeit nennt, lässt sich mit

dem vergleichen, was wir hier erfahren. Am wenigsten Entscheidungsfreiheit haben hier auf der Erde solche Menschen, die von ihren Zwängen, Süchten und unbewussten Impulsen getrieben werden. Je freier Sie davon werden, desto mehr Entscheidungsfreiheit haben Sie. Dasselbe gilt für eine Seele, die über ihre nächste physische Inkarnation nachsinnt.

Heilige und Weise erleben dieses Leben mit bewusster Zeugnisfähigkeit. Von Buddha heißt es, dass er seine Augen schließen konnte und in einem Moment Tausende seiner früheren Inkarnationen in allen Einzelheiten wahrzunehmen vermochte. Im Unterschied dazu sind die meisten Leute derartig mit ihren Wünschen und ihrem Verlangen beschäftigt, dass sie nur Nebel oder Leere sehen, wenn sie versuchen sollen, sich selbst so wahrzunehmen, wie sie wirklich sind.

Indem Sie Ihre Fähigkeit entwickeln, bewusst wahrnehmender Zeuge zu sein und Ihre Lage klar zu sehen, werden Sie den Prozess der Abwicklung Ihres Karmas beschleunigen. In gleicher Weise können Sie auch auf der Astralebene Fähigkeiten und Talente entwickeln. (Das erklärt unter anderem auch, warum bedeutende bildende Künstler und Musiker ihre Fähigkeiten schon im frühesten Kindesalter zeigen können, oft bevor sie noch drei Jahre alt geworden sind. Es ist eben kein Zufall, mit einem bestimmten Talent geboren worden zu sein.) Wenn Sie geboren werden, bringen Sie alle Talente mit, die Sie in allen Ihren früheren Existenzen entwickelt haben.

Seelenverbindungen ergeben sich auf der Astralebene genauso wie in der physischen Welt. Beziehungen in der Astralebene bedeuten, dass Ihre Schwingung in Harmonie mit der einer anderen Seele ist und Sie deshalb ein höheres Maß an Liebe, Einheit und Wonne fühlen. Das ist keine Beziehung in räumlicher oder physikalischer Hinsicht, da die Astralwelt nur von Gedankenformen bevölkert ist. Wenn die entkörperte Seele sich auf die Schwingung eines geliebten Menschen einstellt, der noch auf

der irdischen Ebene ist, dann kann diese Person auf der Erde
die Präsenz des Hinübergegangenen spüren; zwei Seelen können miteinander kommunizieren, obwohl eine auf der materiellen Ebene schwingt und die andere auf der Astralebene.

Es gibt zwei Motive für die Seele, zurückzukommen: um
Wünsche zu erfüllen und um sich mit vertrauten Seelen wieder
zu verbinden. Wir haben jetzt Beziehungen zu jenen Menschen,
zu deren Seelen wir früher Beziehungen hatten. Wir beenden
Beziehungen mit Menschen, deren Seelen nicht mehr länger
wie unsere schwingen.

Als kleiner Junge gab es nur eine Sache in diesem Schema, die
mich beunruhigte, nämlich wie die ganze Geschichte einmal
enden würde. Im Westen ist es schon eine lange, lange Zeit her,
dass die Menschen sich mehr nach dem nächsten Leben als
nach diesem jetzt sehnten. Seit dem Mittelalter ist fest verankert, dass es wünschenswert ist, in diesem Leben hier und jetzt
zu sein. Indien war da immer ambivalenter. Es gibt im Leben
genug Not und Leid, dass die Aussicht, das ewig zu wiederholen, doch eher Sorgen macht. Wie kommt man denn eigentlich vom Rad des Karmas los?

Eine Version des indischen Glaubens ist, dass die Seele alle
ihre irdischen Wünsche verliert, sobald sie ihr ganzes Karma
abgewickelt hat. Sie hat dann materielle Dinge und Bindungen
überwunden und ist erleuchtet worden. Wenn die Seele erst
einmal frei von Karma ist, gibt es auch keine Notwendigkeit
mehr, weder auf der irdischen noch auf der astralen Ebene
wiedergeboren zu werden. Eine solche Seele reist weiter in
einer nach oben gerichteten Spirale der Evolution, auf Ebenen,
die wir uns gar nicht vorstellen können. In der Philosophie des
Ostens bezeichnet man sie als Kausalebenen. Dort nimmt Bewusstsein solche subtilen, feinen Formen an, dass kein Bild entsteht, an dem wir uns festhalten könnten. Wir werden die
Kausalwelt erst dann erkennen, wenn wir bereit sind, sie zu
erfahren – und die Zeit dafür ist für jede Person eine andere.

Wir mögen einen Blick darauf erhaschen wie bei einer Erscheinung oder Vision, aber wir werden uns dort erst aufhalten können, wenn die Schwingung unserer Seele hoch genug ist, die Schwingung der Kausalebene auszuhalten.

Eine andere Überzeugung aus Indien lautet, dass Karma unendlich ist und ständig erneuert wird. Wenn man versuchen würde, das eigene Karma zu beenden, so wäre das diesem Glauben zufolge, als ob man mit einer Hand Wasser aus einem Boot schöpfen würde, während man es mit der anderen Hand wieder hineingießt. Die Evolution läuft in diesem System etwas anders ab. Wenn Sie Selbstverwirklichung erreichen, identifizieren Sie sich nicht mehr mit Ihrem Körper, Ihrem Geist, Ihrem Ego oder mit irgendwelchen Wünschen. Sie werden zum reinen Zeugen, und in diesem Zustand können Sie sich dafür entscheiden, Karma zu transzendieren, es hinter sich zu lassen. Das Ende des Karmas ist jedoch nicht das Ende des Lebens. Es ist vielmehr so, als ob Sie aus einer Schuldensituation herauskämen und nun die Freiheit hätten, Geld ohne irgendeine Zurückhaltung auszugeben.

Der Drang, befreit zu werden, ist in mir aufgegangen und wieder versunken, wie es in jedem Menschen geschieht. Nach der indischen Tradition werden wir alle schließlich aus gutem Grunde wiedergeboren – um die Kraft des Verlangens zum Ausdruck zu bringen und sich erschöpfen zu lassen. Schon als Junge wusste ich, dass die christlichen Mönche dem nicht zustimmten, weil ihrer Meinung nach der einzige gute Grund, in ihre Welt der Sünden geboren zu werden, darin bestand, einen Weg zu Jesus zu finden. Der ideale Christ wäre demnach in einer solchen Hast darum bemüht, erlöst zu werden, dass er dieser Welt ganz und gar entsagen würde, wie es ja viele christliche Heilige taten – und viele indische ebenso.

Indien hat sich aus alten Kulturen genährt, die lange vor dem Aufkommen des Hinduismus existierten. Und selbst unter dem

Einfluss der islamischen und christlichen Eroberer hat Indien sein Augenmerk auf die Ewigkeit gerichtet gehalten. In der indischen Sicht gibt es kein Ende der Himmelssphären, die zu den höheren Schwingungen der Existenz zählen. Eine Seele kann sich indes auf einer gewissen hohen Entwicklungsstufe entscheiden, ihren Weg zu Ende zu bringen. Wenn eine Seele einmal solch hohe Stufen erreicht hat, würde sie normalerweise keine weitere menschliche Geburt annehmen, außer, um einen bestimmten Dienst zu erweisen. Solche Seelen sind jedoch Ausnahmen. Im Buddhismus nennt man sie Bodhisattvas. Es sind Seelen, die zur Erde nicht aufgrund der Macht der Evolution zurückkehren, sondern die sich frei entscheiden zu kommen, um dem Anliegen der Erleuchtung für alle Wesen zu dienen. Als ich einen tibetischen Lama fragte, was ein Bodhisattva sei, antwortete er: „Stell dir vor, dass du nicht mehr träumst, sondern wach bist. Obwohl du dich freust, wach zu sein, freut es dich auch, anderen zu helfen, die noch schlafen und träumen."

Die meisten Menschen sind sich dessen natürlich nicht bewusst, und für sie ereignet sich der karmische Kreislauf ganz spontan. Gerade jetzt und hier sind wir von einer unendlichen Zahl von Bewusstseinsebenen umgeben. Wenn Sie Ihr Bewusstsein auf eine höhere Frequenz heben könnten, könnten Sie jetzt in dieser Minute mit den Engeln zusammen sein. Im Feld der unendlichen Möglichkeiten existieren Sie auf allen diesen Ebenen gleichzeitig, aber im Bereich der tatsächlichen irdischen Erfahrungen existieren Sie immer nur auf einer Ebene zugleich. Manche indischen Lehren besagen, dass wir uns so nach diesen anderen Ebenen sehnen, dass wir nachts während des Schlafes und in den Träumen dorthin reisen. Der Astralkörper verlässt den physischen Körper tatsächlich in dieser Zeit und bleibt nur durch einen Faden mit ihm verbunden, über den er auch wieder zurückgelangt. Wenn dieser Faden zertrennt wird, ist der Rückweg verloren. Es ist übrigens auch gefährlich, mit den niedrigeren Astralebenen sozusagen zu flirten, wenn man sich dort nicht auskennt. Wenn Sie jedoch wahrhaft erkennen, dass das gesamte System der Welten von Spirit, vom Geist oder Bewusstsein, imaginiert und vorgestellt ist, von der niedrigsten bis zur höchsten Ebene, von den Dämonen bis hin zu den Engeln, dann gibt es in der Schöpfung nichts Gefährliches mehr.

In diesem Überblick habe ich versucht, Sie mit hineinzunehmen in die Welt, in der ich mich selbst vor sechzig Jahren vorgefunden hatte. So sah die vedische Sicht aus, soweit ich sie verstand. Es handelte sich um ein riesiges spirituelles Meer, und es war typisch indisch, dass Sie dazu eingeladen waren, mit Ihrem Becher so viel oder so wenig herauszunehmen, wie Sie wollten. Für eine Gesellschaftsform ist es fast unmöglich, die Unendlichkeit aufzunehmen, und Indien ist da keine Ausnahme. Die Menschen dort sorgen sich über den Tod und das Sterben genauso sehr wie Menschen hier im Westen. Und es gibt viele Leute, die sich völlig vom Ozean der Weisheit abgewandt haben, der ihre Füße umspielt. Im Westen besitzen wir unsere eigene Sicht dieser Phänomene. Wir streiten ab, dass es irgendjemanden geben könnte, der weiß, was jenseits des Todes liegt – und damit können wir unsere Angst leicht eine Weile lang aussperren. Oder wir meinen, dass spirituelles Wissen relativ sei; dass es nur auf den Glauben ankäme und nicht drauf, woran man glaubt.

Solche Art von Begrenzungen möchte dieses Buch überwinden helfen. Die Frage: „Was passiert, nachdem wir sterben", führt schließlich zur Frage: „Was passiert, wenn ich sterbe?". Dieses Thema wird persönlich, emotional und unausweichlich. Wenn ein frommer Muslim in einem christlichen Himmel landen würde (oder umgekehrt), wäre er sehr unglücklich: Die Ewigkeit hätte seinen Erwartungen nicht entsprochen. Ich habe als Junge Glück gehabt, weil das einfache System, das ich kennenlernte – und das ich in diesem Abschnitt etwas näher erklärt habe – jeder Seele erlaubt, die Heimat zu finden, in die sie gehört.

Gewisse Themen habe ich auch die ganze Zeit hindurch in mir bewahrt; sie sollen in diesem Buch eine wichtige Rolle spielen:

- Das Nachleben ist ein Ort neuer Klarheit.
- Das Nachleben ist nicht statisch. Wir wachsen und entwickeln uns auch nach dem Tode immer weiter.
- Der freie Wille und die Entscheidungsfreiheit enden nicht mit dem Tod; vielmehr weiten sie sich aus.
- Irdische Bilder und Eindrücke tragen uns zwar hinein in das Nachleben (wir sehen dann zunächst das dort, was uns unsere Kultur bzw. Religion eingeprägt hat); danach unternimmt die Seele jedoch kreative „Sprünge", die ihr neue Welten eröffnet.

Ich bin mir durchaus darüber im Klaren, wie unglaublich solche Annahmen zunächst scheinen mögen, da sie weit über die üblichen christlichen Geschichten von Himmel und Hölle hinausgehen, welche die meisten Kinder im Westen hören. Eine sehr alte Kultur gibt der Liebe und dem Tod genügend Raum, beiden zusammen, nicht als Feinden, sondern als ineinander verwobenen Aspekten eines einzigen Lebens. Der bedeutende bengalische Dichter Rabindranath Tagore schrieb:

> *Die Nacht küsste den schwindenden Tag*
> *mit einem Flüstern.*
> *„Ich bin der Tod, deine Mutter,*
> *von mir wirst du eine neue Geburt erhalten."*

Das Nachleben, mit dem ich aufgewachsen bin, hat ein offenes Ende, wie das Leben selbst. Die alte spirituelle Weisheit hat mich Jahrzehnte hindurch begleitet, von Erfahrung und Überlegung verändert. Die einzige Vorstellung über den Tod, die mir sinnvoll erscheint, gestattet es uns, alles zu erfahren. Ich hoffe, dass ich den Leserinnen und Lesern dieselbe Freiheit vermitteln kann, hier und in der nächsten Welt.

Teil 1

LEBEN NACH DEM TOD

Der Tod vor der Tür

Vor langer Zeit gab es in den dichten Wäldern, die sich einst rund um die heilige Stadt Benares erhoben, reichlich Arbeit für die Holzfäller. Einer unter ihnen war der ansehnliche Satyavan, der umso gutaussehender wirkte, weil er so viel Liebe für seine Frau Savitri hegte. An vielen Morgen kam es Satyavan schwer an, seine Hütte zu verlassen, um in den Wäldern zu arbeiten.

Eines Tages lag Savitri auf ihrem Bett und dachte träumerisch über ihr Glück nach, das vollkommen zu sein schien. Plötzlich bemerkte sie eine Gestalt, die mit gekreuzten Beinen in der staubigen kleinen Lichtung saß, die als Vorgarten für ihre Hütte diente. Sie dachte bei sich, dass dies ein Wandermönch sei. Sie gab Reis und Gemüse in eine Schale und eilte hinaus, um dies dem heiligen Mann anzubieten, da Gastfreundschaft damals als eine heilige Pflicht hoch geachtet wurde.

„Ich brauche keine Nahrung" sagte der Fremde, und setzte die Schale beiseite, die Savitri vor ihm auf den schattigen Platz gestellt hatte. „Ich werde hier warten."

Savitri schreckte voller Angst zurück, denn plötzlich erkannte sie, wer ihr Gast war. Es war kein Wandermönch, sondern der Tod selbst, der in Indien unter dem Namen Lord Yama bekannt ist.

„Auf wen wartest du?", fragte sie mit zitternder Stimme.

„Auf einen, der Satyavan heißt." Der Herr des Todes

sprach sehr höflich. Er war daran gewöhnt, absolute Herrschaft über die Sterblichen zu besitzen und er kam auf sehr
schlichte Weise zu ihnen, vielleicht nur mit einem kleinen
Hauch von Hoheit.

„Satyavan!", schrie Savitri laut auf. Sie konnte eine Ohn-
macht nur knapp vermeiden, als sie den Namen ihres Mannes
hörte. „Er ist doch stark und gesund, und wir lieben uns gegenseitig sehr. Warum sollte er sterben müssen?"

Yama zuckte mit den Achseln. „Alles wird so sein, wie es
sein wird," sagte er gleichgültig.

„Wenn es dir so unwichtig ist", sagte Savitri, deren Geistes-
gegenwart zurückkam, „warum nimmst du dann nicht jemand
anderen? Es gibt so viele kranke und elende Menschen, die
darum betteln, durch den Tod aus ihrem Leid erlöst zu werden.
Suche sie auf und lass mein Haus in Frieden."

„Ich werde hier warten", wiederholte Lord Yama, der von
Savitris Bitte unberührt geblieben war, aus deren Augen Tränen hervorquollen. Sie sah in Yamas Gesicht eine Welt, in der
alles namenlos und ohne Mitgefühl war.

Die junge Frau lief ins Haus zurück. Sie lief hin und her, ganz
aufgelöst bei dem Gedanken, dass ihr Mann bald nach Hause
kommen würde, nur um vom Tod mitgenommen zu werden.
Die Tiger im Dschungel fürchteten sich vor der Axt des tapfe-
ren Satyavan, aber hier wartete ein Feind auf ihn, den keine
Klinge treffen konnte. Dann kam Savitri in ihrer Verzweiflung
ein Gedanke. Sie warf sich einen Umhang um und rannte durch
die Hintertür hinaus in den Wald.

Savitri hatte gehört, dass es am Berg einen heiligen Ort gab,
einen Raum in der Erde, der von den Wurzeln eines riesigen
Banyan-Baums gebildet wurde und so groß wie eine Höhle
war. Dort lebte ein Mann, von dem es hieß, dass er heilig war.
Savitri wollte ihn um seine Hilfe bitten. Sie kannte jedoch nicht
den Weg dorthin, und so folgte sie den Pfaden von Tieren
durch den Wald und ausgewaschenen Trampelpfaden. Die

Angst trieb sie so schnell voran, wie es ihr Atem und ihre Kraft erlaubten, und Savitri wanderte höher und höher den Berg hinauf, bis sie völlig erschöpft war. Sie fiel zu Boden und schlief eine Weile, ohne zu wissen, wie lange.

Als ein Sonnenstrahl ihre Augen wieder öffnete, stellte Savitri fest, dass sie sich zu Füßen eines großen Banyan-Baums befand. Sie entdeckte den Hohlraum unter seinen Wurzeln und spähte angestrengt hinunter. Bevor sie den Mut aufbrachte, in diese Höhle hinabzusteigen, kam eine Stimme von innen, die sagte: „Geh weg." Das war so laut und kam so unerwartet, dass sie erschreckt zurückzuckte.

„Ich kann nicht weggehen", antwortete Savitri mit zitternder Stimme. Sie erzählte von ihrer schrecklichen Lage, aber die Stimme aus der Dunkelheit sagte nur: „In welcher Hinsicht bist du anders als alle anderen Menschen? Der Tod ist immer nur zwei Schritte hinter uns, von der Wiege bis zur Bahre."

Savitris Augen füllten sich mit Tränen. „Wenn du weiser bist als die normalen Leute, dann musst du mir mehr sagen und geben können."

Die Stimme antwortete: „Willst du mit dem Tod handeln? Keinem von denen, die das bisher versucht haben, ist dies gelungen."

Savitri stellte sich würdevoll hin. „Dann soll Yama mich an meines Mannes statt mitnehmen. Was man über den Tod sagt, ist wahr. Er ist absolut. Meine einzige Hoffnung ist, dass er mich töten und jemanden verschonen wird, der es nicht verdient zu sterben."

Jetzt wurde die Stimme sanfter. „Sei ruhig", sagte sie. „Es gibt eine Möglichkeit." Savitri hörte eine Bewegung in der Dunkelheit und dann kam der heilige Mann aus seiner Höhle hervor. Er war ein Asket, dessen dürrer Körper nur von einem Lendentuch bedeckt war und der den Seidenschal der Mönche über der Schulter trug. Er sah jedoch erstaunlich jung aus. Er sagte, er heiße Ramana.

„Du kennst eine Möglichkeit, den Tod zu besiegen? Sag sie
mir", flehte Savitri.

Der Mönch Ramana blinzelte in die Sonne hinein und ach-
tete einen Augenblick lang gar nicht auf Savitri. Er hatte einen
Blick, den sie nicht verstand. Dann bückte er sich, um eine
abgenutzte Bambusflöte aufzunehmen, die am Boden lag.

„Komm", sagte er. „Vielleicht kannst du lernen. Ich verspreche dir nichts, aber du bist offensichtlich verzweifelt genug."

Als ob er sie vergessen hätte, fing Ramana an, auf der Flöte
zu spielen und ging dabei den schmalen Weg entlang, auf dem
die Tiere durch den Wald liefen. Savitri stand einen Moment
lang still da, enttäuscht und verwirrt, aber als sich die Klänge
der Flöte im Wald verloren, hatte sie keine andere Wahl mehr,
als ihnen nachzulaufen.

DAS WUNDER DES TODES

Jedes Leben wird von zwei Mysterien umrahmt. Nur eines der
beiden wird als Wunder betrachtet: die Geburt. Wenn Sie ein
religiöser Mensch sind, kommt mit der Geburt eine neue Seele
aus ihrer Heimat bei Gott auf die Welt. Wenn sie nicht religiös
sind, dann besteht das Wunder darin, dass sich eine einzige
befruchtete Zelle im Mutterschoß teilen und dann nur fünfzig
Male weiter teilen kann, um auf diese Weise eine eigenständi-
ge neue Person zu schaffen. Ein kleines Klümpchen Protein und
etwas Wasser können sich irgendwie zu Augen, Händen, Haut
und Gehirn gestalten.

Diese neunmonatige Transformation beschleunigt sich
ständig, so dass schließlich eine Million neue Gehirnzellen pro
Minute entstehen. Im Augenblick, wenn das Neugeborene hervorkommt, wie ein Raumschiff, das vom Mutterschiff ablegt,
erkennt plötzlich jedes System, das eigenständig funktionieren
muss – Herz, Lungen, Gehirn und der Verdauungstrakt –, dass

jetzt dieser Moment gekommen ist und keinen Augenblick später. Die Organe lösen sich aus der vollständigen Abhängigkeit von der Mutter, und mit erstaunlicher Präzision beginnen sie zu funktionieren, als ob sie das immer schon ganz allein getan hätten. In nur einem Sekundenbruchteil entscheidet sich ein Leben zu leben.

Das andere Mysterium, das üblicherweise erst Jahrzehnte später stattfindet, ist ganz anders. Es bringt alle Dinge, welche zu erlangen die Geburt sich so angestrengt hatte, zu einem Ende. Ein schwacher Herzschlag überquert eine unsichtbare Linie und wird still. Die Blasebälge der Lungen, die bis dahin rund 700 Millionen Male gepumpt haben, weigern sich, auch nur ein einziges Mal weiter zu pumpen. Milliarden von Neuronen hören auf, Impulse abzufeuern; viele Billionen von Zellen im Körper erhalten die Nachricht, dass ihre Aufgabe beendet ist. Dieses abrupte Finale ist genauso ein Mysterium wie die Geburt, denn in dem Moment, in dem das Leben endet, sind etwa 99 Prozent unserer Zellen im Regelfall noch voll funktionsfähig, und alle 3 Milliarden individuellen „Buchstaben" *(Codons)* im genetischen Buch des jeweiligen Menschen bleiben intakt.

Der Tod tritt nicht mit der bewundernswerten Koordination der Geburt auf. Manche Zellen erhalten die Nachrichten vom Tod eine ganze Weile lang noch nicht. Wenn eine tote Person innerhalb von etwa zehn Minuten wiederbelebt wird, bevor das Gehirn durch Sauerstoffmangel dauerhaft geschädigt wird, dann wird die Maschinerie des Körpers wieder ihre Arbeit aufnehmen, als ob nichts geschehen wäre. Der Tod ist wirklich ein sehr schwer zu definierendes Geschehen. Die Augenlider können noch zehn bis zwölf Male auf- und zugeklappt werden, sogar nachdem der Kopf vom Körper abgetrennt worden ist (eine schauerliche Tatsache, die man zu Füßen der Guillotine während der Französischen Revolution entdeckte).

Die Religionen betrachten den Tod nicht als ein Wunder. Im Christentum verbindet man die Sünde und den Satan damit, welcher das westliche Gegenstück zum Herrn des Todes ist. Tod ist der Feind, und Gott rettet uns aus dessen Klauen. Mit Gottes Hilfe ist das Sterben jedoch das Tor zu einem viel wichtigeren Ereignis: dem Anfang des Nachlebens. Für den religiösen Menschen bringt uns der Tod der Gegenwart Gottes näher. Es gab im Verlaufe der Geschichte immer wieder Menschen, die bezeugt haben, den Fortgang der Seele tatsächlich gesehen und miterlebt zu haben. (Nicht alle solche Zeugen sind religiös gesonnen. Ich kenne einen prominenten Psychiater, dessen Atheismus an der Universität stark erschüttert wurde, als er in das Klinikzimmer eines Krebspatienten genau im Augenblick des Todes eintrat und sah, wie eine geisterhafte, leuchtende Form aus dem Körper aufstieg und sich dann auflöste.) Hartnäckig hält sich die Legende, dass 21 Gramm Masse verschwinden, wenn wir sterben, was dann als „Gewicht" der Seele gedeutet wird. In Wirklichkeit gibt es eine solche Veränderung jedoch nicht.

Was es auch sein mag, was beim Tode geschieht: Ich glaube es verdient, ein Wunder genannt zu werden. Das Wunder besteht ironischerweise darin, dass wir nicht sterben. Das Ende des Körpers ist eine Illusion; die Seele enthüllt, was jenseits liegt wie ein Zauberer, der einen Vorhang zur Seite zieht. Mystiker haben schon vor langer Zeit die Freude dieses Augenblicks erkannt. Der große persische Dichter Rumi nennt es: „Der Tod ist unsere Hochzeit mit der Ewigkeit." Aber nicht nur Mystiker haben die Illusion des Todes durchschaut. Ein bedeutender Philosoph des 20. Jahrhunderts, Ludwig Wittgenstein, schrieb: „Für ein Leben im Jetzt gibt es keinen Tod. Tod ist nichts, was im Leben geschieht. Er ist keine Tatsache in der Welt."

Ich glaube, dass der Tod die folgenden wunderbaren Dinge vollbringt:

• Er ersetzt Zeit durch Zeitlosigkeit.

- Er weitet die Grenzen des Raumes aus bis in die Unendlichkeit.
- Er offenbart die Quelle des Lebens.
- Er bringt eine neue Weise des Wissens und Erkennens, die jenseits der fünf Sinne liegt.
- Er deckt die Intelligenz auf, welche die Schöpfung organisiert und erhält (ich möchte in diesem Zusammenhang den Begriff „Gott" nicht verwenden, weil in vielen Kulturen ein alleiniger Schöpfer nicht als Teil des Sterbens oder des Nachlebens verstanden wird).

Anders gesagt: Der Tod ist die Erfüllung unseres Lebenssinns hier auf Erden. In jeder Kultur finden wir einen tiefen Glauben daran, dass dies wahr ist, unsere Kultur verlangt jedoch nach einem besser fundierten Beweis. Ich meine, dass es einen Beweis dafür gibt, der jedoch nicht physikalischer Natur sein kann, weil der Tod seiner Definition gemäß das physische Leben beendet. Damit wir diesen Beweis sehen, müssen wir die Grenzen unseres Bewusstseins so weit ausdehnen, dass wir uns selbst besser erkennen können. Wenn Sie sich selbst als jemand erkennen, der jenseits von Zeit und Raum ist, wird Ihre Identität sich so weit geöffnet und erweitert haben, dass der Tod mit dazu gehört. Der Grund, warum wir menschlichen Wesen Erfüllung jenseits der Sterne suchen ist der, dass wir spüren, dass unser eigenes Geheimnis dort liegt und nicht hier im Bereich physischer Begrenzungen.

Die Ewigkeit – Jetzt!

Da der Tod ein unsichtbares Wunder ist, ist es extrem schwer zu fassen. Wir erhalten jedoch aufreizend verlockende kleine Hinweise darauf, dass das, was auf „der anderen Seite" uns auch in diesem Augenblick jetzt sehr nahe ist. D[...] begreifen oft nicht, warum das im Hinblick auf das [...] so wichtig ist. Der Begriff „nach" würde eigentlich[...] dass sich die Zeit beim Tode nicht ändert, sond[...]

geraden Linie weiterführt und einen Menschen aus der irdischen in die himmlische Zeit geleitet.

Das ist aus zwei Gründen falsch. Zunächst einmal ist die Ewigkeit keine Funktion der Zeit. Im Christentum würden Sünder, die auf ewig in die Hölle verbannt werden, nicht etwa eine sehr lange Zeit, sondern sie würden *außerhalb* bzw. jenseits von Zeit bestraft werden. Gute Menschen, denen Erlösung zuteil wird, leben gleichfalls in der Region, in der keine Uhren ticken. Unsere normale Auffassung von Zeit hat keinerlei Bedeutung für das, was „danach" kommt.

Zweitens beruht sogar unser Alltagsumgang mit der Zeit auf der Ewigkeit. Das Universum ist vor vielleicht 14 Milliarden Jahren in die Existenz explodiert und startete dabei die kosmische Uhr. Unsere Körper erfahren Zeit aufgrund von Atomschwingungen, die auf der Ebene von Wasserstoff, Sauerstoff, Stickstoff und Kohlenstoff existieren, den Bausteinen der organischen Chemikalien. Wir messen äußere Ereignisse mit der inneren Uhr des Gehirns, die aus nichts anderem als diesen organischen Chemikalien besteht. Das Gehirn einer Schnecke tickt so langsam, dass es fünf Sekunden dauert, bis ein Ereignis vorbei ist und ein neues beginnt. In diesen fünf Sekunden könnten Sie eine Schnecke aufheben und sie drei Meter weiter wieder auf den Boden setzen, und der Schnecke würde es vorkommen, als ob sie durch den Raum „teleportiert" worden wäre. Das menschliche Gehirn tickt schnell genug, dass wir Ereignisse spüren können, die nur wenige Tausendstel einer Sekunde dauern (wie das Vorbeischwirren einer Mücke oder das Flattern eines Kolibris), aber es ist zu langsam, um die Flugbahn einer Gewehrkugel zu verfolgen oder die Millionen von Neutrinos wahrzunehmen, die unseren Körper in jeder Minute durchqueren.

Vor dem Urknall tickte keine Uhr; eine Sekunde war dasselbe wie die Ewigkeit. Wir gehen deshalb davon aus, weil die Quantenphysik die Illusion der Zeit aufgedeckt hat, indem sie ausgehend von der „Atomuhr" tiefer in das Wesen der Natur eingedrungen ist. Auf der tiefsten Ebene hören alle Schwingungen auf. Das Universum zeigt eine horizontale Linie an wie beim Bild eines leblosen Gehirns auf dem Oszilloskop. Und doch ist die Erscheinung des Todes illusorisch, denn die Grenze, an der alle Aktivität endet, markiert den Beginn einer neuen Region, die man auch als „virtuelle Realität" bezeichnen kann. Das ist eine Wirklichkeit, in der Materie und Energie als reines Potenzial existieren. Die Grundlage für die virtuelle Realität ist komplex, aber um es auf möglichst einfache Weise auszudrücken: Es muss eine nicht-physikalische Region existieren, um die Geburt des physikalischen Universums möglich zu machen. Diese virtuelle Region ist ein Vakuum, das jedoch keineswegs leer ist. Ein Vergleich: Sie können auf der Couch ein Nickerchen machen, und Ihr Geist ist dabei wie leer; aber in einem Augenblick wachen Sie auf und haben eine unbegrenzte Auswahl von Gedanken und Möglichkeiten in sich und vor sich. Auf gleiche Weise erwacht sozusagen die Region der virtuellen Wirklichkeit für eine unendliche Fülle neuer Ereignisse und Möglichkeiten. Die Schöpfung geht mit einem „Quantensprung" aus der vermeintlichen Leere in eine vollständige Fülle über, wie auch die Ewigkeit aus der Zeitlosigkeit in die Fülle der Zeit „springt".

Wenn die Ewigkeit jetzt existiert und der Grund aller physischen Existenz ist, muss sie auch Ihnen und mir zugrunde liegen. Die Illusion der Zeit vermittelt uns, dass Sie und ich uns auf einer geraden Linie von der Geburt auf den Tod zu bewegen, obwohl wir uns in Wahrheit in einer schaumigen Blase befinden, die von der Ewigkeit herausgelassen wurde.

Das Ereignis des Todes ist tatsächlich nie weit entfernt, und die anscheinend feste Grenze zwischen Leben und Tod ist nicht undurchdringlich. Ich kenne eine Frau namens May aus Neu Mexiko, die einundfünfzig Jahre alt und geschieden ist. Als Teenager erlitt sie einen Schock, als ihr älterer Bruder, den sie

immer angehimmelt hatte, plötzlich bei einem Autounfall
starb. „Ich war fünfzehn, er war neunzehn, und er war der
Einzige, den ich je wirklich angebetet hatte. Als er starb, pfff,
einfach so, konnte ich das gar nicht wirklich annehmen",
erzählte May mir. Sie befand sich mehrere Jahre lang in einem
Zustand intensiver Trauer.

„Ich zog mich völlig zurück, ich besuchte keine anderen
Leute mehr. Ich fragte mich immer wieder: *Warum? Ich
brauche eine Antwort. Sag sie mir.* Tag für Tag verging ohne
irgendeine Antwort." May brachte ein Kind zur Welt und entschloss sich deshalb, um des Babys willen, wieder in die Gesellschaft zu gehen. „Ich wusste, dass es für mein Kind nicht gut
sein würde, als Eremit aufzuwachsen, und so ging ich wieder
unter Menschen."

Beim ersten gesellschaftlichen Anlass, an dem sie teilnahm,
spürte May plötzlich ein merkwürdiges Gefühl. „Ich unterhielt
mich mit jemandem, hielt ein Glas Wein in der Hand und
merkte plötzlich, dass meine Füße taub geworden waren. Die
Taubheit stieg rasch beide Beine hoch, und ich sah einen Blitz.
Das ist es also. Der Raum verschwand mit einem Mal, und ich
fühlte mich, als ob ich schneller durch den Raum flog, als ich
es mir je hätte vorstellen können. Es fühlte sich so an, als ob
etwas unglaublich komprimiert und zugleich ausgeweitet würde. Ich habe keine Ahnung, wie lange ich weg war. Die Party
fand in einer Farm draußen auf dem Lande statt, und deshalb
dauerte es fünfzig Minuten, bis die Sanitäter kamen. Da war
ich schon wieder zurückgekommen. Meine Freunde erzählten
mir, dass sie die ganze Zeit über bei mir nur einen schwachen
Puls gefühlt hatten. Keiner wusste, ob ich ohnmächtig geworden war oder einen Schlaganfall erlitten hatte."

Ich fragte May, wie sie selbst ihr Erlebnis deutete. „Es ist
noch immer hier", sagte sie und hielt ihre Hand etwa dreißig
Zentimeter vor ihren Brustkorb. „Ungefähr so weit entfernt."

„Was ist noch da?", fragte ich.

„Die Ewigkeit. Ich bin mir sicher, dass es genau das ist, was ich erfahren hatte, und dieses Gefühl hat mich nie mehr verlassen. Es bestätigt mir, dass ich auch außerhalb meines Körpers existiere. In meinen Dreißigern hatte ich eine schwere Zeit mit Brustkrebs, aber ich hatte keine Angst vor dem Sterben, keine Minute lang. Warum auch? Ich hatte ja die Ewigkeit erlebt."

Vedanta – Antworten aus der Seele

Ich möchte der Unsterblichkeit ein menschliches Gesicht verleihen, bevor wir uns wissenschaftlichen Erklärungen zuwenden. Fakten sind nutzlos, wenn wir uns nicht persönlich auf sie beziehen können, und nichts ist persönlicher als zu sterben. Im alten Indien wurde die Vorstellung, dass man die Ewigkeit erfahren konnte, weithin akzeptiert. Wir wollen nachforschen, wie das möglich war. Vor Tausenden von Jahren gab es Menschen, welche die Tiefen des Geistes nach Antworten auszuloten versuchten, ohne dabei Gott zu beleidigen oder in sein Gebiet einzudringen. Das waren die *Rishis* oder Weisen des vedischen Indien, die bekannt wurden, als der Hinduismus seine früheste Blütezeit erlebte. Das mag je nach Auffassung bereits vor viertausend Jahren oder erst vor eintausend Jahren gewesen sein. Die Namen, unter denen diese Rishis bekannt sind, wie Vyassa, Brighu und Vasistha, sind historisch oder auch nicht. Die Werke, die sie hinterließen, zählen jedoch Tausende von Seiten. Viele Schriften haben keinen nachweisbaren Autor, ähnlich wie das Alte Testament, jedoch sind die Lehren der Rishis, die man auch Vedanta nennt, keine Religion.

Die spirituelle Landschaft Indiens war voller Götter und Göttinnen, und es gab unzählige Lokas oder nicht-physikalische Welten. Es gab Hierarchien von Engeln und Dämonen, wie sie auch Dante nicht zahlreicher hätte nennen können. Angesichts einer solch staunenswerten und verwirrenden Vielfalt boten die Rishis nicht etwa einen einzigen Gott als Alternative an. Vielmehr wiesen sie auf eine Wirklichkeit hin, die alle nur

möglichen Erfahrungen umfasste, sowohl in diesem Leben wie
jenseits davon. Sie postulierten, dass jede Ebene der Existenz
einem Bewusstseinszustand entsprach. Andere Welten – sogar
alle Welten – wurden im Bewusstsein gestaltet. Als Schöpfer
dieser Welten konnten wir sie erfahren und auch willentlich beeinflussen. Das ist der Kern von Vedanta. Die Rishis entwarfen
mehr als eine Philosophie. Sie formulierten eine Einladung, an
einem endlosen Experiment teilzunehmen. Der Zweck des Experiments war es, die Echtheit von Wirklichkeit zu überprüfen,
indem man sie in sich selbst erfuhr und erforschte.

Diese Einladung besteht immer noch. Wenn Sie oder ich sie
annehmen, sind wir mit den vedischen Rishis durch etwas verbunden, das Aldous Huxley „die immerwährende Philosophie" nannte. In jedem Zeitalter kehrt sie zurück, um den An-
forderungen und Bedürfnissen einer neuen Generation gerecht
zu werden. Es wäre ja sinnlos, eine antike Tradition in die Gegenwart zu schleppen, wenn sie auf uns nicht zuträfe. Vedanta
jedoch hat mit uns zu tun. Skepsis ist in das Leben vieler
Menschen an die Stelle getreten, wo früher Dogmen herrsch-
ten. Die derzeitige spirituelle Verwirrung sieht vielleicht nicht
so exotisch aus wie die Überfülle von Tempeln und Göttern im
alten Indien, aber hören Sie einmal auf die Stimmen, die uns
umkreisen:

*Ich war bei meinem Großvater, als er in der Abteilung für
Alzheimer-Patienten starb. Am Ende war er eine völlig andere Person – geistig nicht mehr bei sich, mit Morphin
vollgestopft. Es war, als ob man eine Gemüsepflanze wel-
ken sah. Als er aufhörte zu atmen, war gar keine Veränderung mehr zu bemerken.*

*Mein Ex-Mann ist ein solcher Schuft. Ich hab' ihm gesagt,
dass er bei seinem Tode direkt zur Hölle fährt, erster
Klasse.*

Ich bin ein Buddhist. Wenn ich den Körper ablege, werde ich zu reinem Bewusstsein werden.

Ich bin ein Hindu. Ich bin jetzt schon reines Bewusstsein.

Wem wollen die alle eigentlich etwas vormachen? Wenn du gehst, dann bist du weg. Ende.

Die letzte Stimme ist die des Materialismus, der den Tod als Endstation ansieht, weil er Leben nur im physischen Körper erkennt. Wir behaupten vielleicht, dass es wissenschaftlich fundiert sei, das Nachleben zu bestreiten. Dabei handelt es sich in Wirklichkeit jedoch nur um den Glauben an den Materialismus. Die Rishis waren überzeugt, dass Wissen nicht außerhalb dessen existiert, der etwas weiß, sondern in das Bewusstsein eingewoben ist. Deshalb brauchten sie nicht im Außen nach einem Gott zu suchen, um das Rätsel von Leben und Tod zu lösen. Die Rishis erkannten sich selbst, und das ist ein glücklicher Umstand, weil wir uns selbst ebenfalls erkennen können. Jeder Mensch ist bewusst. Jede Person hat ein Selbst. Jeder Mensch ist sich seiner Existenz sicher, er weiß und spürt, dass er lebt. Aufgrund dieser Grundbestandteile kann jedermann, sagt Vedanta, Wissen aus erster Hand über alles nur Denkbare erlangen, gleich, wie tiefgründig das Mysterium auch scheinen mag.

Warum haben wir dann nicht ein solches Wissen, solche Erkenntnisse? Vielleicht deshalb nicht, weil wir nicht in Kontakt treten mit dem tiefsten Teil unseres Selbst, den die Rishis *Atman* nennen. Die beste Entsprechung dafür in unseren westlichen Sprachen ist das Wort „Seele". Seele bzw. Atman ist ein Funke des Göttlichen, jene unsichtbare Komponente, die Gottes Gegenwart in Fleisch und Blut bringt. Der größte Unterschied zwischen diesen beiden Begriffen bzw. dem, was man damit allgemein verbindet, ist, dass im Vedanta Atman nicht von Gott getrennt ist. Anders als die christliche Seele kann

Atman daher nicht von Gott kommen oder zu ihm zurückkehren. Es gibt ja die Einheit zwischen dem Menschlichen und
dem Göttlichen. Die Bewusstwerdung dieser Einheit ist der not-
wendige Schritt, damit die Wirklichkeit heraufdämmern kann.

Es ist ganz natürlich, für Vedanta zu sagen: „Ich bin Gott".
Für uns ist das viel weniger natürlich. Vor Jahren hatte ich
einen Freund, der intensive spirituelle Erfahrungen machen
konnte, wie er sagte, zum Beispiel seinen Körper zu verlassen
und weißes Licht in seinem Herzen zu sehen. Ich sagte ihm,
dass ich persönlich solche Erlebnisse nicht hatte. „Ich persönlich auch nicht", meinte er. „Ich habe sie unpersönlich."

In diesem Moment vermittelte er mir eine wichtige Erkenntnis: Etwas Ewiges und Unbegrenztes kann gar nicht *persönlich*
sein. Aus Gewohnheit sagen wir „meine" Seele, das ist aber
irreführend. Die Seele gehört mir nicht auf dieselbe Weise, wie
mir mein Haus als Eigentum gehört oder meine Kinder als
Fortpflanzung meines Fleisches und Blutes. Die Seele gehört
nicht zu mir wie meine Persönlichkeit oder meine Erinnerungen, da Senilität und geistige Verwirrung das Gehirn ausschalten und beide fortnehmen können.

Beim Tod geht es nicht darum, was ich besitze, sondern was ich
bin und was ich werden kann. Heute betrachte ich mich als ein
Kind der Zeit, ich kann jedoch zu einem Kind der Ewigkeit
werden. Ich sehe jetzt meinen Platz hier auf der Erde, aber ich
kann mich auf eine Reise durch das Universum begeben. Wir
menschlichen Wesen besitzen eine tiefe Intuition darüber, dass
unsere Bestimmung unendlich und unbegrenzt ist; wir fürchten
uns allerdings vor dem Tod, weil er unsere Wünsche und Träume testet. Wir haben Angst davor, geprüft zu werden, weil all
unser Streben leer und schal erscheinen könnte, wenn sich her-
ausstellen sollte, dass wir den Test nicht bestehen. In meinem
Beruf als Arzt habe ich miterlebt, wie viel Angst Menschen bis
zuletzt haben können. Sterben ist nicht realer als jeder andere
Augenblick, aber definitiver. Gleich, wie reich oder begabt Sie

sein mögen: Der Tod ist der große Gleichmacher. (Ich erinnere mich an einen bekannten Guru, der darüber sprach, dass das Aufgehen im Licht die höchste spirituelle Belohnung sei. Meine Nachbarin rutschte nervös auf ihrem Stuhl herum, lehnte sich zu mir und flüsterte mir ins Ohr: „Das klingt mir ganz wie der Tod.")

Damit das Nachleben einen Sinn hat, muss es genauso erfüllend sein wie dieses Leben. Geld, Macht, Sexualität, Familie, Leistungen und irdische Freuden zu beenden ist keine triviale Angelegenheit. Vieles von dem, was wir lieben und wovon wir abhängen, wird ausgelöscht werden, wenn dieses Leben zum Ende kommt. Vor vielen Jahren, als ich noch ein recht unerfahrener Arzt in Boston war, wurde ein älteres Paar gemeinsam in das Krankenhaus eingeliefert. Der Mann stand am Ende eines langen Kampfes mit Darmkrebs. Die Frau hatte zwar langwierige Herzprobleme, war jedoch in einem viel besseren Zustand. Die beiden lagen im selben Zimmer und während der wenigen Tage, in denen ich sie besuchte, konnte ich miterleben, wie sehr sie aneinander hingen.

Der Mann schleppte sich tagelang so dahin, mit großen Schmerzen; manchmal war er bei Bewusstsein, manchmal nicht. Seine Frau saß neben ihm und hielt seine Hand, Stunde um Stunde. Eines Morgens war ihr Bett leer, als ich in das Zimmer kam – während der Nacht war sie aufgrund eines plötzlichen Herzstillstandes verstorben. Ihr Mann erlebte eine Zeit der bewussten Wachheit, und so teilte ich ihm zögernd mit, dass seine Frau hingeschieden war. Ich befürchtete, dass ihm diese Nachricht einen Schock versetzen würde. Er schien jedoch sehr ruhig zu sein.

„Ich glaube, ich werde jetzt gehen", sagte er. „Ich habe bis jetzt gewartet."

„Worauf?", fragte ich ihn.

„Ein Gentleman lässt immer die Frau zuerst gehen", sagte er. Er fiel zurück und verlor sein Bewusstsein wieder. Am Nachmittag verstarb auch er.

Er erinnert mich daran, dass wir uns entscheiden können, etwas in das Sterben hineinzubringen: Gelöstheit, Ruhe, eine geduldige Annahme dessen, was kommen wird. Das alles sind Eigenschaften, die man kultivieren kann. Und wenn wir sie ausbilden, dann ist der Tod eine Prüfung, die wir bestehen werden. Unser Fehler ist nicht, dass wir Angst vor dem Tod haben, sondern dass wir ihn nicht als ein besonderes Wunder schätzen und achten. Die tiefgründigsten Themen – Liebe, Wahrheit, Mitgefühl, Geburt und Tod – sind gleichartig. Sie gehören zu unserem Schicksal, aber auch zu unserem jetzigen Leben. Die Absicht dieses Buches besteht im Grunde darin, den Tod in die Gegenwart zu bringen und ihn dadurch der Liebe gleichzustellen.

Mit der Geschichte von Savitri, der Geschichte einer Frau, die Liebe einsetzen wollte, um den Tod zu überlisten, möchte ich unsere Überlegungen über das Leben nach dem Tode wie mit einem Zwischenspiel fortsetzen. In der Fülle der Liebe gibt es ein Geheimnis, das sie gelernt hatte und das auch wir wieder lernen müssen. Der indische Dichter und Literatur-Nobelpreisträger Tagore deutet das im folgenden Gedicht wunderschön an.

WAS WIRST DU GEBEN?

Was willst du geben
wenn der Tod an deine Türe klopft?

Die Fülle meines Lebens –
den süßen Wein der Herbsttage und der Sommernächte,
meinen kleinen Schatz, den ich in den Jahren
gesammelt habe,
und Stunden, die reich an Leben sind.

Das soll mein Geschenk sein.
Wenn der Tod an meine Türe klopft.

HEILUNG FÜR DEN TOD
DAS STERBEN KURIEREN

Während sie weiter den Berg hinaufwanderten, wurde Savitri immer besorgter, aber Ramana schenkte dem keine Beachtung. Er verließ den Tierwechsel, folgte einem Pfad, der durch große Felsen führte, und Savitri verlor ihn aus den Augen. Als sie ihn suchte, sah sie einen Bach, an dem Ramana saß. Er zog aus seinem safrangelben Gewand eine Bambusflöte hervor und fing an zu spielen.

„Meine Musik macht dich nicht froh?", fragte er Savitri, deren sorgenvollen Blick er in ihren Augen sah. Sie dachte die ganze Zeit nur an den Herrn des Todes, der vor ihrem Haus wartete.

„Wir haben so wenig Zeit. Lehre mich, was du mich lehren kannst", bat sie inständig.

„Was, wenn ich dir die Heilkur gegen das Sterben beibringen könnte?", fragte Ramana.

Savitri war erstaunt. „Ich bin sicher, dass jeder stirbt."

„Dann glaubst du an bloße Gerüchte. Was, wenn ich dir sagte, dass du niemals in deinem bisherigen Leben glücklich gewesen wärest? Würdest du mir das glauben?"

„Natürlich nicht. Heute vormittag war ich glücklich, bevor dieses Problem auftauchte", sagte Savitri.

Ramana nickte. „Wir alle erinnern uns daran, glücklich gewesen zu sein, und keiner kann uns dieses Wissen ausreden. Ich will dir also eine andere Frage stellen. Kannst du dich daran erinnern, jemals *nicht* gelebt zu haben?"

„Nein", antwortete Savitri zögernd.

„Versuch es noch einmal. Erinnere dich an die Zeit, als du noch sehr, sehr klein warst. Versuch so sehr, wie es dir nur möglich ist, dich daran zu erinnern, einmal *nicht* lebendig gewesen zu sein. Das ist wichtig, Savitri."

Savitri tat ihr Bestes, konnte sich aber nicht daran erinnern, jemals nicht lebendig gewesen zu sein.

„Vielleicht kannst du dich nicht daran erinnern, nicht lebendig gewesen zu sein, weil du immer lebendig warst", sagte Ramana. Er deute auf eine Heuschrecke, die sich an einem Zweig über Savitris Kopf festklammerte. „Wenn du eine Heuschrecke nach ihren sieben Jahren Schlaf unter der Erde hervorklettern siehst, heißt das dann, dass sie vorher tot war?"

Savitri schüttelte den Kopf.

„Und doch ist der einzige Grund, warum du glaubst, geboren worden zu sein, die Tatsache, dass deine Eltern sahen, wie du aus dem Schoß hervor kamst. Sie dachten, sie wären Zeugen des Augenblicks gewesen, als du begonnen hast zu existieren, und deshalb verbreiten sie das Gerücht, du seiest geboren worden." Savitri wunderte sich über diese Art von Gedanken.

Ramana wurde ernst. „Sieh dir diesen Fluss an. Du siehst nur einen kleinen Teil davon. Würdest du sagen, du weißt, wo er anfängt oder wo er aufhört? Höre auf mich, Savitri. Du akzeptierst den Tod, weil du die Geburt voraussetzt. Beide gehören zusammen. Vergiss diese Gerüchte, du seiest jemals geboren worden. Das ist die einzige Heilung für Sterben und Tod."

Ramana stand auf und steckte seine Flöte wieder in sein Gewand. Er war bereit, weiterzugehen. „Glaubst du mir?"

„Ich möchte dir gerne glauben, aber ich habe immer noch Angst", gab Savitri zu.

„Dann werden wir weitergehen." Ramana begann zu gehen, und Savitri folgte ihm, während sie über das nachdachte, was er gesagte hatte. Es schien unwiderlegbar zu sein, dass sie niemals würde sterben können, wenn sie niemals geboren worden war. Aber stimmte das wirklich?

Ramana fing ihre Gedanken auf. „Wir können die Wirklichkeit nicht daran festmachen, woran wir uns *nicht* erinnern, sondern nur auf dem, woran wir uns erinnern. Jeder erinnert sich daran zu sein; keiner kann sich daran erinnern, *nicht* zu sein."

Nach einigen Augenblicken berührte sie sanft seinen Arm. „Spiel bitte für mich. Ich möchte mich daran erinnern, glücklich zu sein."

HINÜBERGEHEN

Die Feststellung des Vedanta, dass die Seele immer nahe ist, bringt uns zum faszinierenden Phänomen der sogenannten Nahtoderfahrungen, die inzwischen zu einem festen Bestandteil des Volksglaubens geworden sind. (Nach einer Umfrage des Gallup-Instituts von 1991 haben 13 Millionen Amerikaner, damals etwa fünf Prozent der Bevölkerung, berichtet, dass sie selbst solche Erfahrungen gemacht hätten.) Nahtod ist eine kurze Begegnung mit einer anderen Realität; zumindest erscheint es denen so, die über solche Erfahrungen berichten. Eine Person liegt in der Notaufnahme oder einer Intensivstation. Ihr Herz hört auf zu schlagen, und allem Anschein nach ist der Tod die Folge. Doch können manche dieser Patienten wiederbelebt werden; häufig jene, die einen Herzstillstand erlitten hatten. Von denen, die wiederbelebt werden können, berichten fast 20 Prozent über zumindest eines der bekannten Nahtod-Symptome: das Verlassen ihres Körpers, auf sich selbst im Krankenhaus hinunterschauen, medizinische Maßnahmen der Ärzte beobachten, die sich um die Wiederbelebung kümmern, sich selbst in einem Tunnel wiederfinden, in ein helles Licht gehen, die Präsenz einer höheren Macht spüren, geliebte Menschen sehen oder hören, die dazu einladen, mit ihnen zu kommen.

Dr. Pim van Lommel, ein Herzspezialist, der eine umfassende
holländische Studie zu diesem Thema durchgeführt hat, berichtete voller Erstaunen, dass es Patienten gab, die intensive Nahtoderfahrungen machten, obwohl ihr Gehirn keinerlei Tätigkeit mehr aufwies und alle medizinischen Messinstrumente nur
noch eine gerade Linie anzeigten, bis sie wiederbelebt wurden.
Der Tod wird damit plötzlich mit allen Anzeichen eines Wun-
ders umkleidet. Wie kann ein Mensch irgendetwas erfahren,
nachdem die Uhr im Gehirn aufgehört hat zu ticken? Andere
Kulturen haben sich tiefer in das Zeitlose hineingewagt, und
sie versichern uns, dass zwar die Zeit aufhören kann zu existieren, das Bewusstsein jedoch weiterbesteht.

Am Fuße eines Himalayaberges sitzt Dawa Drolma still in
ihrem schwarzen Filzzelt. Das ist ihr Heim, aber sie hat kaum
eine ruhige Minute, weil den ganzen Tag über Besucher herein-
strömen, um Fragen zu stellen und ihren Segen zu erhalten.
Dawa Drolma ist im ganzen östlichen Tibet berühmt, seit sie
von den Toten zurückgekommen ist. Ihr Tod trat aufgrund
einer plötzlichen Krankheit ein, als sie sechzehn war. Volle fünf
Tage lang lag ihr Leichnam da, unberührt von Familie oder
Priestern. Nach dieser Zeit kam Dawa in ihren Körper zurück
mit vollständiger Erinnerung an das, was im *Bardo,* der feinstofflichen Welt des tibetisch-buddhistischen Nachlebens, geschehen war.

In diesen fünf Tagen verbrachte Dawa Zeit in vielen Himmeln und Höllen. (Ich verwende hier zwar christliche Begriffe,
die jedoch den Orten im Buddhismus entsprechen, an denen
rechtschaffene Menschen belohnt und böse bestraft werden.)
Die Göttin der Weisheit kümmerte sich persönlich darum, Dawa jeden Ort zu zeigen, und sie erklärte, wer dort aus welchem
Grunde war. Dawa fühlte das Entzücken jener Seelen, für die
von ihren Hinterbliebenen gebetet wurde. Sie hörte die
angstvollen Schreie und Bitten um Barmherzigkeit der Übeltäter, die Sünden auf Erden vollbracht hatten. Dawa begegnete

dem Gott des Todes, der ihr Botschaften mitgab, die sie den Lebenden bringen sollte. Er wusste und Dawa wusste es auch, dass sie ins Leben zurückkehren würde. Ihr Sterben war kein Zufall, sondern sie unternahm diese Reise ganz bewusst, nachdem sie die Risiken und Gefahren abgewogen hatte. Die ortsansässigen Lamas hatten sie gewarnt, diese Reise nicht zu unternehmen, aber Dawa war davon überzeugt, dass es in ihrem Leben nur um ihren Tod gehen würde.

Jahr für Jahr wiederholte sie die Berichte von ihrer Reise ins Bardo; es dauerte lange, bis sich die Leute überzeugen ließen. Die tibetische Kultur war nicht bereit, einer Frau eine spirituell herausgehobene Stellung einzuräumen, außer eben unter diesen ungewöhnlichen Umständen. Das unmittelbare Wissen, das Dawa aus dem Bardo zurückbrachte – auch über das „Klare Licht", das jenseits des Bardos ist – war jedoch unwiderlegbar. Sie zeigte Menschen, wo sie in der Erde vergrabenes Gold finden würden. Sie wusste Geheimnisse aus ihrem Privatleben und Einzelheiten von verschiedenen Verwandten, die man nie irgendwie hätte erraten können. Sie debattierte mit gelehrten Lamas und war ihnen gleichrangig oder sogar überlegen im Hinblick auf buddhistische Theologie.

Dawa Drolma ist keine Ausnahme in Tibet. Menschen, die zurück ins Leben kommen, nennt man dort *Delogs* (oder *Deloks*). Eine weitere berühmte Person war Lingza Chokyi, die im sechzehnten Jahrhundert lebendige Schilderungen hinterließ. „Ich war immer noch im Zimmer, aber anstatt krank zu sein, hatte ich meinen Körper verlassen und schwebte zur Decke hinauf. Ich sah meinen Körper wie ein totes Schwein, das in meiner Kleidung steckte. Meine Kinder weinten über mir, und das verursachte mir heftige Schmerzen. Ich versuchte mit meiner Familie zu sprechen, aber sie konnten mich nicht hören. Als sie aßen, weinte ich und wurde ärgerlich, weil sie mir nichts abgaben. Als sie Gebete für mich sprachen, fühlte ich mich plötzlich viel besser."

Stufen des Erwachens

Es ist erstaunlich, wie sehr die Berichte der Delogs übereinstimmen. Die Erfahrungen von Dawa Drolma spiegeln jene von Lingza Chokyi wider, die vierhundert Jahre zuvor zustande kamen. Sie sehen dieselben sechs Stufen des Bardo, werden von der weißen Tara geleitet, der Göttin der Weisheit, und sie erhalten Botschaften, die sie den Lebenden übermitteln sollen. Diese Botschaften kreisen meist darum, ein guter tibetischer Buddhist zu sein (so wie Erscheinungen von Mutter Maria in jedem Jahrhundert meist dazu ermahnen, ein guter Christ bzw. Katholik zu sein).

Experten, die Nahtoderlebnisse erforschen, stellen große Übereinstimmungen zwischen diesen und den Berichten der Delogs fest. In beiden Fällen wird beschrieben, dass das Bewusstsein den physischen Körper verlässt, dass man auf den Körper und die Umgebung herabblickt, dass man mit den Menschen, die man durchaus sieht, nicht sprechen kann, und dass man dann an andere Orte reist, mit der Kraft der Gedanken. Wenn Delogs erzählen, dass sie in der anderen Welt „einen Körper aus dem goldenen Zeitalter" hatten, also jung und vollkommen, dann erinnert uns das an die Berichte über manche Nahtoderfahrungen im Westen, in denen die Menschen sich wie in ihren besten Jahren erleben, in ihren Zwanzigern oder frühen Dreißigern. Verstorbene Verwandte erscheinen auf der anderen Seite, in einer Region, welche die Tibeter „das Bardo des Werdens" nennen. Wie die gerade verstorbene Person versucht, sich ihnen anzuschließen, wird sie zurück in die physische Welt gestoßen. Das Gefühl dabei ist, dass jetzt noch nicht die richtige Zeit dafür gekommen oder irgendein Fehler passiert ist. In beiden Fällen gibt es oft eine tiefe Sehnsucht, mit Gott oder dem höchsten Licht in Kontakt zu kommen; danach besitzt die Angst vor dem Tode keine Macht mehr.

Es gibt also bedeutsame Parallelen zwischen Nahtoderfahrungen im Westen und den Erlebnissen der Delogs in Tibet. Da die Delogs sehr viel detailliertere Schilderungen geben, ist es

vermutlich richtig anzunehmen, dass eine sogenannte Nahtoderfahrung nur den Anfang eines Erwachens darstellt, das
die sterbende Person weiter durch alle Stadien geleitet, die notwendig sind, damit sich die Seele offenbaren kann. Wenn wir
die spezielle Geographie christlicher Himmel, der tibetischen
Bardos und der zahlreichen Lokas oder Himmelssphären des
Hinduismus beiseite lassen, lässt sich die erste Stufe des Nachlebens anhand bestimmter, in allen Kulturen berichteter Ereignisse beschreiben.

HINÜBERGEHEN:
Wie das Nachleben aufdämmert

1. Der physische Körper hört auf zu funktionieren. Die sterbende Person mag sich dessen nicht gleich bewusst sein,
   erkennt aber schließlich, dass das geschehen ist.
2. Die physische Welt verschwindet. Das kann allmählich passieren. Es mag ein Gefühl geben, nach oben zu schweben
   oder auf vertraute Orte herabzublicken, während sie ent-
   schwinden.
3. Die sterbende Person fühlt sich leichter, plötzlich wie frei
   von allen Begrenzungen.
4. Der Geist und manchmal auch die Sinne fahren fort zu funktionieren. Nach und nach wird jedoch das, was man wahrnimmt, immateriell, nicht mehr physisch.
5. Zunehmend macht sich eine Gegenwart bemerkbar, die als
   göttlich empfunden wird. Diese Gegenwart kann von einem
   Licht umhüllt sein oder in Gestalt von Engeln oder Göttern
   auftreten. Sie kann mit der sterbenden Person kommunizieren.
6. Persönlichkeit und Gedächtnis beginnen zu schwinden, aber
   das Gefühl des „Ichs" bleibt bestehen.
7. Das „Ich" hat das überwältigende Gefühl, sich in eine andere Existenzphase zu bewegen.

Diese siebenfältige Phase des Erwachens ist nicht dasselbe, wie
in den Himmel zu gelangen. Forscher bezeichnen sie auch als
Phase „zwischen den Leben". Es ist ein Stadium des Übergangs
zwischen dem geistigen Bewusstsein, lebendig zu sein, und dem
geistigen Bewusstsein, dass man hinübergegangen ist. Zahlreiche Details dabei sind von Mensch zu Mensch verschieden.
Nicht alle Nahtoderfahrungen führen „in das Licht". Manche
Patienten berichten davon, zu unterschiedlichen Planeten im
Weltall gereist zu sein oder in andere Welten; das entspricht
meist ihren religiösen Glaubensüberzeugungen. Manche erleben eine Gerichtsszene, die sehr bedrängend oder sogar höllisch sein kann; es gibt jedoch auch solche, die voller Zufriedenheit sind.

Das Wesen des Menschen spielt eine große Rolle. Ein Kind
kann aus dem Himmel zurückkommen und erzählen, dass er
voller kleiner süßer Jungtiere war, die miteinander spielten; ein
Herzpatient berichtet vielleicht, dass er auf dem Schoß Gottes
saß, und der Allmächtige ihm sagte, dass er auf die Erde zurückkehren müsse; ein Delog sieht vielleicht viele Einzelheiten
aus der tibetischen Theologie. Die Bilder hängen offensichtlich
von der Kultur des Menschen ab, aus der er stammt. Huston
Smith, ein Experte der Weltreligionen, sagt: „Alles, was wir in
den Bardos erleben, ist eine Spiegelung unserer eigenen mentalen Erfindungen." Man kann den Begriff „Nachleben" verwenden anstatt Bardo, da Christen christliche und keine buddhistischen Bilder sehen, und Muslime eben islamische.

Der Übergang nach drüben ist jedoch nur eine vorübergehende
Phase. Die volle Wirklichkeit der Seele ist noch nicht enthüllt
worden. Die Delogs erwarten noch die Erfahrung „der reinen
Natur des Geistes", wie Buddhisten es wohl nennen würden.
Delogs ist es völlig klar, dass sie nirgendwo tatsächlich hinge-
gangen sind, sondern dass jede Ebene der Reise ausschließlich
im Bewusstsein existiert. Real und wirklich sind nicht Himmel

und Hölle, sondern das „klare Licht", das jenseits dieser Ebenen liegt. Dawa besuchte dieses strahlende weiße Licht, bevor sie durch die Zwischenwelten in ihre physische Existenz zurückkehrte.

Ihr Sohn schreibt dazu: „Obwohl es eine Tatsache ist, dass die Bereiche der zyklischen Existenz absolut gesprochen ihrem Wesen nach leer sind und reine Projektionen der Vorstellungen des menschlichen Geistes darstellen, kann man doch von der relativen Ebene her die Leiden der dort gefangenen Wesen nicht leugnen, die sie subjektiv erfahren." Menschen im Westen stellen in Frage, ob das Nachleben so real sein könnte wie die physikalische Welt. Menschen im Osten erklären dazu, dass beides mentale Projektionen sind. Leute aus dem Westen begrenzen das menschliche Leben auf die kurze Spanne zwischen Geburt und Tod; Leute aus dem Osten sehen einen ewigen Kreislauf von Geburt, Tod und Wiedergeburt.

Damit gibt es also viel Platz für alle möglichen unterschiedlichen Sichtweisen und Erfahrungen ein und derselben Reise: „Wie in einem Traum oder bei einer Halluzination schweben Wesen in Dawa Drolmas Wahrnehmung hinein und wieder hinaus, gleichsam wie Schneeflocken. In einem Moment begegnet sie einem Bekannten, der die schlimmsten Höllenqualen erleidet, im nächsten trifft sie eine tugendhafte Person, die auf ihrem Weg in eine Ebene der Reinheit ist. Gelegentlich sieht sie ganze Prozessionen von Wesen aus dem Bardo, die auf dem Weg in eine der Ebenen der Reinheit sind, unter der Führung eines bedeutenden Lamas – es gibt sowohl männliche wie weibliche –, der aufgrund seines altruistischen Strebens gekommen ist, um diese Wesen zu retten."

Ein Schatz an Erwartungen

Wenn in verschiedenen Kulturen solch unterschiedliche Dinge nach dem Tod gesehen werden, dann müssen wir uns mit der Möglichkeit auseinandersetzen, dass wir unser Nachleben selbst erschaffen. Vielleicht sind die lebendigen Bilder, die sterbenden Menschen erscheinen, Projektionen und stellen eine Methode dar, wie die Seele uns hilft, die fünf Sinne hinter uns zu lassen. Ich gehe davon aus, dass das Nachleben im Bewusstsein kreiert wird. Aber wie ein bekannter Biologe mir kürzlich mit einem Seufzer sagte: „Sobald du anfängst, den Begriff Bewusstsein zu verwenden, wirst du sofort aus der Gilde der akademischen Wissenschaft ausgeschlossen." Ich nehme das *Time Magazine* zur Hand und lese folgendes Zitat von Professor Eric Cornell, einem Physik-Nobelpreisträger: „Bei der Naturwissenschaft geht es nicht darum, den Geist Gottes zu erkennen, sondern die Natur zu verstehen und die Ursachen für die Dinge. Der Anreiz besteht darin, dass unsere Unwissenheit unser Wissen übertrifft."

Sicher werden viele Leute dieser Aussage zustimmen, allerdings vielleicht ohne zu realisieren, dass es von begrenztem Wert ist, „die Natur zu verstehen", solange man nicht auch die menschliche Natur versteht. Warum lassen wir uns selbst bei diesem Experiment ganz außen vor?

Wenn Bewusstsein keine sinnvolle Erklärung sein kann oder darf, dann können andere Erklärungen nur aus dem Materialismus kommen. Drogen (zum Beispiel Marihuana, Haschisch, LSD, Ketamine, Meskalin) können so auf das Gehirn einwirken, dass sowohl ein Tunnel-Effekt entsteht als auch weißes Licht wahrgenommen wird. Wenn man jemanden in eine Zentrifuge steckt, die sich schnell genug dreht, wird das Blut aus den Frontallappen des Gehirns gepresst, und dann kann es zu ähnlichen Phänomen kommen. Astronauten und Testpiloten, die in Zentrifugen trainiert werden, berichten über derartige Erfahrungen. Extremer Stress kann ebenfalls Halluzinationen erzeugen. Das gilt besonders für Patienten auf Intensivstationen nach einem Herzanfall.

Ist es möglich, dass die Medizinforschung auf all das Antworten parat hat? Dr. van Lommel, der die holländische Studie über Nahtoderlebnisse geleitet hatte, glaubt das nicht. Er untersuchte 344 Patienten, deren Herz im Krankenhaus geflimmert hatte (die also anstatt normaler Herzschläge chaotische Zuckungen des Herzens hatten). Er sprach mit ihnen innerhalb weniger Tage nach ihrer Wiederbelebung und stellte fest, dass Anästhesie oder Medikamente ihre Erfahrungen in keiner Weise beeinflusst hatten. Am meisten verwundern ihn allerdings die Berichte über Bewusstseinserfahrungen trotz nicht vorhandener Gehirntätigkeit. Noch Jahre nach seinen Studien erfüllt ihn dieses Paradox mit Staunen: „In diesen Augenblicken waren diese Menschen nicht nur bewusst, sondern ihr Bewusstsein war weiter offen als je zuvor. Sie können extrem klar denken, sie haben Erinnerungen, die weit in die früheste Kindheit zurückgehen, und sie erleben eine innige Verbundenheit mit allem und jedem um sie herum. Und doch zeigen die Gehirnstrommessungen keinerlei Aktivität!"

Diese Beobachtungen widerlegen die Theorie des Materialismus über das sterbende Gehirn, da das Gehirn in diesen Fällen in seiner Funktion aufgehört hatte, *bevor* die Nahtoderfahrungen begannen – eben während der vier bis zehn Minuten, in denen die Wiederbelebung möglich ist ohne dauerhafte Gehirnschädigung. Van Lommel weist auch darauf hin, dass jede Art einer physiologischen Erklärung dafür, wenn es sie denn gäbe, für jeden zutreffen sollte. Er stellte fest, dass 82 Prozent der wiederbelebten Patienten sich an keinerlei Nahtoderlebnis erinnern konnten. Warum hatte das sterbende Gehirn dieser Menschen ihnen etwas vorenthalten, wenn die anderen 18 Prozent solche Erfahrungen machen konnten?

Vielleicht ist das Bewusstsein nicht im Gehirn. Das ist eine überraschende Möglichkeit, die sich allerdings in Übereinstimmung mit den meisten antiken spirituellen Traditionen befindet. Was wäre, wenn Nahtoderfahrungen einen Schritt in das Nachleben darstellen, der immer noch von Erinnerungen und Erwartungen bestimmt wird?

Es besteht kein Zweifel darüber, dass der Himmel der
Erwartung vieler Menschen in der westlichen Gesellschaft
entspricht, und deshalb wollen wir als Nächstes untersuchen,
welche Versprechen damit verbunden werden; und wir wollen
überlegen, ob das Paradies etwas ist, das wir uns wirklich aussuchen möchten.

Der Tod erfüllt drei Wünsche

Nachdem sie zwei Stunden durch den Wald marschiert waren, kamen Savitri und Ramana an eine Weggabelung.

„Wenn wir diesen Weg dort entlang gehen, kommen wir zu Yamas Burg. Wusstest du, dass der Tod nahe wohnt?", sagte er.

Savitri erschauderte: „Ich bin ganz froh, das nicht gewusst zu haben."

„Wirklich?" Ramana schien tatsächlich erstaunt zu sein. „Ich stieß auf die Burg, als ich eines Tages so umherwanderte. Ich war neugierig, dem Tod einmal von Angesicht zu Angesicht zu begegnen."

Savitri bekam es mit der Angst zu tun, wenn sie nur an das erinnert wurde, wovor sie sich so fürchtete. Ramana nahm ihre Hand. „Komm, ich kann dir mehr darüber erzählen, während wir weitergehen." Er hatte einen starken Griff, und Savitri wurde ruhiger, da seine Stärke in sie hineinfloss.

„Ich wusste sofort, dass ich auf Yamas Behausung gestoßen war", fuhr Ramana fort, „weil überall auf dem Zaun Totenköpfe aufgespießt waren. Also setzte ich mich davor und wartete darauf, dass mein Gastgeber erscheinen würde. Ich wartete den ganzen Tag lang und den nächsten auch noch. Erst am dritten Tag kam Yama nach Hause. Als er mich sah, wirkte er niedergeschlagen. 'Ich habe dich drei Tage lang vor meinem Tor warten lassen', sagte er. 'Auch der Tod darf die heilige Pflicht der Gastfreundschaft nicht verletzen. Deshalb stelle ich dir drei Wünsche frei, einen für jeden Tag des Wartens.'

'Das ist mir sehr recht', antwortete ich, denn ich habe dich lange schon kennenlernen wollen, dich, das weiseste aller Geschöpfe.' Yama verneigte sich königlich. 'Mein erster Wunsch ist', sagte ich, 'dass du mir den Weg zurückweist. Ich bin nicht dumm und hege nicht den Wunsch, immer bei dir zu bleiben.'

Yama lächelte und wies in die Richtung des Ostens. 'Du wirst den Weg zurück zu den Lebenden finden, wenn du dorthin gehst, wo die Sonne aufgeht.'

'Mein zweiter Wunsch ist zu wissen, ob du jemals Liebe gefühlt hast?'

Yama sah nun gar nicht mehr so erfreut aus, aber zögernd antwortete er doch. 'Das Wesen der Liebe besteht darin, etwas Neues zu erschaffen; meine Rolle ist zu zerstören. Deshalb brauche ich Liebe nicht.'

Als ich das hörte, empfand ich Mitgefühl mit Yama, aber er strahlte Stolz zurück, mit Verachtung über jeden Anflug von Mitleid für ihn. Er sagte: 'Nun nenne rasch deinen dritten Wunsch.'

Ich sagte: 'Die großen Weisen sagen, dass die Seele den Tod überlebt. Stimmt das?' Eine dunkle Wolke senkte sich auf Yamas Gestalt und Haltung. Er stotterte vor Zorn, aber er hatte keine andere Wahl, als mir die Antwort zu geben.

'Ich werde dir die Wahrheit sagen; es gibt zwei Wege im Leben – den Weg der Weisheit und den Weg des Unwissens. Der Weg der Weisheit besteht darin, das Selbst zu suchen. Der Weg des Unwissens ist, nach Genüssen zu streben. Genüsse, die aufgrund von Sinneserfahrungen entstehen, sind von vorübergehender Natur; was zeitlich begrenzt ist, fällt dem Tod anheim. Der Unwissende fällt mir also in die Hände. Das Selbst jedoch ist das Licht der Unsterblichkeit; es strahlt ewig. Wenige sind weise genug, dieses Licht zu sehen, obwohl es in ihnen selbst und nirgendwo anders ist. Das Selbst ist nichts als das Licht der Seele. Nun gehe wieder. Es wird Yama gefallen, dein Gesicht nie wieder zu sehen.' Und damit ging er wütend von dannen."

Savitri fand diese Erzählung faszinierend, war jedoch voller Fragen. „Wie können wir die Seele übersehen, wenn ihr Licht in uns selbst scheint?"

Ramana hielt inne und blickte sich um. Er sah eine Pfütze mit Regenwasser darin und zog Savitri. „Siehst du, wie sich die Sonne in dieser Pfütze widerspiegelt?"

Savitri nickte. „Ja, das sehe ich."

„Dann schau jetzt genau hin." Ramana trat in die Pfütze und wühlte den Schlamm auf und brachte die bis dahin glatte Oberfläche des Wassers in Bewegung. „Kannst du nun immer noch die Spiegelung der Sonne sehen?"

Savitri gab zu, dass sie das jetzt nicht mehr konnte.

„Das ist der Grund, warum Menschen die Seele nicht finden", sagte Ramana. „Sie wird von der ständigen Geschäftigkeit und Verwirrtheit von Verstand, Gefühlen und Gemüt verdunkelt. Als ich die Spiegelung der Sonne in der Pfütze zerstörte, habe ich damit ja nicht die Sonne selbst getötet. Die Sonne ist ewig und nichts kann sie auslöschen. Jetzt kennst du das Geheimnis der Seele, die selbst der Tod nicht auslöschen kann."

Savitri wurde ernst. „Das ist etwas, was ich gern glauben würde."

„Du fürchtest dich immer noch", sagte Ramana sanft, „aber lerne einfach dieses: Vertraue und baue nicht auf Spiegelungen, wenn du die Wirklichkeit sehen willst."

Savitri blickte nachdenklich vor sich hin, als sie weiterwanderten. Ihre Hand lag zart in der des Mönches.

EINE FRAGE DES GLAUBENS

„Das schlimmste Nachleben, das ich mir vorstellen kann, ist die Hölle.
Das zweitschlimmste ist vielleicht der Himmel."

Diese Sätze schrieb ich im Sommer des Jahres 2005 auf eine
Seite in meinem Notizbuch. Die Worte „Himmel" und „Hölle"
lassen viele Leser vielleicht unwillkürlich an christliche Vorstellungen denken, aber ich habe sie damals ganz allgemein
verwendet. Der Himmel ist der Ort, an den du gehst, wenn du
in den Augen Gottes gut genug dafür bist; in die Hölle kommst
du, wenn das nicht der Fall ist. Sind nicht beide Begriffe
Synonyme für „das Ende"?

Vedanta geht davon aus, dass jedes Nachleben so erschaffen wird, wie es unseren Erwartungen entspricht. Wenn das auf
Himmel und Hölle zutrifft, welche Art von Erwartungen sind
dann damit verbunden? Warum sollten schlechte Handlungen
Sie zu einem Gefängnis verdammen, in dem Ihre Missetaten
unbarmherzig und ohne jede Hoffnung auf einen Neubeginn
bestraft werden? Das ist vielleicht leichter zu beantworten als
die Frage nach dem Gegenteil. Warum sollte Gutsein bewirken,
dass man in ein Fantasieland über den Wolken kommt, in dem
die Tugendhaftigkeit mit endloser Nachsicht belohnt wird,
aber auch ohne jede Chance für einen Neuanfang?

Diese Gedanken lagen mir im Sommer 2005 sehr nahe. Der
Tod war etwas, woran ich laufend denken musste, weil meine
Mutter in ein Koma gefallen war. „Beeil dich", sagte eine
Stimme aus Indien am Telefon zu mir, und ich sprang sofort in
das nächste Flugzeug. Es war völlig unsicher, ob ich noch
rechtzeitig an ihr Krankenbett gelangen würde, um persönlich
von ihr Abschied zu nehmen.

Es ist schwer, sich vorzustellen, dass jemand stirbt, den man
liebt. Meine Mutter war fast achtzig und ihre Kraft hatte in
den fünf Jahren allmählich immer mehr nachgelassen. Nun
war ihr Körper nur noch eine schwache Hülle für das, was sie
vor sechs Monaten noch gewesen war. Jeder in unserer Familie
meinte, dass es für sie ein Segen wäre, wenn ihr Leiden beendet würde.

Ich dachte nur an eine einzige Zelle im Herzen meiner Mutter. Als Arzt konnte ich mir diese eine Zelle so deutlich vorstellen, als ob ich sie unter einem Mikroskop sehen würde. Jede Herzzelle hat alle ihre Atome, die sie bilden, viele Male während eines Lebens gegen ganz neue Atome ausgetauscht. Das Herz meiner Mutter war schwach, zugleich so erfüllt von den Erfahrungen eines ganzen Lebens, und dabei kein statisches Objekt. Ihr Herz war vielmehr ein Feuersturm an Veränderungen. Da jede Zelle so ist, war meine Mutter während ihres ganzen Lebens ständig neu ins Leben hineingekommen und immer wieder hinausgegangen – seit sie geboren wurde.

Alte Herzzellen kommen nicht in den Himmel, und doch überleben sie den physischen Tod auf ihre eigene Weise. Ihr gesamter Körper vollzieht das Gleiche: Er steigt ständig ins Grab und erhebt sich wieder von den Toten, Tausende Male in jeder Minute, während alte Materie durch neue ersetzt wird.

Da Moleküle immer wieder neu aufgefüllt werden können, dreht sich alles nur um den Tod von Wissen. Wissen ist das Wesen, die Essenz einer Zelle, die niemals irgendjemand wird sehen oder berühren können. Wenn Millionen von Sauerstoffatomen mit der Ausatmung davonfliegen und hinaus in die Welt schweben, ist es viel entscheidender, was zurückbleibt: Wie baut man eine Zelle auf, wie verhalten sich Zellen, was haben sie mit anderen zu tun?

Wie sollte eine Schnur von einfachen Molekülen entlang eines DNA-Stranges dies wissen können? Wenn wir sterben, machen wir uns auf den Weg, die Antwort zu erhalten, weil wir uns dann unserer Essenz, unserem Wesen hinter der Maske aus Materie stellen. „Essenz" bedeutet etwas Destilliertes; es heißt, etwas Grobes zu kochen, um etwas Feines daraus zu gewinnen. Es bedeutet, das Reine aus dem Unreinen herauszuziehen. Wir müssen uns dabei gar nicht in den Begriffen verlieren. Essenz, Wesen, Seele, Atman oder heiliger Geist – einer dieser Begriffe reicht genauso aus wie ein anderer. Nach der Anfangsphase des

Übergangs ist der Rest des Nachlebens jenseits von Bildern;
dann geht es nur noch um die Seele.

Meine Mutter verschied, immer noch im Koma, einige
Stunden, nachdem ich an ihr Bett gekommen war. Es war ein
moderner Tod, undramatisch und von der liebevollen Fürsorge
eines Hospizes umhüllt. Nun war die Zeit gekommen zu
trauern, aber ich fand Trost im Wissen, dass meine Mutter jetzt
frei dafür war zu entdecken, wer sie wirklich war. Millionen
von Menschen denken nicht so und verlassen sich lieber auf die
Vorstellung eines Himmels, wie wir es seit Jahrhunderten kennen; aber auch das scheint sich allmählich zu ändern.

Die Erosion der traditionellen Glaubensüberzeugungen und
Religionen hat auch die Vorstellung vom Paradies nicht unberührt gelassen. Nach der Katastrophe der Columbia-Raum-
fähre 2003, als das Raumfahrzeug in der Atmosphäre über
Texas explodierte und alle sieben Menschen an Bord starben,
sagte Präsident Bush, er sei sicher, dass die toten Astronauten
„nun im Himmel sind". In Tennessee gab es daraufhin eine
Umfrage, bei der 74 Prozent der Menschen sagten, dass sie an
ein Nachleben glauben, aber nur die Hälfte dieser Menschen
(37 Prozent aller Befragten) meinten, die Astronauten wären
nun im Himmel; ein weiteres Drittel sagte, sie wüssten das
nicht.

Man braucht sich nur einen entscheidenden Indikator anzusehen, wie zum Beispiel die Teilnahme an Gottesdiensten. 44
Prozent der Amerikaner sagen, dass sie regelmäßig zur Kirche
gehen; zuverlässige Erhebungen zeigen jedoch, dass ungefähr
die Hälfte davon der Wirklichkeit entspricht. Jede wichtige
Konfession erlebt die Verminderung der Zahl ihrer Mitglieder
– und das trifft auch auf fünfzehn von achtzehn untersuchte
Entwicklungsländer zu. (Eine Ausnahme ist der christliche
Fundamentalismus, der sowohl in den USA als auch weltweit
zunimmt.)

Damit Sie sich ein Bild machen können, wohin Sie selbst im Spektrum religiöser Überzeugungen fallen, stellen Sie sich bitte folgende einfachen und grundlegenden Fragen.

GLAUBEN ODER NICHT GLAUBEN?

Lesen Sie bitte die folgenden Feststellungen, und bewerten Sie jede einzelne:

J   Ja, ich stimme zu. Das entspricht meiner Überzeugung

N   Nein, ich stimme nicht zu. Das ist meinem Glauben entgegengesetzt.

K   Keine Meinung. Ich bin mir unsicher bzw. darüber habe ich noch nicht nachgedacht.

J N K   Ich glaube an Gott.

J N K   Ich meine, dass Gott im Himmel ist.

J N K   Ich erwarte, dass ich in den Himmel komme, wenn ich sterbe.

J N K   Ob man in den Himmel kommt, hängt davon ab, ob man ein guter Mensch ist.

J N K   Ob man in den Himmel kommt, hängt davon ab, ob man an die Heilige Schrift (Bibel, Koran oder andere) glaubt.

J N K   Wenn man an Gott glaubt, hat man eine bessere Chance, in den Himmel zu gelangen, als wenn man das nicht tut.

J N K   Gott ist barmherzig, aber dennoch hat er die Hölle erschaffen.

J N K   Die Hölle dient dazu, Sünden zu bestrafen.

J N K   Sowohl Himmel als auch Hölle sind ewig.

J N K   Ob ich nun bestraft werde oder Erlösung erlange: Das Ergebnis wird gerecht sein.

J N K   Es tröstet mich, dass ich denke, dass ich nicht verschwinden werde, wenn ich sterbe.

J N K   Es wird nie einen naturwissenschaftlichen Beweis für
        den Himmel geben.

J N K   Was passiert, nachdem wir sterben, wird durch Glau-
        ben erkannt.

J N K   Nahtoderfahren sind real.

J N K   Wenn Menschen „in das Licht gehen" und dann zu-
        rückkommen, so stellt das einen Vorgeschmack auf
        das Nachleben dar.

J N K   Die Nahtoderlebnisse, die ich lese, stärken meinen
        Glauben an den Himmel.

J N K   Die geliebten Menschen, die ich verloren habe, werde
        ich im Himmel wieder treffen.

J N K   Ich gehe davon aus, wieder mit meiner Mutter und
        mit meinem Vater zusammen zu sein, nachdem ich
        gestorben bin.

J N K   Kommunikation mit den Verstorbenen ist real.

J N K   Reinkarnation ist real.

Summe J: ....
Summe N: ....
Summe K: ....

Vergleichen Sie die Summen und stellen Sie fest, welche Kategorie dominiert.

Viele Ja-Antworten (14-20 mal): Sie sind ein GLÄUBIGER. Gläubige gehören zu zwei Kategorien. Da sind einmal jene Menschen, die sich ganz an die Lehren einer organisierten Religion
halten, und dann solche, die sich spirituell entwickeln wollen,
obwohl sie aus einer Kirche ausgetreten sind. Als Gläubiger
fühlen Sie sich sicher im Hinblick auf das Nachleben und finden in dieser Sicherheit Trost. Sie spüren, dass Sie mit der
Angst vor dem Sterben klar gekommen sind. Ihr Gott ist ein
gütiger Gott – ein höheres Wesen, das sich um Ihre Seele kümmert, wenn Sie sterben. Was Sie bisher über Nahtoder-

fahrungen gehört haben, bestärkt Sie in Ihrem Glauben ganz und gar.

Viele Nein-Antworten (14-20 mal): Sie sind ein SKEPTIKER. Als Skeptiker betrachten Sie das Leben logisch und auf der Grundlage des Materialismus. Obwohl Sie selbst vielleicht kein Wissenschaftler sind, vertrauen Sie doch eher den naturwissenschaftlichen Modellen als denen aus Religion und Glauben. Beide schließen sich Ihrer Ansicht nach gegenseitig aus. Sie glauben nicht an ein Leben nach dem Tode und haben mit dieser Auffassung Ihren Frieden geschlossen. Sie vermuten, dass Nahtoderlebnisse eine merkwürdige Art von Fehlfunktionen im Gehirn darstellen. Sie wären bereit, sich auch eine andere Meinung zu bilden, wenn überzeugende Beweise dafür zu finden wären; Sie haben solche jedoch bislang noch nicht gesehen. Sie vermuten, dass jeder Hinweis für das Nachleben entweder ein Fantasiebild oder eine sich selbst erfüllende Wunschvorstellung ist. Da von den Toten keiner zurückkommt, sind Sie sich ziemlich sicher, dass wir nie wirklich zuverlässige Informationen darüber haben werden.

Viele Keine-Meinung-Antworten (14-20 mal): Sie sind entweder AGNOSTIKER oder jemand, der sich NICHT ENTSCHIEDEN hat. Trotz der Unterschiede zwischen diesen beiden Haltungen stimmen Sie doch darin überein, dass es das Nachleben unter Umständen gibt, oder eben auch nicht. Vielleicht sind Sie jemand, der nicht über das Sterben nachdenkt und es vorzieht zu warten, bis es keine andere Wahl mehr gibt, als sich dem zu stellen. Oder Sie meinen, dass man das Nachleben, genauso wie Gott, nie wird erklären können. Berichte über Nahtoderfahrungen finden ab und an Ihr Interesse.

Falls Sie nicht 14-20 Punkte in einer der drei Gruppen bekommen haben, gehören Sie zu den Menschen, die einen OFFENEN GEIST haben. Solche Menschen finden glaubwürdige Aspekte

sowohl in spirituellen Ansichten als auch in materialistisch
bzw. naturwissenschaftlich fundierten Meinungen. Sie fühlen
sich von Nahtoderlebnissen fasziniert, sind jedoch nicht völlig
davon überzeugt. Sie spüren mitunter eine gewisse Sorge oder
sogar Angst, weil Sie keine festen Glaubensüberzeugungen haben; vielleicht halten Sie sich auch für verwirrt. Wahrscheinlich
ist es Ihnen ganz recht, dass Sie keine „Sicherheiten" haben,
weil es so etwas Ihrer Ansicht nach auch gar nicht geben kann,
wenn es um Fragen wie um das Nachleben geht. (Angesichts
der Chance, in den Himmel zu gelangen, seufzen Sie und denken
sich, wie schön das wäre, aber Sie rechnen nicht fest damit.)

Es wird Sie kaum überraschen zu entdecken, dass Sie ein gläubiger, ein skeptischer oder ein agnostischer Mensch sind. Wenn
Sie jedoch feststellen, in welche Kategorien andere Menschen
fallen – und das könnte weit außerhalb Ihres Glaubenssystems
sein –, dann könnte es Sie verstören, *dass Sie vielleicht alle
rechthaben.*

Gläubige können in die Himmel (oder Höllen) gehen, die
ihrem religiösen Hintergrund entsprechen. Im Nachleben werden sie ihrer am meisten ersehnten Version Gottes begegnen
(bzw. Göttern). Sie werden sich von Engeln oder Bodhisattvas
umgeben sehen. In einem solchen Nachleben könnte man sich
wie in totaler Wonne fühlen, wenn die Menschen so etwas erwarten, oder sie könnten sich hin- und hergerissen oder sogar
traurig fühlen. Die katholische Theologie kennt einen weinen-
den Jesus und seine Mutter Maria, die voller Kummer über das
Schicksal der Sünder ist.

Vielleicht bewirkt das Nachleben jedoch überhaupt kein
Gefühl, einfach nichts. Skeptiker stellen unter Umständen fest,
dass das Nachleben einfach Leere ist und keinerlei bewusste
Erfahrung und Eindrücke mit sich bringt. Für sie könnte das
Sterben in einen langen Schlaf übergehen, in dem es keinerlei
Wahrnehmung des Selbstes gibt. Die Frage wäre dann, wie
lange dieser Zustand anhält oder was dann daraus wird.

Für Agnostiker ist das Nachleben problematisch. Sie nehmen vielleicht wahr, dass sie sie selbst bleiben und dass sie einen *Limbus*, eine Zwischenwelt, bewohnen, in dem gute und schlechte Taten eine leicht nebelhafte Wolke bilden, die sich nie ganz auflöst. In einem derartigen Nachleben gibt es möglicherweise immer noch dieselben Sorgen und Zweifel, die im Mittelpunkt der irdischen Weltsicht von Agnostikern stehen. Dieser Zustand könnte aus christlicher Sicht möglicherweise als Fegefeuer bezeichnet werden.

Und was ist mit den Menschen, die sich nicht entschieden haben oder einen offenen Geist bewahren wollen? Die erleben unter Umständen die größte Überraschung, weil jemand, der wirklich einen offenen Geist hat, keinerlei Erwartungen hegt. Kurz: Die Fähigkeit des Bewusstseins, unser Leben zu gestalten, stellt den dauerhaftesten Aspekt von uns Menschen dar, den einzigen Aspekt, von dem wir annehmen können, dass er ewig ist.

Zwischen den Stühlen

So lange die physikalischen und die metaphysischen Ebenen miteinander verwechselt bzw. nicht klar unterschieden werden, sitzen wir zwischen den Stühlen. Da ein bestimmter Glaube zu unserer modernen Gesellschaft keineswegs selbstverständlich mit dazu gehört, warum sollten wir dann alle dasselbe Nachleben erwarten? Bedenken Sie zwei Beispielpersonen, deren Lebensweisen sich in vielfältiger Hinsicht unterscheiden.

Marion ist in eine große katholische Familie geboren worden. Sie hat immer die Kommunion empfangen und war eine gläubige Frau, bis ihre Mutter vor ihrem 40. Lebensjahr an Eierstockkrebs starb. Etwas zerbrach in Marion, während sie das Leiden ihrer Mutter miterlebte. Sie hörte auf, an Gottes Barmherzigkeit zu glauben, obwohl sie sich das kaum eingestand. Als sie einen Mann heiratete, der schon vor langer Zeit seinen Glauben aufgegeben hatte, wandte Marion sich der Karriere und der Familie zu, und zusammen hatten sie Erfolg.

Jahrzehnte vergingen ohne besondere Probleme. Als ihr letztes
Kind das Haus verließ, um zu studieren, fühlte sich Marion einsam und innerhalb einiger weniger Jahre spürte sie vage Impulse von Schuldgefühlen, so dass sie daran dachte, sich wieder der Kirche anzuschließen. Mit zweiundfünfzig Jahren spürt
sie jetzt den Wunsch bzw. sogar die Notwendigkeit, sich wieder
dem Glauben zuzuwenden, in dem sie aufgewachsen ist.

Aaron kommt aus einer kleinen Familie von Juden, die ihr
Judentum jedoch nicht praktizieren. Da er der einzige Sohn
war, wurden seine Bedürfnisse und Wünsche als Kind immer
erfüllt und gefördert, vielleicht sogar zu sehr. Als er ein Talent
für Mathematik entwickelte, riet sein Vater ihm, Buchhalter zu
werden, um der finanziellen Sicherheit willen. Aaron studierte
lieber Jura, und mit dreißig Jahren war er Mitglied einer bekannten Rechtsanwaltskanzlei in Manhattan. Er hat seine
Entscheidung nie bereut. Er heiratet spät, eine Frau, die ebenfalls Rechtsanwältin ist, und gemeinsam besitzen sie eine Wohnung in der Stadt und ein Sommerhaus am Meer. Sie haben
keine Kinder, und als Aaron feststellt, dass seine Frau ihn be-
trog, kann er seinen ersten Schock schnell überwinden. Er
kümmert sich um eine Scheidungsvereinbarung, die ihm so
viele Vorteile als nur möglich verschaffte. Jetzt mit fünfzig
Jahren hat er sich noch nicht entschieden, ob er wieder heirat-
en will oder nicht; seine Karriere lässt ihm allerdings auch
wenig Zeit übrig, um über die möglichen Aussichten nachzudenken. Soweit er selbst das beurteilen kann, hat er seit Jahren
keinen spirituellen Gedanken mehr gehabt.

Es ist offensichtlich, dass diese beiden Personen sehr unterschiedliche Leben geführt haben. Die eine ist eine sanfte Anhängerin, der andere ein intensiver Konkurrent. Marion hat
ihre Energien eingesetzt, um eine Familie aufzuziehen, Aaron,
um Karriere zu machen. Schlüsselworte für Marion sind Stabilität, Intimität, Fürsorge, Gemeinsamkeit, Zusammenarbeit,
Zuhören und Geduld. Zu Aarons Kernbegriffen gehören Un-

abhängigkeit, sich ganz auf sich selbst verlassen, Wettbewerb, Macht, Ehrgeiz und Erfolg. Wenn zwei Leben im Hinblick auf zentrale Werte so unterschiedlich sind, warum sollten die beiden Personen dann dasselbe Nachleben erwarten?

Alle grundlegenden Entscheidungen, die unser Leben prägen und gestalten, treffen wir auf der Ebene des Bewusstseins. Auf dieser Ebene sind Auswahlentscheidungen nicht einfach. Sie hängen von Erinnerungen und Konditionierungen ab, von Kultur und Erwartungshaltung. Alle diese „Zutaten" spielen eine Rolle für das, was im Nachleben geschieht. Nur manche der wichtigen Überzeugungen, die wir haben, drehen sich um Religion. Viel wesentlicher sind die unzähligen Entscheidungen, die wir Tag ein, Tag aus treffen, weil sie immerhin unsere persönliche Wirklichkeit erzeugen.

Wofür Sie sich heute entscheiden, wird sich wie in kleinen Wellen durch Tausende von Morgen fortsetzen.

Dem Strick entkommen

Vom Moment an, als sie von zu Hause weggelaufen war, hatte Savitri die Minuten gezählt, bis Satyavan von seiner Arbeit im Wald zurückkehren würde. Aber nun wurde ihr Gemüt friedvoller. Das lag nicht nur am Einfluss, den die Weisheit Ramanas auf sie ausübte oder an der Stille in den Wäldern. Das Schicksal hatte etwas vor mit Savitri. Es führte sie im Kreise, bis es sicher sein konnte, dass Savitri dem Tode ganz allein würde gegenüber treten können.

Zuvor hatte ein einziges Bild ihren Geist beherrscht, nämlich dass ihr geliebter Mann nach Hause zurückkehrte und damit geradewegs in sein Unheil lief. Nun sah sie nichts mehr. Vielleicht war das ein gutes Zeichen, denn Ramana begann zu sprechen.

„Ich verspreche dir nicht, dass wir Satyavan retten können, es gibt jedoch manche, die dem Tode entronnen sind."

Savitris Herz schlug höher. „Erzähl mir davon."

„Ich erinnere mich an einen Jungen, der unter einem fürchterlichen Fluch geboren wurde. Sein Vater war ein großer Rishi, der am höchsten verehrte Weise in weitem Umkreis. Dieser Rishi hatte sich nach einem Sohn gesehnt, doch seine Frau gebar ihm kein Kind. Schließlich entschloss sich der Rishi, von Gott einen Sohn zu verlangen. Nur die weisesten Menschen wissen um das Geheimnis, dass Gott erschaffen ist, um unsere Bitten zu erfüllen und nicht umgekehrt wir, um Seine zu erfüllen.

„Der Rishi rief also Gott an, der sich jedoch zunächst weigerte zu erscheinen. Der Rishi hatte große Geduld und fuhr darin Jahr um Jahr fort, Gott um einen Sohn zu bitten. Endlich erschien Gott vor ihm und sagte: 'Ich werde dir einen Nachkommen geben, aber du musst dich entscheiden. Möchtest du einhundert Söhne, die lange leben, aber Narren sind, oder möchtest du einen Sohn, der klug ist, aber jung sterben wird?'

„Der Rishi zögerte nicht, den intelligenten Sohn zu wählen, der nach Gottes Ratschluss an seinem sechzehnten Geburtstag sterben würde. Zur großen Freude des Rishis und seiner Frau wurde sie schwanger und gebar einen Sohn. Er wuchs auf und wurde besonders klug. Seine Eltern liebten ihn sehr, umso mehr angesichts des Fluches, unter dem er geboren war. Sie hatten vor, dem Jungen beizeiten von seinem Schicksal zu erzählen, aber die Jahre vergingen, und sie schoben das immer wieder auf."

„Schließlich war der sechzehnte Geburtstag des Jungen herangekommen, und er wusste immer noch nichts davon. Als er sich vor seinen Vater hinkniete, um dessen Segen zu empfangen, sagte der Rishi zu ihm: 'Ich möchte, dass du heute den ganzen Tag über an meiner Seite bleibst und nicht aus dem Hause gehst.' Sein Sohn war verwundert, besonders da er Tränen in den Augen seines Vaters sah. Gehorsam wich er den ganzen Tag über nicht von seiner Seite. Einen Augenblick nur wurde der Rishi weggerufen, und diese Gelegenheit ergriff der Sohn, um durch die Hintertür hinauszulaufen. Er schuldete Gott eine Opfergabe an seinem Geburtstag, und das ist etwas, das auch ein Vater nicht verbieten kann."

„Als der Junge in den Tempel ging und vor dem Altar stand, bemerkte er nicht, dass Yama ihm dorthin gefolgt war, in der Hand seinen Strick mit der Schlinge, in der er seine Opfer zu fangen pflegte. Er warf die Schlinge über den Kopf des Jungen, um ihn fortzuziehen."

„In genau diesem Moment verneigte sich der Junge jedoch vor dem Altar in Dankbarkeit für das Geschenk des Lebens.

Yamas Strick verfehlte sein Ziel und schlang sich stattdessen um die heiligen Standbilder auf dem Altar, die mit lautem Krachen zu Boden fielen und zerbarsten. Als das geschah, sprang Gott hervor, voller Zorn über diese Beleidigung. Er warf Yama aus dem Tempel hinaus und schenkte dem Jungen einen Aufschub vor dem Tod. Manche erzählen, dass er Yama so heftig trat, dass er ihn tötete, aber dass Gott ihm dann sein Leben zurückgab, als er erkannte, dass die Menschen so an das Sterben gewöhnt waren, dass sie gar nicht mehr ohne den Tod sein wollten."

Savitri hörte der Geschichte aufmerksam zu. Ihre Intuition sagte ihr, dass der Junge kein anderer als Ramana selbst war, aber das wollte sie für sich selbst behalten. Stattdessen fragte sie: „Was hat der Junge daraus gelernt?"

Ramana antwortete: „Er lernte, dass wenn der Tod kommt, um dich zu ergreifen, du ihn Gott an deiner statt ergreifen lassen sollst. Wenn Gott in dir ist, wird Yamas Strick immer vorbeigehen. Das ist das Geheimnis, um seiner Schlinge zu entgehen."

Sie kamen zu einer Lichtung im Walde, wo auf einer sonnigen Wiese die schönsten Blumen blühten. Savitri sagte: „Lass uns hier eine Weile bleiben. Ich war so voller Angst, dass ich vergessen habe, dankbar dafür zu sein, dass ich lebe."

„Eine gute Idee, Savitri."

Sie setzen sich im Licht der Nachmittagssonne nieder, das jede Blume golden leuchten ließ. Savitri meditierte über ihre Seele.

DER HIMMEL EINES RISHIS

Die Vorstellung von einem Himmel lässt ihn menschlich erscheinen und bleiben, und das ist ein Grund dafür, dass diese Vorstellung so lange überlebt hat. Das Bild des Heimkommens, nachdem wir sterben, dass wir von unseren Mühen ausruhen

und unseren gerechten Lohn erhalten – alles das verleiht eine
große Sicherheit. Es fällt schwer, nicht zu weinen, wenn man
die alte Gospelhymne mit ihrem sanften, wiegenden Refrain
hört: „Softly and tenderly Jesus is calling, *Come home ... Come
home*" (Leise und zärtlich ruft Jesus, Komm heim ... komm
heim).

Sogar in einem Zeitalter des Zweifels kommt man anscheinend nicht ohne zwei Annahmen aus, auf so wackeligen Füßen
sie auch stehen mögen:

1. Wir gehen irgendwohin, wenn wir sterben.
2. Der Ort, an den wir gehen, ist derselbe Himmel bzw.
   dieselbe Hölle für alle.

Als wir über die Übergangsphase beim Sterben nachgedacht
haben, haben wir festgestellt, dass die sterbende Person sich
Schritt für Schritt damit abfindet, den physischen Körper und
die vielen Bindungen einer Persönlichkeit zu verlieren. Das ist
aber nur das erste Stadium dessen, was sich vollzieht. Vor uns
liegt ein Bestimmungsort, der für die meisten Menschen einen
realen Platz bedeutet, nicht nur einen Bewusstseinszustand.

Unter allen denkbaren Bestimmungsorten ist der Himmel
der einfachste. Er bietet uns die Sicherheit, dass wir körperlich
dieselben bleiben und dass auch unsere Persönlichkeit bestehen
bleibt. (Manche Menschen haben sogar noch genauere Vorstellungen. Ich sprach mit einer Krebspatientin, die eine Totalent-
fernung beider Brüste durchgemacht hatte. Wir beide wussten,
dass noch immer Lebensgefahr bestand, aber da sie eine
fromme Christin war, fiel es ihr leicht, sich darauf einzustellen,
in den Himmel zu gehen. „Was erwarten Sie, wenn Sie dorthin
kommen?", fragte ich. „Meinen Busen", antwortete sie sofort.)

Ein solcher Himmel ist der Anschauung des Vedanta diametral
entgegengesetzt. Vedanta geht davon aus, dass wir nach dem
Tode dem Unbekannten begegnen. Nachdem die vertrauten
Bilder des Übergangs verschwunden sind, entfaltet sich das

Unbekannte. Das Bewusstsein macht einen kreativen Quanten-sprung. Der konventionelle Himmel, von dem wir als Kinder gehört haben, war ein solcher kreativer Sprung, ist aber inzwischen zu einem Klischee verkommen. Wir können in dieser breit ausgetretenen Spur bleiben, aber ich glaube nicht, dass das in einer Kultur des Zweifels bestehen kann. Zweifel besitzt den Vorteil, neue Möglichkeiten zu eröffnen.

Eine dieser Möglichkeiten ist, dass der Tod genauso schöpferisch sein kann wie das Leben. Ein Künstler weiß, dass er den Grundstoff der Pigmente verwendet, wenn er ein Bild malt, aber die breite Mehrheit der Menschen weiß nicht, dass sie das Bewusstsein als Grundstoff verwendet. Wenn Menschen überhaupt über das Bewusstsein nachdenken, dann denken sie an dessen Inhalte. Wie ein Zimmer mit Möbel vollgestellt ist, ist ihr Bewusstsein von Gedanken und Erinnerungen, Wünschen und Befürchtungen, Sehnsüchten und Träumen erfüllt. Manche dieser Inhalte verändern sich, andere sind von Dauer – sie stellen sozusagen die feste Einrichtung des Geistes dar. Es ist nicht sehr kreativ, immer wieder dieselben Inhalte zu benutzen, und doch ist der Himmel letztlich nicht viel mehr: ein gebrauchtes Mobiliar.

Nehmen Sie sich ein Stück Papier, und machen Sie zwei Spalten; eine hat die Überschrift „Himmel", die andere „Hölle". So schnell Sie nur können, schreiben Sie nun Worte und Bilder auf, die Ihnen zu diesen beiden Begriffen einfallen. Die meisten Leute, gleich ob sie sich selbst als gläubige oder zweifelnde Menschen einschätzen, haben hinterher ein Liste vor sich, die so oder ähnlich aussieht:

HIMMEL
Harfen
Weiße Wattewolken
Engel
Das Haus Gottes
Immerwährender Frieden

Ewige Wonne
Die wahre Heimat der Seele
Das verlorene und wiedergewonnene Paradies
Belohnung für die Rechtschaffenen
Der große weiße Vater auf dem Thron
Schön, aber langweilig
Endlich wieder eine große Familie
Opium für die Massen
Dort will ich hin

HÖLLE
Teufel, Mistgabel, Schwefel
Qualen der Verdammten
Feuer
Dantes Inferno, Kreis um Kreis
Nie enden wollendes Leid
Fürchterliche Ängste
Klumpfüße
Angst regiert die Leute
Der Glanz des Bösen
Satan als der ultimative Rockstar und verführerische
    schlimme Kerl
Dort will ich nicht hin

Das waren die Einträge, die ich vor mir stehen hatte, nachdem
ich so schnell als nur möglich aufgeschrieben hatte, was mir
einfiel. Zwei Dinge fielen mir auf: Meine Bilder stammen alle
ganz aus zweiter Hand; ich hatte sie von der Kultur geerbt, in
der ich lebe. Und zweitens: Es gibt keine Unschärfe, kein Überlappen. Himmel ist das eine, die Hölle das genaue Gegenteil.
Ohne Raum für Mehrdeutigkeit kann das Nachleben nicht
sehr schöpferisch sein. Unser Verstand hat es aber lieber, wenn
die Dinge klar und einfach sind. Jedes Märchen stellt das absolute Gute dem absoluten Bösen gegenüber. Wir erzählen unseren Kindern nicht, dass Aschenputtel nach dem Tanz so glück-

lich war, ihre Stiefschwestern wiederzusehen, dass sie von da
an gute Freundinnen wurden. Oder dass sie, als sie merkte,
dass der Schuh an ihrem Fuß wie angegossen saß, sich mit dem
Prinzen erst nur einmal probeweise verabredete. Obwohl die
Theologien durch die Jahrhunderte über Satan bzw. Luzifer
und seine besondere Beziehung zu Gott nachgedacht haben,
vereinfacht unsere Vorstellung ihre Rollen zum Bösewicht und
dem Helden.

Dem katholischen Glauben zufolge sehen wir Gott, während wir hier auf der Erde leben, nur unvollkommen. Er spiegelt sich in unserem eigenen Gesicht und Körper wider (was
Paulus „Gott wie in einem dunklen Spiegel sehen" nennt). Wir
stellen uns vor, Gott sei menschlich. Wenn wir jedoch im Himmel ankommen, werden wir Gott genau so sehen, wie er ist.
Das führt nun natürlich zu einem Widerspruch, weil wir sowohl das vage, dunkle Bild sehen, das wir uns vorgestellt haben, als auch den wahren Gott, wie er in seinem eigenen Sein
ist. Anders gesagt: Gott wird gleichzeitig sowohl real als unreal
sein. Dieser Widerspruch lässt sich nicht auflösen; er ist und
bleibt ein Mysterium. Vedanta würde hier zustimmen. Wie
können wir also das Mysterium im Himmel entdecken?

Krieg im Himmel

Der bekannte englische Autor H. G. Wells schrieb: „Die Doktrin eines Reiches Gottes ist sicherlich einer der revolutionärs-
ten Lehrsätze, die das menschliche Denken je aufgewühlt und
verändert haben." Die Vorstellung eines Himmels ist deshalb
so revolutionär, weil sich damit ein Übergang aus dieser in die
nächste Welt ergibt, für den Jesus praktisch ganz allein verantwortlich ist. Der Himmel ist tatsächlich einer seiner einzigar-
tigsten Beiträge für unsere Welt.

Im Alten Testament verspricht Gott den Propheten und
Patriarchen ein Königreich im wörtlichen Sinne: Sie werden in
Seinem Namen über die Erde herrschen. Gott schließt mit
David also einen Bund, einen bindenden Rechtsvertrag, dass Er

es niemals daran mangeln lässt, dass ein Mann auf Seinem Thron sitzt. Da David bereits ein König war, wurde dieses Versprechen so verstanden, dass es bedeutete, Davids Thron in Jerusalem würde der Gottes in alle Ewigkeit sein. Jesus scheint diese Auffassung zu stützen, wenn er verspricht, das Reich Gottes sei nahe, und doch gehen seine Lehren weit darüber hinaus.

In Christi Entwurf ist der Himmel **gegenwärtig:** Er stellt eine innere Erfahrung dar, die die Rechtschaffenen machen können. Der Himmel ist indes auch **zukünftig:** Er bedeutet, heimzukommen, um bei Gott zu sein; das ist es, was die Rechtschaffenen am Tag des Gerichts erwartet. Der Himmel ist **persönlich:** Er ist „inwendig in dir". Zugleich ist der Himmel **universell:** Er ist eine ewige Wohnstatt jenseits von Geburt und Tod, ein Ort außerhalb der Schöpfung.

Diese Lehren waren revolutionär, weil Jesus der Seele eine Brücke baute und jeden Menschen aufforderte, seinen Weg über diese Brücke zu finden. Vorher bedeutete Rechtschaffenheit in den Augen Jehovahs, Rituale auszuführen, den Priestern zu gehorchen und göttliche Gebote nicht zu brechen. Ob im Alten Testament überhaupt ein Nachleben in Aussicht gestellt wird, ist Gegenstand von entsprechenden Debatten. (Selbstverständlich betrachten Juden das Neue Testament keineswegs als einen Fortschritt gegenüber dem Alten. Im Verlaufe der Entwicklung hat der Judaismus eine eigene komplexe Metaphysik ausgebildet. Für Reformjuden gibt es kein Nachleben. Das zwingt jeden Gläubigen dazu, bereits im Hier und Jetzt das bestmögliche moralische und rechtschaffene Leben zu führen.)

Nach Jesus konnten sich Menschen auf eine spirituelle Reise begeben, und dabei war die Dringlichkeit dieser Reise etwas durchaus Neues. Der Himmel war ein Preis, den man aufgrund seiner eigenen Anstrengungen erst erringen musste. Die drängende Notwendigkeit, den Himmel zu gewinnen, hat das

Christentum bis heute angetrieben. Die glühendsten Gläubigen
erklären, dass gerade dieses Anliegen nie in Vergessenheit geraten darf. Erinnern sie sich allerdings daran, dass sich der gesamte Prozess im Inneren abspielt?

Im heutigen Christentum herrschen buchstäblich genom-
mene Bilder vor – wie jenes, dass der Himmel einen speziellen
Ort darstellt. Es gibt in der dominanten christlichen Kultur
wenig Hinweise auf eine innere Reise und wenig Raum für eine
schöpferische Erforschung der Seele. Häufig streiten Christen
am Ende nur noch darüber, inwiefern eine eingebildete Him-
melslandschaft Jesu Lehren wirklich entspricht oder nicht. Die
Folgen dieses „Krieges" um den Himmel ziehen sich weit hin.
2005 geriet eine gehirntote Frau in Florida, Terri Schiavo, in
den Brennpunkt eines Krieges zwischen Gauben und Wissenschaft. An Ms. Schiavos Zustand war so besonders schlimm
und belastend, dass sich ein Mensch, bei dem der Gehirntod
diagnostiziert wird, in einem „andauernden vegetativen Zustand" (medizinisch: PVS) befindet, in dem in kurzen Momenten eine Veränderung des Gesichtsausdrucks auftreten kann,
die Augenlider zucken vielleicht oder der Kopf wird sogar etwas bewegt. Das sieht wie ein kurzzeitiges Erwachen aus.
Jedoch handelt es sich dabei um völlig unbewusste Reflexe.
Wenn man diese Erscheinungen aus verzweifelten Augen mit
ansieht, dann könnte man durchaus meinen, dass es sich um
Augenblicke eines „minimalen Bewusstseins" handelte. Das ist
ein Begriff in der Medizin, der eine schwache Hoffnung auf
Besserung beinhaltet. Die Eltern von Terri Schiavo hatten miterlebt, wie sich ihre Augen kurz bewegt hatten, nachdem sie
aus ihrem ersten Koma herauskam, und sie deuteten dies als
ein Zeichen des Wiedererkennens von jemandem, den sie sehr
liebten. (Rechtsgerichtete politische Kreise machten daraus Behauptungen, dass Ms. Schiavo gelacht und geweint sowie ihre
Umgebung und ihre Familie erkannt hätte. Das entsprach nicht
den Tatsachen.)

Die Ansicht, dass Ms. Schiavo nicht mehr lebte – und zwar schon seit fünfzehn Jahren nicht mehr, seit dem Tag 1990, als sie mit einem Herzanfall ohnmächtig zusammenbrach – wurde von der religiösen Rechten vehement angegriffen. Präsident Bush flog über Nacht von seiner Ranch in Texas nach Washington D.C., damit ein Eilgesetz im Kongress durchgebracht werden konnte, um das Leben einer „bedrohten Person" zu retten. Das war ein Manöver, das in manchen politischen Kreisen als reiner Publicity-Gag verurteilt wurde. Die jeweils andere Seite wurde der Heuchelei bezichtigt. War die politische Rechte nicht ein eifriger Befürworter der Todesstrafe, einer Todesart, die viele unschuldige Menschen ihr Leben gekostet hatte? Am Ende wurde der Schlauch zur künstlichen Ernährung herausgenommen, aufgrund einer Gerichtsentscheidung und trotz des Eilgesetzes im Kongress. Sie starb zwei Wochen später, im März 2005. Das Recht, das körperliche Leben eines gehirntoten Menschen zu beenden, war durch alle Instanzen bis hin zum höchsten Verfassungsgericht begründet worden und wurde auch in diesem Fall aufrechterhalten.

In dieser Angelegenheit verstrickt die Religion den Verstand in einem Durcheinander dogmatischer, aber widersprüchlicher Positionen. Jene Menschen, die so glühend an den Himmel glauben: Verhinderten nicht gerade sie, dass Terri Schiavo die Chance bekam, dort hinzukommen, indem sie sie im Körper lebendig halten wollten? Wenn der Himmel den höchsten Lohn darstellt, ist Euthanasie dann ein Verbrechen oder ein Geschenk? Der medizinischen Wissenschaft kommt es in ihrer Beurteilung nicht darauf an, wann die Seele in den Körper eintritt und wann sie ihn verlässt. Wenn ein Mensch im PVS-Zustand nicht sprechen und sich ausdrücken, sich nicht bewegen und nicht fühlen und spüren kann, wenn er nicht denken kann, dann ist das Abschalten der körpererhaltenden Maschinen keine große Veränderung der Lage. Sie geht vom Tod zum Tod und erlebt dabei lediglich eine noch vollständigere

Definition dessen, was „tot" bedeutet. Schließlich gibt es noch ein weiteres, ganz speziell christliches Dilemma hier: War Terri Schiavo auf dem Weg in den Himmel oder zum Jüngsten Gericht? Und was macht es dann aus, ob sie früher oder später stirbt? Die Fundamentalisten meinen, dass ihr Körper bis zur Endzeit warten muss, bevor sie aus dem Grabe aufsteigt und Gott von Angesicht zu Angesicht begegnet.

Die Spaltung zwischen Naturwissenschaft und Religion ist mehr als die Gegenüberstellung von Materialismus und Glauben. Die Wissenschaft hält sich aus metaphysischen Fragen heraus, während die meisten Menschen annehmen, dass die Naturwissenschaft die Metaphysik ablehnen würde und auch alle anderen unsichtbaren Dinge wie Gott, die Seele, Himmel, Hölle und so weiter. Diese Annahme stimmt heute nicht mehr. Im Zeitalter der Quantenphysik leugnet die Naturwissenschaft keineswegs die Existenz unsichtbarer Welten. Ganz im Gegenteil. Und wir können andererseits ja auch nicht behaupten, dass es sich bei Jesus nur um einen Metaphysiker handelte. Vielmehr gibt er eine Menge guter Ratschläge, wie man in dieser Welt leben sollte. Das führt uns zu einem Rätsel. Wenn Jesus seinen Jüngern sagt, sie sollten *in* der Welt sein, aber nicht *von* ihr, dann scheint seine Lehre nicht lebbar zu sein. Wenn ich frühstücke, wie kann ich das tun, ohne von der Welt zu sein? Mein physischer Körper verankert mich ja hier in jedem Augenblick. Die Seele jedoch versteht es, in dieser Welt zu sein, während sie gleichzeitig doch ganz deutlich außerhalb von Zeit und Raum bleibt. Jesus gibt uns damit einen Hinweis auf das Reich Gottes im Inneren.

Wohin die Rishis gehen

Oft klingt Jesus wie ein Rishi in der besten Tradition des Vedanta. Das gilt sicher für das Wort, „in der Welt, aber nicht von ihr" zu sein. Einfach ausgedrückt, sagt Jesus seinen engsten Anhängern damit, dass sie aufhören sollen, sich als physische Geschöpfe zu betrachten. Jesus wird deutlicher, wenn wir in das fragmentarische Thomas-Evangelium schauen, das sehr früh geschrieben worden ist, vermutlich innerhalb des ersten Jahrhunderts nach der Kreuzigung. (Es gehört nicht mehr zum offiziellen Kanon der Evangelien.)

Jesus sagt dort: „Wenn jene, die euch führen, sagen: Seht, das Reich Gottes ist im Himmel, dann werden die Vögel vor euch dorthin gelangen. Wenn sie sagen, es ist im Meer, dann werden die Fische vor euch da sein. Das Reich ist jedoch in euch, nicht außerhalb von euch. Wenn ihr euch selbst erkennt, dann werdet ihr erkannt, und ihr werdet dann erkennen, dass ihr Kinder des lebendigen Vaters seid."

Diese Passage zeigt, wie tief die Wurzeln der Religion gründen und wie sehr die großen Traditionen der Weisheit übereinstimmen, wenn Dogmen nicht den Weg zur Verständigung versperren. Was Jesus hier sagt, stützt die Sicht, dass der Himmel überall ist, aber er geht auch darüber hinaus, indem er sagt, dass der Himmel eine innere Erfahrung darstellt – eine Bewusstseinserfahrung. Jesus sieht die Seele als allgegenwärtig an, und deshalb kann er sehen, dass die Essenz der Menschen außerhalb von Zeit und Raum ist. Wie den Rishis war es auch Jesus recht, mit und in der Ewigkeit zu leben. Warum haben wir dann damit Probleme?

Mit unserem normalen Wachbewusstsein können wir die Ewigkeit nicht erfassen. Unser Alltagsbewusstsein wird von der Zeit beherrscht, während die Ewigkeit zeitlos ist. Irgendwo muss es eine Verbindung geben. Vedanta sagt, dass es in Wahrheit ein Kontinuum gibt. *Jede Eigenschaft in Ihnen ist in Wahrheit eine Eigenschaft der Seele.* Denken Sie über diese Reihe von Worten nach:

> Zufrieden
> Glücklich
> Begeistert

Überwältigt
Ekstatisch
Wonnevoll

Diese Art von Kontinuum oder allmählichem Verlauf bzw. Steigerung von Erfahrungen hatten die Rishis im Sinn. Jemand kann zufrieden sein, ohne zu wissen, dass damit eine Verbindung zur Seele besteht. Wenn die Zufriedenheit zunimmt, stellt man fest, dass man glücklich ist, und wenn das Glück groß genug wird, fühlt man sich ganz aufgeregt. In seltenen Augenblicken können wir eine noch höhere Ebene erreichen und sagen, dass wir überwältigt oder ekstatisch sind. Wir bewegen uns entlang eines Kontinuums, dass zwar unsichtbar sein mag, aber doch genauso wirklich ist, als ob man immer süßere Nachspeisen isst.

Ekstase ist das Höchste und die Grenze dessen, was man an Glück persönlich erleben kann. Die lateinische Wurzel des Wortes Ekstase bedeutet jedoch schon, das man „draußen steht". Man hört Leute ab und zu sagen: „Ich war so glücklich, als ob es gar nicht wahr wäre, als ob das alles einem anderen passiert wäre", oder: „Ich habe sie so geliebt, dass es sich wie ein übernatürliches Erlebnis anfühlte, als ob ich gar nicht mehr in meinem Körper wäre." Im Vedanta gibt es nun noch ein weiteres, letztes Stadium in diesem Kontinuum: Wonne, Glückseligkeit. Im Sanskrit ist der Begriff dafür *ananda*. Diese Wonne oder Glückseligkeit ist eine Eigenschaft der Seele. Aus der Sicht des Alltags kann man sich das überhaupt nicht vorstellen. Der Verstand wird von unendlicher Glückseligkeit genauso verwirrt wie der Gaumen, wenn man etwas schmecken würde, was süßer als süß wäre.

Obwohl Wonne bzw. Glückseligkeit in jedem von uns steckt, kann man nicht einfach mit einem einzigen Glaubensakt in diese hineinspringen. Bei allen Eigenschaften der Seele gibt es einen Verlauf. Wir wissen das instinktiv. Nehmen wir das Beispiel von Güte. Der Ansporn, eine kleine gute Tat zu vollbringen, wie einem Obdachlosen etwas Wechselgeld zu geben, lässt sich ausdehnen auf größere Spenden für Bedürftige. Güte wird zu einem religiösen Akt, wenn Glaubensgruppen sich in der Aids-Arbeit in Afrika engagieren. Wir sehen die Essenz dieses Impulses bei Buddha, dem Mitfühlenden, dessen innerstes Wesen die Güte ist.

Wir brauchen diese Erinnerung daran, dass unsere besten Eigenschaften sehr wohl universelle Bedeutung gewinnen können. Das Christentum nimmt vielleicht in Anspruch, dass Jesus einzig war, wie der Buddhismus das vielleicht vom Buddha meint, doch lehrt uns das Kontinuum etwas anderes. Die folgenden Eigenschaften werden immer intensiver, je näher wir der Seele kommen:

Mitgefühl

Stärke

Wahrheit

Wonne

Glückseligkeit

Schönheit

Weisheit

Macht

Jeder Akt der Güte ist wie ein weiterer Pinselstrich am Gemälde des Lebens; jede Einsicht bringt Sie Ihrem wahren Wesen näher. Sie und ich, wir unterscheiden uns in tausendfacher Hinsicht, wenn wir daran denken, wie wir uns auf unsere Seelen beziehen. An einem Tag bin ich vielleicht von einem wunderschönen Sonnenuntergang berührt, einem süßen Lächeln eines Kindes oder einer plötzlichen Erkenntnis über mein Sein. Sie werden unter Umständen vom Mitgefühl mit Armen berührt, einem einfühlsamen Gedicht oder davon, wie schön es ist, dass Sie sich für etwas Gutes ganz einsetzen. Durch die ständig neue Kreativität der Seele bleibt das Leben immer interessant und spannend. Ich glaube letztendlich an einen Himmel, und wenn

ich sterbe, erwarte ich, dort zu sein, allerdings nicht in einem
paradiesischen Himmelsgarten, sondern an einem Ort, den der
englische Dichter T.S. Eliot mit diesen berühmten Zeilen
beschrieben hat:

> *Wir werden nie aufhören zu forschen*
> *und das Ende all unserer Erkundungen*
> *wird sein, dort anzukommen, wo wir begonnen haben*
> *und diesen Ort zum ersten Mal wirklich zu erkennen.*

Wahrheit, Weisheit, Schönheit und alle anderen Eigenschaften
der Seele brauchen keine irdische Bühne. Reine Liebe existiert
auch dann, wenn die Person, die man liebt, gar nicht anwesend
ist. Spirituelle Wahrheit muss keinen Kreuzzug führen. Die
Seele mit ihrer ganzen Intensität wird im Mittelpunkt stehen,
nachdem wir sterben; aber sie wirft schon lange vorher ihre
Schatten voraus.

Ein Autor mittleren Alters berichtete mir folgende Geschichte.
Er war lange Zeit ein spirituell Suchender gewesen.

„Ich war nie verheiratet und habe Mutterschaft nie kennen-
gelernt, da ich ein Mann war. Ein Jahr lang lebte in ich in
einem Ashram im westlichen Teil von Massachusetts. Dort war
man hinduistisch orientiert, und es drehte sich viel um die
Göttliche Mutter. Ich bin nicht christlich genug, um mich zu
Maria hingezogen zu fühlen. Man würde vermutlich sagen,
dass ich eher männlich ausgerichtet bin. Aber ich bin mir auch
darüber im Klaren, dass das Weibliche wichtig ist.

Freundinnen von mir haben sich Göttinnen-Gruppen
angeschlossen. Sie führen bestimmte Rituale aus und tanzen
nachts bei Vollmond. Ich folge einem mehr konventionellen
Weg; im Wesentlichen meditiere ich einige Stunden am Tag.
Kein Tanzen, kein Singen, noch nicht einmal irgendwelche
Gebete. Das habe ich fünf Jahre hindurch so gehalten. Eines
Tages ereignete sich etwas sehr Merkwürdiges.

Ich saß in Meditation, als mich ein zartes Gefühl überkam. Es fing als Wärme im Herzen an und wurde dann emotionaler. Zärtlichkeit, Sanftheit, Liebe. Ich saß und freute mich daran, als die Intensität zunahm. Ich schien dahinzuschmelzen. Innerhalb von zehn Sekunden wurde ich rein. Ich war die Göttliche Mutter.

Wie sollte ich beschreiben können, wie sich das anfühlt? Stell dir vor, dass du einer wunderbaren Schauspielerin zusiehst. Sie umarmt und küsst ihre Kinder, und einen Augenblick lang vergisst du, dass du im dunklen Kino sitzt und das Spiel von Licht und Schatten und Farben auf einer Leinwand betrachtest. Du wirst zu ihr. So hat sich das angefühlt, nur tausendmal intensiver. *Ich war nichts als nur die Mutter.*"

In unerwarteten Momenten gelangen wir über unseren üblichen und vertrauten Ort im spirituellen Kontinuum hinaus. Wir spüren nicht einfach bloß Zuneigung, Verliebtheit, sinnliche oder romantische Liebe oder tiefe Hingabe. Vielmehr werden wir von der universellen Liebe selbst absorbiert. Dieser Mann erzählte mir, dass er von diesem Zeitpunkt an Frauen ganz anders begegnet. „Sie existieren als gewöhnliche Menschen, aber gleichzeitig strahlt eine gänzlich überpersönliche Kraft – eben die Mutter – durch sie hindurch. Ich hupe vielleicht eine Frau an, damit sie endlich über die Kreuzung fährt, nachdem die Ampel schon lange auf Grün geschaltet hat; aber wenn sie mir ihr Gesicht zuwendet, dann sehe ich *es. Es* erschafft alles, und wenn ich das erkenne, wird mein Hupen ziemlich absurd. Hupst du Gott an?"

In der physischen Gestalt kann man nur ein begrenztes Maß an Reinheit erlangen, aber manchmal wird auch diese Schwelle überschritten. Ich denke an Teresa von Avila, eine Heilige aus dem 16. Jahrhundert. Sie erlebte, wie die göttliche Liebe sie als ein goldener Pfeil durchbohrte, der von einem Engel durch ihr Herz geführt wurde. Teresa beschrieb dies als einerseits

schrecklich schmerzhaft und zugleich wundervoll selig und
wonnevoll. (Deshalb wird sie auch als Schutzheilige der Lei-
denden geachtet.)

Das bringt uns zum Paradox eines Himmels zurück, in dem
Gott gleichzeitig sichtbar und unsichtbar ist. Dasselbe gilt für
die Seele. Wir begegnen ihr auf sichtbare Weise in Gestalt von
Ereignissen, die uns Liebe, Wahrheit und Schönheit fühlen lassen. Das Gefäß, das diese Dinge enthält – eine liebevolle Partnerin oder ein liebevoller Partner, ein schönes Gemälde, ein
weiser Spruch – wird verblassen und verschwinden. Die Essenz
dessen wird jedoch bleiben. Es ist diese Essenz, die uns erlaubt,
nach vorne zu schauen und zu erwarten, dass wir morgen
sogar noch mehr Liebe spüren. Das ist der Weg in den Himmel.

Für jemanden, der gestorben ist, ist dieser Weg abgeschlossen.
Und dann? Hört Erfahrung auf, nachdem man im Reich der
Seele angekommen ist? In Bezug auf irdische, körperliche
Erfahrungen: Ja. Die Objekte der Liebe sind nicht mehr da.
Jetzt ist nur noch die Essenz real. Wie wir jedoch sehen wer-
den, ist die Tätigkeit damit nicht beendet – weit gefehlt. Die
Seele stellt fest, dass sie nun „auf der anderen Seite" viel freier
ist, sich zu entscheiden, und die Möglichkeiten – so sagen es
uns die Rishis – sind interessanter denn je.

V

DER WEG ZUR HÖLLE

„Ich frage mich, ob Yama sich selbst täuscht?", überlegte Ramana. „Auf jeden Fall führt er alle anderen an der Nase herum."

„Du sprichst, als ob er irgendeinen Trick ausführt", sagte Savitri. Sie litt darunter, so lange im Wald zu sein, denn sie wusste, dass die Zeit verstrich und es bald zu spät sein würde, noch etwas zu unternehmen.

„Yama macht wirklich einen Trick", stimmte Ramana zu. „Du wärest nicht vor ihm davongelaufen, wenn du das gewusst hättest." Ramana hielt inne, als ob er etwas ganz Offensichtliches ausgesprochen hätte.

„Zeig mir, wie der Trick geht", sagte Savitri.

„Nun gut. Ich werde dir die Geschichte von einem Affen erzählen, der in einem kleinen Zimmer im Turm einer Burg eingesperrt war. Im Zimmer war nichts los, und der Affe war ganz unruhig. Er konnte sich von seiner Langeweile nur damit ablenken, dass er zum Fenster ging und die Welt draußen beobachtete. Das unterhielt ihn eine Weile lang, aber dann fing er an, über seine Lage nachzudenken. Wie war er eigentlich in diesen Turm gekommen? Warum war er gefangen und hier eingesperrt worden? Die Laune des Affen wurde immer schlechter. Es gab nichts zu tun und keinen, mit dem er sich unterhalten konnte. Seine Gedanken deprimierten ihn mehr und mehr. Das Zimmer schien kleiner und enger zu werden; der Affe fing vor Angst an zu schwitzen. *Nein*, plötzlich erkannte er es: *Ich*

bin nicht in einem Zimmer, sondern in der Hölle! Schnell
wuchs seine Verzweiflung zu Angst, und seine Angst wurde zur
Qual. Der Affe sah alle möglichen Dämonen um sich herum,
die ihm alle nur denkbaren Schmerzen zufügten.

Genau das ist es, dachte der Affe. *Ich bin in der ewigen
Hölle.* Und die Qualen hielten an und wurden schlimmer und
schlimmer. Aber allmählich gewöhnte sich der Affe an die
Quälerei. Wie viel Zeit war inzwischen schon vergangen? Der
Affe konnte sich nicht erinnern. Aber er fühlte sich in seiner
Umgebung wieder besser. So schlimm war das Zimmer eigentlich doch nicht. Es war doch ganz angenehm, allein zu sein und
aus dem Fenster zu sehen und all die interessanten Dinge
beobachten zu können.

Nach und nach ließen die Dämonen davon ab, den Affen zu
quälen und zogen sich zurück. Er fühlte sich immer besser, und
bald war der Tag gekommen, an dem er sich optimistisch
fühlte. Der Affe wurde fröhlicher, und dann …"

Ramana brach die Geschichte ab und sagte dann: „Sicher
weißt du, wie es weitergeht."

Savitri nickte. „Der Affe gelangt in den Himmel."

„Genau. Er fühlt sich immer wohler, bis er sich einbildet,
im Paradies zu sein. Anstatt dass er von Dämonen bestraft
wird, wird er von Engeln getröstet. *Ah,* denkt der Affe, *Ich bin
in der ewigen Seligkeit.*"

„Bis er sich wieder langweilt", bemerkte Savitri.

Ramana nickte und erklärte: „Der Affe ist Geist und Verstand und Gemüt, der allein auf dem Turm des Kopfes sitzt.
Dieser Geist dehnt sich bei Freude aus und zieht sich bei Leid
zusammen, und dabei erzeugt er jede nur mögliche Welt und
fällt ständig auf das herein, was er selbst erst erschaffen hat.
Der Affe wird eine Zeit lang an den Himmel glauben, aber
dann fängt die Langeweile an; das ist der Keim für Unzufrie-
denheit, und so wird ihn seine Langeweile aus dem Himmel
zerren und zurück in die Hölle stoßen."

Savitri sagte verzweifelt: „Dann sind wir also alle darin gefangen?"

„Nur, wenn du zustimmst, dich einfangen zu lassen. Ich habe nicht gesagt, dass der Turm abgeschlossen war", sagte Ramana. „Außerhalb der Wände des Turms gibt es ein unendliches Reich. Du kannst dein Bewusstsein über die Mauern hinaus ausdehnen. Dort draußen gibt es Freiheit. Und wenn du Freiheit erlangt hast, wirst du nie wieder in den Himmel oder in die Hölle gehen müssen."

KARMA UND DER LOHN DER SÜNDE

Bisher habe ich eine Sicht des Nachlebens beschrieben, die offen ist, kreativ und voller Wahlmöglichkeiten. Schritt für Schritt erfüllen wir unsere Erwartungen und nehmen Bilder wahr, welche diesen Erwartungen entsprechen. Diese Sichtweise lässt allerdings einen Aspekt unberücksichtigt, der für viele Menschen eine große Bedeutung hat: Sünde. Im christlichen Glauben kann man Sünde nicht einfach außer Acht lassen, da Gott ständig unsere guten und schlechten Taten zusammenzählt. Das muss er tun, weil sonst ja jeder in den Himmel käme, und dann würde ein Himmel, in dem gute und schlechte Menschen gemischt sind, allzu sehr dem Erdenleben ähneln.

Vor kurzem sah ich einen katholischen Bischof im Fernsehen, der interviewt wurde. Man stellte ihm eine Frage, die man auch einem Bischof im Mittelalter hätte stellen können: „Glauben Christen wirklich daran, dass es dieses Leben nur gibt, um uns für das nächste Leben vorzubereiten?" Die unmittelbare Antwort des Bischofs war: „Ja". Genau das hätte ein katholischer Bischof auch im dunklen Mittelalter gesagt. Eintausend Jahre haben die christliche Grundüberzeugung, dass die irdische Welt ein Jammertal ist, nicht verändert; auch nicht, dass die Sünde den Tod erzeugt hat und dass der einzige

Ausweg darin besteht, in den Himmel zu kommen. „Ich werde, wenn ich dorthin komme, in Frieden sein, ich werde ausruhen können", sagte der Bischof. Anders gesagt: Was wir im Hier und Jetzt erleiden, spielt eine immens große Rolle für unsere Vorstellung davon, was kommen wird.

Hölle ist das, was man für Sünde zurückgezahlt bekommt, aber sie ist auch eine Ausdehnung der irdischen Leiden. Wenn Flucht die höchste Belohnung darstellt, dann ist ein Zurückbleiben die schlimmste Bestrafung. Im Grunde genommen besagt christliche Theologie: „Sei gut, sonst wird Gott dir noch mehr von dieser Art des Lebens zumessen, aber dann noch viel schlimmer." Die vedischen Rishis haben Leiden nicht als eine Folge von Sünde angesehen, sondern als eine Sache von verlorener Freiheit. Vedanta zufolge wird alles, was unsere Freiheit jetzt begrenzt, auch weiterhin bestehen, nachdem wir sterben. In beiden Fällen sind Sie Erzeuger von Karma.

Ursprünglich heißt *Karma* „Aktion", aber es wurde in seiner Bedeutung bald erweitert und beinhaltet jetzt auch den ewigen Kampf zwischen Gut und Böse. Oberflächlich betrachtet schaffen Sie sich gutes Karma, indem Sie gut sind und schlechtes, wenn Sie schlecht sind. Das entspricht der christlichen Vorstellung einer Entscheidung zwischen guten und bösen Handlungsweisen und der Folge davon, nämlich entweder belohnt oder bestraft zu werden. Millionen von Menschen im Osten und Westen leben mit diesem Glauben. Aber Karma an sich hört nie auf; es ist Teil der ständigen Reise der Seele und nicht einer einzigen Lebensspanne, die unwiderruflich entweder in den Himmel oder zur Hölle führt.

Das Dilemma ist, dass auch noch so viel gutes Karma, welches eine Person bewirkt, sie dennoch nie zur Freiheit gelangen lässt. Die vedische Auffassung der Hölle besteht darin, dass man niemals einen Ausweg aus der Bindung findet (gleich, ob durch schlechtes oder durch gutes Karma), und das macht es der christlichen Hölle doch recht ähnlich. Vollkommene „Gutheit" kann man nie erreichen, und die Auswirkungen von Karma verwandeln nach und nach das Leben eines Heiligen in das eines Sünders, und umgekehrt. Deshalb wäre vermutlich der Begriff „Superkleber" eine bessere Übersetzung von Karma als die Worte „Aktion" oder „Tat".

Sie können Karma mit einer kosmischen Uhr vergleichen, in der alle Rädchen perfekt ineinander greifen. Sie können auch das Bild eines gigantischen Supercomputers wählen, der alle Ereignisse und Handlungen in der Schöpfung ganz genau verzeichnet. Sie können auch den Vergleich zu einem ewigen Richter wählen, der die Ergebnisse aller guten und schlechten Gedanken und Handlungen abwägt. In Wahrheit ist alles – das Universum, das Gehirn, das niedrigere und das höhere Selbst, Atman, Gott – als ein gesamtes System durch die unsichtbare Kraft des Karmas unauflöslich miteinander verbunden. Das Gesetz des Karmas, das jedem östlichen Glaubenssystem zugrunde liegt, besagt, dass sich keiner von uns dem entziehen kann, seine Schulden abzuzahlen (bzw. seine Belohnungen auszuleben), da wir Tag für Tag neue Schulden (und Belohnungen) anhäufen. So haben wir gar keine andere Möglichkeit, als sie mit einer Folge von einem irdischen Leben nach dem anderen abzutragen (bzw. „aufzubrauchen").

Vor Sünde gerettet werden

Die Rishis meinen, dass eine Bestrafung im Nachleben die Folge nicht bezahlter karmischer Schulden sind. Wenn ich ein Verbrechen begehe und nicht hier auf der Erde dafür zahle, werde ich zahlen müssen, indem ich später leide. Was ist eine karmische Schuld? Im Grunde genommen jede Ursache, die noch keine Wirkung gezeigt hat. In Indien gibt es das Sprichwort: „Karma wartet auf dem Fußabstreifer". Das bedeutet, dass ein Mensch vielleicht zwar versucht, seinen früheren Handlungen den Rücken zuzukehren, aber dass ein großer Hund vor der Tür liegt und darauf wartet, dass sein Herr zurückkommt. Karma kann schier endlos geduldig sein. Irgendwann wird das Universum darauf bestehen, das durch etwas Falsches verschobene Gleichgewicht mit etwas Richtigem auszugleichen.

Hölle ist der Zustand karmischen Leidens. Eine übergroße Mehrzahl der Nahtoderfahrungen stellt sich als positiv heraus, aber das gilt nicht für alle. Anstatt sich auf ein gütiges Licht zuzubewegen, das sie willkommen heißt, erleben einige wenige Leute Bilder der Hölle. Sie sehen Dämonen oder sogar den Teufel selbst; sie hören, wie Sünder voller Qualen schreien; über allem liegt eine schwere Düsterkeit. Nahtodforscher haben sogar eine Kategorie von Personen feststellen können, die sie „erdgebundene Seelen" nennen, die von bösen Taten und unerfüllten Sehnsüchten umgetrieben werden. Ein Zeuge erster Güte dafür war ein Mann namens George Ritchie, der solche Seelen aus erster Hand miterlebte:

Bei Ritchies Nahtoderlebnis wurde er von Jesus zu einer großen Stadt auf der Erde geführt, wo er beobachtete, wie erdgebundene Seelen lebenden Menschen aus dem einen oder anderen Grund hinterherschlichen und sie verfolgten (was man heute auch „stalking" nennt). Eine erdgebundene Seele bat vergeblich um eine Zigarette. Ein junger Mann, der Selbstmord begangen hatte, flehte seine Eltern erfolglos um Vergebung an. In einem Haus wurde Ritchie die Seele eines Jungen gezeigt, der einem lebendigen Teenager-Mädchen hinterherlief und sie um Verzeihung bat, obwohl das Mädchen überhaupt nichts von der Gegenwart des Jungen wusste. Jesus sagte Ritchie, dass der Junge Selbstmord verübt hatte und nun an jede einzelne Folge seiner Handlung wie gekettet war.

Das sind die Geister unbezahlten Karmas. Es ist hilfreich, sich daran zu erinnern, dass Höllenerfahrungen nicht unbedingt den Tod voraussetzen. Es gibt Menschen, die Satan in Träumen, Visionen und bildhaften Vorstellungen gesehen haben und sogar als Gestalt aus Fleisch und Blut (oder sogar als

Kraft, die einen anderen lebenden Menschen besessen hält, falls Sie an dämonische Besetzungen und die Fähigkeit des Teufels glauben, den Körper eines Menschen zu seiner Wohnstatt zu machen, bis er irgendwie exorziert, also ausgetrieben wird).

Wissenschaftler, die Nahtoderfahrungen untersuchen, gehören zu den wenigen Leute in unserer Gesellschaft, deren Beruf es ist, sich Gedanken über das Nachleben zu machen. Wenn Sie irgendeine Erfahrung von Hölle oder gequälten Seelen betrachten, gelangen Sie zur Vermutung, dass bestimmte Faktoren diese Visionen von Leid und Schmerz erzeugen. Unser Geist hat uns in die Hölle gebracht, und er kann uns auch wieder herausnehmen. Ob Leiden nun hier auf der Erde geschaffen werden aufgrund körperlicher Schmerzen oder im Nachleben aufgrund von psychologischen Qualen, bleiben doch die Ursachen dieselben, da sie immer wieder auf das Wirken von Karma zurückgehen. Jede Kultur glaubt, dass schlechte Handlungen hier auf Erden unausweichlich zu den entsprechenden Folgen im Nachleben führen; die Rishis haben anstelle dieser engen Sichtweise jedoch eine Sichtweise und eine Methode gefunden, wie man Leiden ganz allgemein entkommen kann.

Auf der materiellen Ebene ist es selten offensichtlich, dass man „so erntet, wie man gesät hat". Oft bleiben Missetaten unentdeckt, noch seltener werden sie bestraft. Wir alle hegen manchmal Fantasien über ein Leben, wo wir mit allem durchkommen, was wir auch anstellen mögen. Deshalb werden zum Beispiel mitunter sogar Bankräuber zu Helden gemacht, zumindest im Kino.

Wenn wir sagen, dass die Übeltäter eines Tages von ihrem schlechten Karma eingeholt werden: Ist das dann Wunschdenken? Skeptiker würden sicher „Ja" sagen, weil für sie eine karmische Schuld, die außerhalb bzw. jenseits der materiellen Welt zurückgezahlt wird, so aussieht, als ob sie nie würde gezahlt werden können. Diese Frage kann nicht einfach beantwortet werden, aber im Rahmen spiritueller Begriffe können wir einen Unterschied beobachten zwischen jemandem, der reif ist – und demzufolge einige seiner Schulden abgezahlt hat – und einem anderen, der unreif ist und von unbezahlten Schulden niedergedrückt wird. Ein spirituell reifer Mensch strebt nach einem sinnvollen Leben mit Hilfe dieser Erkenntnisse über:

Selbstwert: Ich habe einen Platz im göttlichen Plan; ich bin im Universum einzigartig.

Liebe: Ich werde sehr gemocht, und ich mag andere sehr.

Wahrheit: Ich kann durch Illusionen und Ablenkungen hindurchsehen.

Anerkennung und Dankbarkeit: Ich schätze die Wege und Wendungen der Schöpfung.

Ehrerbietung: Ich kann das Heilige fühlen und sehen.

Gewaltlosigkeit: Ich achte Leben in allen seinen Formen.

Wenn man außerhalb dieser Werte lebt bzw. ohne sie, dann ist das Leben schmerzvoll; wenn solche Leiden intensiv genug sind, dann wird der Mensch dadurch gleichsam in die Hölle versetzt. Der Wert eines sinnvollen Lebens demonstriert die verborgene Seite karmischer Schulden: Wenn Sie davon frei sind, wird Ihr Leben erfüllt, und es lohnt sich dann sehr, es zu leben.

Was ist mit Satan?

Fromme Christen werden einwenden, dass ich ein psychologisches Bild der Hölle gezeichnet hätte, das Satan draußen lässt. Satan draußen zu lassen würde heißen, einen biblischen Text zu ignorieren, der uns vom Engel Luzifer berichtet, der unter allen Engeln Gott am nächsten war, ihm jedoch den Gehorsam verweigerte und aufgrund der Sünde des Stolzes aus den himmlischen Höhen fiel, bis er den davon am weitesten entfernten Ort der Schöpfung erreichte, eben die Hölle. Dass Millionen von Menschen diesen Mythos wörtlich nehmen und buchstäblich daran glauben, sagt viel über unsere Weigerung aus, eigene Verantwortung für das Nachleben zu übernehmen. Wir ziehen es vor, einen Prinzen der Dunkelheit zu verdinglichen, zu einem konkreten Objekt zu machen, zu einem (fast?) allmächtigen Gegenspieler Gottes, der dann also zum Vertreter alles Bösen wird.

Es klingt vielleicht schrecklich, wenn wir die Verantwortung für die Hölle selbst übernehmen sollen, aber das nicht zu tun ist dasselbe, als ob wir uns selbst ganz aufgeben würden. Die Hölle ist am weitesten von Gott entfernt, weil sie die niedrigste Ebene von Bewusstsein repräsentiert. Die Ursachen für höllengleiche Erfahrungen hier auf der Erde sind nicht rein psychologisch. Es geht dabei nicht nur darum, deprimiert zu sein oder schuldig. Wenn wir die Verbindung zu unserem Selbst verlieren, beginnen wir daran zu glauben, dass wir es verdienen zu leiden! Und das ist die Hölle! Die Hölle ist das Leiden, von dem Sie glauben, es zu verdienen. Wenn die Verbindungen zur Seele wieder hergestellt sind, glauben wir auch nicht mehr an Bestrafung: Wir sind wieder im Fluss des Lebens mit all dessen heilenden Eigenschaften.

Alles, wofür Satan steht, ist in unserer Selbstverurteilung enthalten. Satan ist in der Tat eine massive Widerspiegelung unserer Eigenverurteilung. Satan ist von unserem Bewusstsein erzeugt, und entsprechend nimmt er zu und ab, er entwickelt sich, und er ändert seine Bedeutung.

Satan ist real unter folgenden Bedingungen:
- Die Menschen meinen, Strafe statt Heilung zu verdienen.
- Eine Kultur glaubt an den Mythos des Satans.
- Gläubige achten diesen Mythos und halten ihn für bedeutungsvoll.
- Schuld wird nach außen projiziert, auf Dämonen, anstatt innerlich heil zu werden.

- Missetaten häufen sich an und werden immer mehr, ohne dass man Mittel zur Vergebung, Reue und Buße, Erlösung oder Reinigung findet.
- Man macht Kindern Angst vor Dämonen und erzählt ihnen, dass diese übernatürliche Kräfte besäßen.

Satan ist irreal unter diesen Bedingungen:

- Die Menschen meinen, dass sie Heilung statt Strafe verdienen.
- Eine Kultur ist sich dessen bewusst, wie Mythen entstehen.
- Menschen sind ihrer selbst bewusst und übernehmen Verantwortung für ihre eigenen Emotionen.
- Es gibt einen Glauben an Vergebung, Heilung und Erlösung.
- Man findet Ventile für negative Energien (durch Therapie, Sport, offenen Dialog, eine gesunde Familiendynamik, Erziehung, und so fort).
- Man erzieht Kinder nicht im Glauben an Dämonen und andere Feinde, die mit übernatürlichen Kräften ausgestattet sind.
- Die Gesellschaft fördert die Entwicklung von Bewusstwerdung.

Unsere Kultur ist im wesentlichen über Satan hinausgegangen, obwohl es auch noch religiöse Fundamentalisten gibt, die bestimmte Texte wörtlich nehmen. Wir haben immerhin mehr als ein ganzes Jahrhundert des Säkularismus hinter uns. Was auch ihre manchmal ganz offensichtlichen Nachteile und Fehler sein mögen, hat unsere säkulare Kultur doch Therapie gefördert, Aberglauben aufgedeckt, Menschen die Verantwortung für ihr eigenes Schicksal übergeben und zu einem offenen Dialog über jedes Gebiet ermuntert, das früher tabu war. Das sind beachtliche Leistungen; sie belegen eine ungeheure Bewusstseinsentwicklung. Das Böse, wie immer man es definieren mag, bleibt auch dann noch bestehen, wenn Satan verschwunden ist. Aber die Tatsache, dass wir ihm unsere Aufmerksamkeit entzogen haben, hat ihn entscheidend geschwächt, genauso, wie die antiken Götter auf dem Olymp, die einst so mächtig waren, dass durch sie jede Naturerscheinung erklärt werden konnte, inzwischen auf ihren Platz als Teil der Geschichte verwiesen worden sind.

Satan hat wie die griechischen Götter seine Zeit, in der er nützlich sein konnte, überlebt. Wenn Menschen für irgendein Phänomen eine bessere Erklärung finden, welkt die alte Erklärung dahin. Die Meteorologie ersetzt Äolus, den Gott des Windes, und die Gesetze der Thermodynamik ersetzen das prometheische Feuer. Wir haben die Stärke, Satan anwachsen oder abnehmen zu lassen. Wir selbst haben sogar die Macht, ihn wirklich oder unwirklich zu machen – und das ist entscheidend.

In dem Maße, wie sich Bewusstsein weiter entfaltet, wird Satan immer irrealer. Ich glaube, dass es inzwischen schon Millionen von Menschen gibt, die nicht mehr Dämonen, Sünde und das kosmische Böse als Ursachen für Leiden verantwortlich machen. Diese Menschen sind bereit, über Bewusstsein zu sprechen, über Verantwortung, darüber, von ihrem Selbst getrennt zu sein. Wir haben Jahrhunderte lang Gott angerufen, uns zu erretten, während wir zugleich Satan als den schlimmsten und höchsten Feind betrachtet haben. Vielleicht war das für unsere Evolution notwendig. Aber jetzt können wir uns der tieferen und dabei viel menschlicheren Weisheit der Rishis zuwenden, die von einer einzigen Realität spricht und nicht von einem zersplitterten Universum, in dem Himmel und Hölle zwei entgegengesetzte Pole sind.

Gut und Böse, sagen die Rishis, hat direkt damit zu tun, ob wir mit unserer Seele verbunden sind oder nicht. Die Seele ist der realste Aspekt des Selbst. Wenn wir die Verbindung mit der Seele unterbrechen bzw. abbrechen, dann verlieren wir die Verbindung mit der Wirklichkeit.

DIE SEELE IST VERHÜLLT, WENN

- Sie zu müde oder gestresst sind;
- Sie nicht bei sich selbst sind;
- Ihre Aufmerksamkeit von Äußerlichkeiten beherrscht wird;
- Sie andere für sich denken lassen;
- Sie aus einem Zwang heraus handeln;
- Sie von Angst oder Sorgen beeinflusst werden;
- Sie kämpfen oder leiden müssen.

Diese Umstände und Bedingungen müssen sich ändern, bevor die Seelenverbindung wieder aufgenommen bzw. wieder begründet werden kann. Der Tod verschafft Zugang zum Reich der Seele; Vedanta erklärt jedoch, dass die Seele auch eine ganze Menge vor dem Tod zu bieten hat. Das gesamte Leben selbst wird unter den aufmerksamen Blicken der Seele geführt. Ihr Anteil am reinen Bewusstsein verhilft ihr zu bestimmten „universellen" Eigenschaften:

- Sie ist konstant.
- Sie verliert Sie nie aus den Augen.
- Sie ist mit jeder anderen Seele verbunden.
- Sie hat Anteil an Gottes Allwissen.
- Sie wird nicht von Wandel berührt.
- Sie lebt jenseits von Zeit und Raum.

Es sind also nicht nur die zarten, liebevollen oder stillen Momente des Lebens, in denen sich die Seele offenbart. Vielmehr sind jene Augenblicke am wichtigsten, in denen die eigenen Qualitäten der Seele zum Vorschein kommen. Im modernen Leben gibt es solche Augenblicke zwar leider zu selten, aber die Seele zeigt sich doch immer wieder.

DIE SEELE WIRD ENTHÜLLT, WENN

- Sie sich in Ihrer Mitte und geerdet fühlen;
- Ihr Geist klar ist;
- Sie das Gefühl haben, die Zeit würde still stehen;
- Sie sich plötzlich frei von Grenzen fühlen;
- Sie ganz bewusst und sich auch Ihrer selbst bewusst sind;
- Sie sich mit einem anderen Menschen entweder in Liebe oder stiller Übereinstimmung wie verschmolzen fühlen;
- Sie sich vom Altern und von Veränderungen unberührt fühlen;
- Sie sich beseligt oder ekstatisch fühlen;
- Sie eine intuitive Eingebung haben, die sich als zutreffend herausstellt;
- Sie irgendwie wissen, was demnächst passieren wird.
- Sie die Wahrheit spüren.
- Sie sich sehr geliebt oder absolut sicher fühlen.

Falls es nur eine einzige Wirklichkeit gibt, wie die Rishis erklären, dann ist das Leben kein Kampf zwischen Gut und Böse, sondern ein komplex geknüpftes Netz, in dem uns alle Handlungen, seien sie gut oder schlecht, dieser Realität näher bringen oder uns tiefer in die Illusion ziehen. Karma knüpft das Netz. Karma ist kein Gefängnis, sondern ein Feld der freien Willensentscheidung. Karma achtet darauf, dass unsere Entscheidungen aufrichtig sind. Wir ernten, was wir säen, aber das ist weit davon entfernt zu sagen, dass wir von den Mächten des kosmischen Guten oder Bösen gefangen wären. Die Hölle spiegelt, wie jeder andere Ort im Bewusstsein, letztlich den Zustand unseres eigenen Bewusstseins wider. Man kann sich von der Hölle befreien, wie man auch jede andere Leistung vollbringt, indem man sich der Realität der Seele annähert.

GEISTER

„Ich bin dir zutiefst dankbar für all das, was du mir beigebracht hast", sagte Savitri. Es war spät geworden, und sie fing
schon an, die Hoffnung zu verlieren, rechtzeitig wieder zuhause zu sein. „Ich habe mich damit abgefunden, alleine zu
leben; vielleicht kann ich dich künftig besuchen, um mehr zu
lernen."

„Ist nicht jeder immer allein?", fragte Ramana. Der Wald
war in violette Schatten gehüllt, und Savitri konnte seinen
Gesichtsausdruck nicht deutlich erkennen.

„Ich fühle mich allein", sagte sie.

„Gefühlen kann man oft nicht trauen", meinte Ramana.

Plötzlich rauschte es in den Büschen neben dem Waldweg.
Savitri sprang zurück. „Was war das?", rief sie und spürte, wie
ihre Angst wieder zurückkkam.

„Geister." Ramana hielt inne. „Es ist Zeit, dass du sie triffst,
denn Geister und Spirits können einem viel beibringen, da sie
über dieses Leben hinausgereist sind."

Er stand still und bedeutete ihr, ruhig zu sein. Savitri blieb
wie angefroren stehen, und ein eisiges Gefühl überkam sie.
Nach einen Augenblick kam aus der Dämmerung des Waldes
ein kleines Mädchen, das nicht älter als zwei Jahre war; es
stolperte auf sie zu, sah sie dabei aber nicht an.

„Nein!", warnte Ramana, der vorhersah, dass Savitri würde auf das Kind zulaufen und es in den Arm nehmen wollen.
Das Kleinkind sah sich mit einem leeren Augenausdruck um,

dann überquerte es den Weg und verschwand wieder im dunklen Wald.

„Hast du sie erkannt?", fragte Ramana.

„Nein, wie hätte ich das können? Hat sie sich verirrt?" Savitri fühlte sich durch das Erlebnis verwirrt und verstört. Anstatt ihr direkt zu antworten, sagte Ramana: „Es gibt noch mehr davon. Du ziehst sie an." In diesem Moment erschien ein zweiter Geist, dieses Mal ein etwa vierjähriges Mädchen. Savitri war verblüfft.

„Erkennst du es?", fragte er.

„Das bin ich!"

Da sah der Geist einen Augenblick in ihre Richtung, bevor er weiterwanderte.

„Und das Kleinkind war ich auch?"

Ramana nickte. „Jedes frühere Selbst, dass du hinter dir gelassen hast, ist ein Geist. Dein Körper ist nicht mehr der Körper eines Kindes. Deine Gedanken, Wünsche, Ängste und Hoffnungen haben sich geändert. Es wäre ja schrecklich, wenn du umhergehen würdest, während alle deine toten Selbste sich noch an dir festhalten. Lass sie los."

Savitri konnte nichts erwidern. Eine Erscheinung nach der anderen tauchte auf, in denen sie Aspekte ihres Selbst erkannte. Sie sah das zehnjährige Mädchen, das neben ihrer Mutter in der Küche saß, die Zwölfjährige, die errötete, als ein Junge sie ansprach, die leidenschaftliche junge Frau, die von Satyavan, ihrer ersten Liebe, wie besessen war. Der letzte Geist überraschte sie am meisten, weil diese Frau wie eine Spiegelung ihrer selbst aussah, genau in ihrem Alter und mit demselben Tuch, das Savitri sich über die Schulter geworfen hatte, als sie aus ihrer Hütte floh.

„Siehst du, sogar das Selbst, dass du heute Vormittag hattest, ist ein Geist", sagte Ramana.

Als diese letzte Erscheinung wieder im Wald verschwunden war, fragte Savitri: „Was kann ich von ihnen lernen?"

„Dass der Tod in jedem Moment deines Lebens schon bei

dir gewesen ist", antwortete Ramana. „Du hast an jedem Tag Tausende von Toden überlebt, als deine alten Gedanken, deine alten Zellen, deine alten Gefühle und sogar deine alte Identität vergingen. Jeder lebt schon jetzt im Nachleben. Was gibt es zu fürchten oder zu zweifeln?"

„Sie schien aber so real zu sein", sagte Savitri.

„Ja, so real, wie Träume wirklich sind", sagte Ramana. „Aber du bist im Hier und Jetzt und nicht in der Vergangenheit."

Savitri hatte sich selbst noch nie so betrachtet, und diese Sichtweise gab ihr neuen Mut. „Ich bin weiter entschlossen, den Tod zu besiegen, denn ich möchte Satyavan wieder in meinen Armen halten. Aber wenn Yama siegreich bleibt, werde ich mich nicht an Geistern festhalten. Zumindest das habe ich jetzt gelernt."

DAS REICH DER TRÄUME

Wenn sich die Leute fragen, ob die Persönlichkeit den Tod überlebt, dann ist die Antwort, dass die Persönlichkeit noch nicht einmal einen Lebensabschnitt in diesem Leben überlebt. Wir sind nicht mehr dieselbe Person, die wir vor fünf, zehn oder fünfzehn Jahren waren – und es wäre ja auch schlimm, wenn wir das noch wären. Unsere Persönlichkeit entwickelt und verändert sich ständig, sie wächst. Wenn die Frage lautet „Überlebt das Individuum den Tod?", dann ist die Antwort: „Was ist ein Individuum?" Was wir „ich" nennen, ist von Tag zu Tag anders, von Woche zu Woche, von Jahr zu Jahr. Über welches Individuum sprechen wir? Über den jungen Menschen, der ganz verliebt war und voller romantischer Sehnsüchte, oder über das Kind, das unschuldig und von Erstaunen erfüllt war? Vielleicht müssen wir auf das Individuum warten, das altert und stirbt. Als welches möchten Sie gerne überleben?

Vielleicht als keines. Vedanta sagt uns, dass das Nachleben die Chance auf einen kreativen Sprung mit sich bringt. In dem Maße, in dem sich unsere Entscheidungen entwickeln, erfahren wir eine neue Wirklichkeit, die weitaus reicher als die konventionelle Vorstellung des Himmels ist. Der Himmel ist ein Endpunkt, an dem, nach seiner Definition, jede Transformation und aller Wandel aufhören. Die Seele „lungert herum" in einem Zustand der Glückseligkeit, der sich sehr nach „ewigem betreuten Wohnen" anhört. Warum sollte Bewusstsein träge werden? Im Nachleben würde ein Überleben bedeutungslos sein, es sei denn, wir wären weiter in der Lage, auf das Leben einzugehen und zu reagieren.

Der größte Unterschied besteht darin, dass uns Rückmeldungen der fünf Sinne im Nachleben nicht mehr zu irgendetwas anregen. Das Mobiliar des Geistes ist beseitigt worden und hat einen Raum hinterlassen, der sowohl innerhalb als auch außerhalb unserer selbst ist. Das ist der Grund, warum Jesus manchmal davon gesprochen hat, dass der Himmel „in euch" ist, und manchmal davon, dass der Himmel „beim Vater" ist. Wenn Sie alle Möbel aus einem physischen Zimmer räumen, ist der verbleibende Raum leer; die vedischen Rishis sagen jedoch, dass es sich bei einem geistigen Raum anders verhält. Dieser Raum ist voller Möglichkeiten. Dort kann wirklich alles Mögliche entstehen. Diesen Raum, der mit allem Möglichen „schwanger gehen" kann, nennen sie *Akasha* (ein Wort, das manchmal auch mit „Äther" übertragen wird; Anm.d.Ü.). Dem kommt in westlichen Sprachen der Begriff „Traum-Raum" am nächsten; zumindest ist dieser Begriff ein guter Ausgangspunkt.

Ein Traum ist wie eine leere Leinwand, auf die alles Mögliche projiziert werden kann: jedes beliebige Ereignis, jeder Ort, jede Person. Akasha ist genau so. Wenn Vedanta sagt, dass jede Welt eine Projektion des Geistes ist, so wird damit ein Akasha-Traum beschrieben. Ein berühmter vedischer Spruch heißt:

„Welten kommen und gehen wie Staubkörnchen im Sonnenlicht." Im Traum-Raum oder Äther des Akasha erkennen wir
die Vergänglichkeit aller Dinge und die riesige Größe des Unbekannten. Der Traum im Äther ist kosmisch, anders als die
persönlichen Träume, die wir in der Nacht erleben.

Nahtoderfahrungen erzählen vom Stadium des Übergangs,
einem zeitweisen Aufenthalt in einer Zwischenebene, bevor das
Nachleben in seiner Fülle erlebbar wird, und davon, dass sich
diese Zwischenebene immer noch persönlich anfühlt. Die Menschen berichten zum Beispiel von verschiedenen Freunden und
Angehörigen. Die sterbende Person sieht weiterhin den Raum,
in dem ihr Körper liegt, und ihre Erinnerungen und Bindungen
halten sie mit der physischen Existenz verknüpft. Der kreative
Sprung steht noch bevor. Solange Sie sich als die Person fühlen,
die Sie gewesen sind, so lange können Sie nicht das Unbekannte erfahren. Ich möchte ein Beispiel dafür geben.

Vor einigen Jahren traf ich auf einer Vortragsreise Gerald,
einen Mann, der mir erzählte, wie sehr er von den Heilkräften
der Schamanen im Südwesten fasziniert war. Ich fragte ihn,
welche Art von Heilung er brauchte.

„Ich will dir vorerst noch nichts darüber berichten," sagte
Gerald. „Ich flog nach Neu Mexiko und fand mich in einer
Gruppe von rund zwanzig Leuten außerhalb von Santa Fe wieder. Ich war vorher noch nie einem Schamanen begegnet. Unser
Schamane war ein Hopi, aber er trug keinerlei religiöse Symbole. Er war einfach ein sehr angenehmer älterer Mann mit
schulterlangen Haaren. Er begrüßte jeden Einzelnen von uns,
als wir in den Versammlungssaal in einem Motel kamen."

Der Schamane bat jeden, sich einen Partner zu suchen.
„Wir sollten uns mit dem Menschen im Raum zusammentun,
bei dem wir uns am wohlsten fühlten. Ich suchte mir einen
Mann aus, etwa in meinem Alter, der neben mir stand. Mit ihm
fühlte ich mich genauso wohl wie mit irgendeinem anderen,
angesichts des Umstands, dass ich mich ständig mies fühlte."

Dann sagte Gerald mir, dass er eine intensive Therapie gegen Prostatakrebs durchgemacht hatte, mit Operation und Chemotherapie, an deren Ende er völlig geschwächt war. Er war zwei Jahre danach krebsfrei geblieben; nun trieb ihn aber die Angst um, dass die Ärzte den Krebs nicht völlig hatten entfernen können. Seine Sorge wuchs immer stärker an, obwohl ihm wiederholt bestätigt worden war, dass er keine Rückfälle hatte. Auf den Rat eines Freundes hin suchte Gerald nun, eher zögernd, diesen Schamanen auf.

„Sobald wir unsere Partner ausgesucht hatten, bildeten wir einen Kreis. Der Schamane ging in die Mitte und fing an zu singen. Er forderte uns lediglich auf zu beobachten. Nach fünfzehn Minuten wandte er sich dem ersten Paar zu, einem Mann und einer Frau. Der Schamane blickte dem Mann in die Augen und murmelte etwas. Unmittelbar darauf fing der Körper des Mannes an zu zittern, und dann fiel er wie in einem milden Schlaganfall auf den Boden.

„Mit einer insistierenden Stimme sagte der Schamane: *Sprich zu mir!* Die Augen des Mannes waren wie leer. Er drehte sich zur Frau um, die ziemlich erschüttert aussah und fragte sie: *Bist du eine Alkoholikerin? Bist du deshalb hierher gekommen?* Die Frau wurde rot und nickte. *Nun, ihr habt in eurer Familie jemanden, der am Alkohol starb. Den müssen wir befreien.* Er half dem Partner der Frau auf die Beine und sagte ihm, dass er es sehr gut gemacht hätte. Und so ging das dann im Kreis weiter, ein Paar nach dem anderen."

Gerald sah zu, wie jeder Partner eingesetzt wurde, um einen verschiedenen Geist anzurufen. Jedes Mal sprach der Geist über ein Problem – Depression, Krebs, Suchtverhalten – und das stellte sich als genau zutreffend heraus für das Problem des anderen Partners. Keiner aus der Gruppe hatte vorher mit dem Schamanen gesprochen. Gerald staunte, als sein Partner den Geist von Geralds Großvater brachte, der an Lungenkrebs gestorben war, als Gerald noch ein kleiner Junge war.

„Nicht jeder erkannte seinen Geist, und das war auch nicht immer ein naher Verwandter. In meinem Fall hatte ich viel über meinen Großvater gehört, der ein bekannter Bürger war. Es war ziemlich gespenstig zu hören, wie er darum flehte, aus seiner Not befreit zu werden, sehr gespenstig."

Für manche der Leute im Raum war die Lösung des hingeschiedenen Geistes eines Verstorbenen bereits das Ende der Behandlung, die der Schamane durchführte. Gerald blieb im Südwesten und nahm an einer Reihe von medizinischen Schwitzhütten teil, die von Ritualen und Chanting begleitet wurden. Nach einigen Wochen sagte ihm der Schamane, dass der Geist des Großvaters nun Frieden gefunden hatte.

„Als ich nach Hause kam, wollte ich sofort eine medizinische Überprüfung vornehmen lassen, aber nun fühlte ich mich nicht mehr ängstlich. Ich hatte nachts auch keine Albträume mehr und wachte nicht mehr schweißgebadet auf. Es war einfach alles vorbei, wie der Schamane es gesagt hatte."

Ich erzähle diese Geschichte, damit wir unsere Sichtweise öffnen. Die Tatsache, dass man in einer christlichen Kultur aufgewachsen ist, heißt nicht automatisch, dass eine sterbende Person erlebt, wie sie an der Himmelspforte vom heiligen Petrus begrüßt wird. (Und das ist übrigens auch keine Szene, die in Nahtoderlebnissen häufig auftaucht.) Vielleicht findet man sich vielmehr in der Geisterwelt der Indianer wieder. Die Reise der Seele folgt Wegen, die wir nicht vorhersehen können.

Geralds Geschichte fand eine kuriose Fortsetzung. Einen Monat nach seiner Rückkehr fuhr er mit seiner Frau in den Urlaub in den nördlichen Mittleren Westen, woher sie ursprünglich gekommen waren. „Wir logierten in einem renovierten viktorianischen Hotel. Unser Zimmer hatte Blumentapeten und ein Bett mit vier Pfosten. Ich bemerkte eine gerahmte Zeitung, die als Bild an der Wand hing. Sie war von der Jahrhundertwende und zeigte eine Brigade einer freiwilligen Feuerwehr. Genau aus der Mitte heraus starrte mich mein Großvater als junger Mann an."

„Hat dich das nicht erschüttert?", fragte ich.

„Nein, das war ein Zeichen für mich, dass der Schamane recht hatte. Ich bin froh, dass mein Großvater frei wurde, wohin auch immer er jetzt gegangen ist."

Akasha

In allen Geschichten von Geistern, die frei gesetzt werden möchten, sind es die Erinnerungen, die sie zurückhalten. Sie erinnern sich an das irdische Leben, und die unerledigten Dinge halten sie fest im Griff. Der Spirit, der Geist, der Dinge nicht abgeschlossen hat, kann nicht einfach in die nächste Existenzebene entfliehen. Das heißt, so merkwürdig es klingt, dass die physische Welt zu einem Traum wird, sobald das Nachleben real geworden ist. Es ist einfach eine Frage der Perspektive. Wenn Sie sich in einem physischen Körper aufhalten, dann macht Ihre Sichtweise die Stofflichkeit des materiellen Lebens real. Wenn Sie nachts träumen, dann ist solange der Traumzustand real. Wenn Sie im Übergang von der einen zur anderen Existenzform sind, dann sind sowohl Wachen wie Träumen nicht real, sondern dann ist Akasha real – das Feld des Bewusstseins. Was bewirkt nun diese Veränderung der Realität? Vedanta meint, dass sich das Bewusstsein durch seine eigenen Schöpfungen von deren Wirklichkeit überzeugen lässt. Insofern ist nichts, was wir sehen, hören und berühren können, sei es, dass wir wach sind, träumen oder jenseits von beidem sind, letztlich real. Erfahrungen, die wir machen, stellen lediglich unterschiedliche und sich verändernde Perspektiven dar, wie wir die Projektionen von Bewusstsein auffassen.

Vollkommen frei zu sein bedeutet, aus allen traumähnlichen Zuständen zu erwachen und sich selbst wieder als das zu erfassen, was Sie sind: der Gestalter bzw. die Gestalterin der Wirklichkeit. Man kann nicht sagen, dass alle sterbenden Menschen diese Art absoluter Freiheit gewinnen werden. Sie mögen sie nur einen flüchtigen Augenblick lang erblicken; vielleicht spüren sie, dass es eine Chance gibt, sich aus einem Traum zu befreien, werden aber von einem nächsten Traum, der ihnen in den Sinn kommt, so verführt, dass sie diese Gelegenheit ungenutzt verstreichen lassen.

Ich kenne eine Frau, deren Kind von der Schule nach Hause kam und beim Eintreten durch die Haustür ihre kleine Kusine aus Chicago in der Ecke auf sie warten sah. Beide waren damals etwa acht Jahre alt. Die Kusine konnte nicht sprechen, und das Mädchen lief zu ihrer Mutter, um ihr vom Besuch zu erzählen. Als das Mädchen in die Küche zur Mutter kam, weinte diese. Das kleine Mädchen fragte warum, und die Mutter sagte, dass es in der Familie einen plötzlichen Todesfall gegeben hatte. Es handelte sich um die Kusine aus Chicago, die an diesem Morgen gestorben war. Sah das Mädchen ihre Kusine als Vision, als Vorahnung oder war das nur ein zufälliges Zusammentreffen, weil sie sich ihre Kusine gerade zu diesem Zeitpunkt eingebildet hatte? So wie sie die Geschichte erzählt, hatte sie ihre Kusine „wirklich" gesehen. Was meinen wir jedoch mit „wirklich" außer, dass es uns sehr überzeugend erscheint? Eine solche Begegnung mit einem verschiedenen Verwandten kann man entweder als eine Form von Halluzination einordnen oder als tiefe spirituelle Erfahrung. Die Bewertung hängt dabei nicht vom Ereignis ab, sondern von der Sichtweise dessen, der es betrachtet.

Im Nachleben erwacht eine Person aus einer sehr überzeugenden Sichtweise – der physischen Existenz – und sieht sich der Freiheit gegenüber. Akasha stellt keine spezielle Sichtweise dar, sondern es bietet vielmehr ein weites und offenes Spielfeld, das nur darauf wartet, dass Mitspieler es betreten. Wer werden die Spieler sein?

- Es könnten die Mitspieler sein, die wir schon kennen.
- Es könnten welche sein, die wir uns vorgestellt haben und schon lange einmal treffen wollten.
- Es könnten außerweltliche, überirdische Wesen sein.

- Es könnten Emanationen unserer selbst sein.
- Es könnten Verkörperungen abstrakter Ideen sein.

In den Kulturen der Welt wurden alle diese Varianten schon überliefert. Der christliche Himmel ist ein spezielles Akasha-Spiel, ein Drama der Erlösung, in dem überirdische Wesen auftauchen, zusammen mit Menschen, die wir aus der Vergangenheit kennen sowie einer Abstraktion, die wir Gott nennen. In dem Maße, wie sich solche Bilder im Bewusstsein zeigen, quasi „materialisieren", nimmt ein sterbender Christ an, dass er im Himmel angekommen ist. Vedanta sagt dazu, dass eine tiefere Wahrheit darin besteht, dass die sterbende Person in einem kreativen Raum abgekommen ist, Akasha, der das hervorbringt, was immer man sich wünscht bzw. vorstellt.

Wie aber weiß ein Mensch, was er sich wünscht? Die Antwort wird ziemlich komplex. Holen wir die Frage zunächst hier auf die Erde herunter und stellen wir sie hier. Wie wissen Sie gerade jetzt im Moment, was Sie möchten? Bis der nächste Wunsch auftaucht, werden Sie es nicht wissen. Sicher ist nur, dass Sie irgendetwas wollen, da der Geist ein unaufhörlicher Strom von Wünschen ist. Das macht ihn aber leider nicht durchschaubar oder vorhersehbar. Vielleicht sind Sie ein Gewohnheitstier, das sich immer zwei Rühreier zum Frühstück wünscht, während ich möglicherweise ein unruhiger Geist bin, der jeden Morgen ein anderes Frühstück möchte. Wir beide könnten aus unserem Gewohnheitsmuster durch irgendein plötzliches Stressereignis geworfen werden, dass zum Beispiel jemand in der Familie unerwartet stirbt, dass wir arbeitslos werden oder man bei uns ein Herzproblem feststellt. Mit einem Mal haben wir gar keinen Hunger mehr, unser Bewusstsein möchte trauern und nicht essen. Das unvorhersehbare Tauziehen zwischen alten Mustern und neuen Umständen macht es unmöglich, die Wünsche genau vorherzusagen.

Auf gleiche Weise entzieht sich das Akasha-Feld der Voraussage, weil es eben so weit und offen ist. Es ist so unvorhersehbar wie ein Traum und dabei genauso überzeugend. Und doch kann man sich im Akasha-Feld orientieren, man kann dort navigieren. Wir müssen das sogar tun, um den Vorteil eines kreativen Sprungs nutzen zu können, den das Nachleben uns eröffnet.

Durch das Feld navigieren

Wir haben die Chance, uns für Möglichkeiten jenseits dessen zu öffnen, was wir unserer Kultur und Erziehung zufolge glauben sollten. Eine Erfahrung passt nicht für alle Menschen in gleicher Weise. Unsere Augen fahren fort, das zu sehen, was sie erwarten, sogar wenn wir die Augen der Seele benutzen; allerdings ist das Akasha-Feld kein Wirbel zufälliger Bilder. Es ist strukturierter als ein Traum, es besitzt eine Art unsichtbarer Landschaft. Die Struktur von Akasha kann zwar nicht mit materiellen Begriffen beschrieben werden, doch wenn wir in uns selbst hineinblicken, werden wir bemerken, dass die nur scheinbar zufälligen Bilder unseres Geistes ebenfalls einer Art unsichtbarer Struktur gehorchen.

Nehmen wir an, jemand geht auf Sie zu und begrüßt Sie mit Ihrem Namen. Die Person lächelt, und auf ihrem Gesicht ist ein erwartungsvoller Ausdruck. Wie reagieren Sie? Ihr Bewusstsein macht mehrere Dinge zugleich. Es schaut in seinen gespeicherten Dateien nach, ob Ihnen das Gesicht bekannt ist. Es sucht nach einem Namen, der zu diesem Gesicht passt. Wenn beides nicht sofort gelingt, dann fühlt sich der Geist noch keineswegs aufgeschmissen, denn er hat noch Ersatzmöglichkeiten. Er durchsucht gespeicherte Gesichtseindrücke, die zu dieser Person passen könnten, aber jünger aussehen oder nur unscharf gespeichert wurden. Der Geist bietet auch eine Auswahl von Namen an, um Ihrem Gedächtnis auf die Sprünge zu helfen. Er lässt Ereignisse aus letzter Zeit Revue passieren, in denen diese fremde Person eine Rolle gespielt haben könnte. Wenn das alles nicht funktioniert, fängt das Bewusstsein an, darüber nachzudenken, was Sie sagen könnten, um Ihre Erinnerungslücke zu verdecken.

Wir alle kennen solche Situationen, und wir sind so daran
gewöhnt, Namen und Gesichter zusammenzubringen, dass wir
uns gar nicht mehr darüber wundern, wie erstaunlich dieser
ganze Vorgang eigentlich ist. Das Bewusstsein kann sich nicht
nur selbst mit unglaublicher Geschwindigkeit nach Informationen „googeln", sondern es vollzieht auch mehrere Vorgänge
zugleich samt Reserveplänen, falls jene nicht zum Erfolg führen. Das ist ein Beispiel dafür, dass es eine erstaunlich komplexe, aber unsichtbare Struktur gibt, die dem allen zugrunde
liegt.

Im Nachleben besteht dieselbe Struktur weiter fort. Bei
Nahtoderfahrungen sucht die sterbende Person, wenn sie plötzlich mit einer unbekannten Situation konfrontiert wird, nach
vertrauten Orientierungspunkten: verstorbenen Verwandten,
bekannten Stimmen, einem göttlichen Licht, der Gegenwart
eines väterlichen oder mütterlichen Gottes. Wir besitzen alle
eine „eingebaute Landkarte", die wir aufschlagen und auf der
wir nachsehen. Diese Landkarte bereitet uns darauf vor und
hilft uns, jede unbekannte Erfahrung in etwas Sinnvolles um-
zuwandeln. (Während ich an diesen Zeilen schreibe, läuft im
Fernsehen eine Sendung über den Himmel, und eine Frau wird
interviewt, die sich sicher ist, im Himmel gewesen zu sein. Ihre
Nahtoderfahrung kam, als sie niederkommen sollte und während der Gebärvorganges eine Krise hatte und kurzzeitig in ein
Koma fiel. „Beschreiben Sie den Himmel", sagte der Inter-
viewer. Die Frau wurde in der Erinnerung daran ganz entzückt
und beschrieb eine schier endlose Treppe, die in den Himmel
führte; glückliche Tiere sprangen die Treppe mit hinauf. Das
Blau des Himmels hatte eine ganz andere Intensität, als man je
auf Erden finden könnte. Meiner Ansicht nach erlebte sie ihren
Himmel so, wie sie ihn in Kinderbüchern gesehen hatte.)

Psychologen haben Experimente darüber angestellt, wie wir
ganz automatisch Sinnhaftigkeit erzeugen. Bei einem Experiment sitzt eine Gruppe von Menschen vor einem Tonband-

gerät. Sie sollen dem abgespielten Tonband zuhören und feststellen, ob dort jemand spricht. Wenn sie jemanden sprechen
hören, sollen sie so gut wie möglich aufschreiben, was gesagt
wird. Sie bekommen als weitere Erklärung, dass die Stimme
auf dem Tonband sehr leise sein wird, weil das Experiment
dazu dienen soll zu testen, wie gut das Gehirn auch ganz leise
gesprochene Worte registrieren kann. Das Tonband wird abgespielt, und man hört kaum etwas. Die Testpersonen lauschen,
so gut sie nur können, und machen sich Notizen, die dann ein-
gesammelt werden. Es ist ihnen gesagt worden, dass die Stimme nur Nonsens redet. Die Maschine gibt nur zufällig aneinander gereihte Worte wieder. Und doch wird jede Testperson
Notizen gemacht haben, die einen (vermeintlichen) Sinn des
Gesprochenen ergeben, weil bereits die Erwartung, sinnvolle
Worte zu hören, dazu führt, Sinn selbst zu erzeugen.

Im Nachleben sind die kreativen Möglichkeiten weitaus
größer. Anstatt eine einzige Frage zu stellen – *Was sagt die
Stimme auf dem Tonband?* –, kann das Bewusstsein eine Fülle
von Fragen aufwerfen: *Wo bin ich? Was passiert mit mir? Wer
bin ich geworden? Was liegt vor mir?*

   Im Nachleben ist der Geist bzw. das Bewusstsein multidimensional. Akasha nimmt uns aus den Begrenzungen durch
Zeit und Raum heraus. In Wahrheit waren wir immer schon
multidimensional, jedoch waren wir derart davon überzeugt,
die materielle Welt zu bewohnen, dass wir uns an ihre Regeln
gehalten haben. Nun müssen wir uns an Akasha anpassen, wo
es eine Struktur ohne rigide Regeln und wo es schöpferische
Möglichkeiten ohne kulturelles Dogma gibt.

DER UNSICHTBARE FADEN

UM DIE WAHRHEIT zu sagen, war Savitri von den Dingen, die Ramana ihr sagte, nicht völlig überrascht. Sie war im Glauben an die Seele erzogen worden. Sie hatte vom höheren Selbst schon gehört, vom „inneren Bewohner", wie Lord Krishna ihn nannte, und das er unsterblich sei. Die Lektionen damals waren aber irgendwie sehr theoretisch geblieben.

„Wie weiß ich, dass ich eine Seele habe?", fragte sie.

„Du kannst sie weder sehen noch berühren, und auf diese Weise also nicht erkennen", sagte Ramana. „Deine Seele flüstert dir vielleicht etwas zu, aber sogar dann weißt du nicht, ob du nicht vielleicht die Echos deiner eigenen Stimme hörst."

„Die Seele ist also eine Fiktion?", fragte Savitri, während ihr Mut sank.

„Die Seele ist keine Fiktion, nur weil sie unsichtbar ist", antwortete Ramana. „Schau einmal."

In einem Sonnenstrahl leuchteten die Umrisse eines feinen Spinnennetzes auf, das zwischen zwei Buschen hing. Es glänzte und bewegte sich bei der kleinsten Brise.

„Eine Spinne hat dieses Gewebe gemacht", sagte Ramana. „Du siehst ihre Arbeit, aber du siehst die Spinne nicht. Sie hält einen dünnen Faden, der ihr sagt, wenn irgendetwas im Netz landet. Wohin ist die Seele gegangen? Das spielt keine Rolle, solange die Verbindung zu ihr existiert."

Savitri musste weiter nachfragen: „Ich könnte mir immer noch lediglich einbilden, eine Seele zu haben."

„Ja, das ist das Wunder."

Ramanas Gesicht strahlte vor Inspiration. „Die Natur imaginiert sich Spinnen; große und kleine, glatte und stark behaarte, manche leben in der Luft, andere auf dem Wasser oder der Erde, es gibt weiße und schwarze und bunte in jeder Farbe. Denke an Babyspinnen, die im Frühling an hauchfeinen Fäden durch die Luft fliegen, während riesige Wasserspinnen bis zum Grund eines Teiches tauchen, um Fische zu fangen. Wir sind so dumm zu glauben, dass eine Spinne eine Sache sei, ein Ding. Dabei ist sie ein ständig sich bewegender Wirbel an Eigenschaften, die sich ständig verändern und uns faszinieren. Genau so ist die Seele auch. Wie immer du dir die Seele vorstellst: Genau diese Eigenschaften wird sie annehmen und dann bleibt immer noch ein unendliches Potenzial an Möglichkeiten für andere Eigenschaften und Verhaltensweisen für sie übrig. Wenn du fragst: *Wo ist meine Seele?*, dann ist die Antwort kein Ort, sondern ein Potenzial. Die Seele ist dort, wo sie immer ist, wo sie war und wo sie sein wird."

Ramanas Augen blieben auf das Spinnengewebe geheftet, das im Sonnenlicht glitzerte. Von seinem Interesse dafür ließ sich Savitri anstecken. Sie konnte sich nicht sicher sein, ob die Spinne, die dieses Netz geschaffen hatte, nun weiß, gelb oder rot war, groß oder klein, weiblich oder männlich – aber das bedeutete nicht, dass Savitri nun meinen würde, es gäbe gar keine Spinne. Sie hatte keine Idee, wie ihre Seele aussehen könnte oder was jenseits der Grenze des Todes lag. Alles, was sie hatte, war ein unsichtbarer Faden. Würde das ausreichen?

„Ja", sagte Ramana. „Du hast gut zugehört. Du lernst."

Savitri lächelte etwas zweifelnd. Sie fühlte sich mit einem Mal ziemlich müde. Sie sank auf eine weiche Moosschicht hin und schloss ihre Augen. Ihr Verstand und ihr Gemüt hörten nach und nach auf zu arbeiten, bis sie vergaß, wo sie war oder welchen Gefahren sie gegenüberstand. Sie wollte jetzt nur noch schlafen.

Ein Netz von Welten

Das Akasha-Feld ist von jeder Kultur auf eine Weise interpretiert worden, dass es für die jeweilige Kultur einen Sinn ergibt. An und für sich ist dieses Feld reines Potenzial. Die großen spirituellen Führer der Vergangenheit wollten ihre Anhänger jedoch dessen versichern, dass dieser Raum nicht dasselbe wie eine Leere, ein Vakuum ist. Das wissen und kennen wir bereits, weil auch unsere eigene innere Stille keine Leere ist. Man muss nicht erst sterben, um jenseits von Gedanken und Bildern zu gelangen. Wenn jemand tief genug meditiert, verschwinden die Gedanken und hinterlassen nur die Erfahrung der schweigenden Stille. Man könnte zwar sagen, dass diese Stille nichts sei, dass sie leer sei, aber die vedischen Weisen sagen uns, dass dies vielmehr ein sehr reich erfülltes Schweigen ist.

Wir sind dem Reiseweg der Seele bis zu den höchsten Stufen gefolgt, die sie erreichen kann, bis zum Akasha selbst, der Quelle der Kreativität. Unterschiedliche spirituelle Traditionen stellen sich diesen Endpunkt oder Zielpunkt auf unterschiedliche Weise vor. Hier sind sieben Versionen, die auch heute noch bestimmen, wie viele Menschen ihre spirituelle Reise erleben.

Paradies
Die Gottheit
Die Welt der Spirits
Transzendenz
Seelenwanderung
Erwachen
Auflösung bzw. Auslöschung

Dies sind die sieben Zustände oder Umstände der Seele, und jede Möglichkeit ist selbst erschaffen. Ein Traum, welcher auf der Erde begann, bleibt weiter aufrecht, bis er seine Lösung bzw. sein Ende erreicht. Seine Bestandteile stammen aus der unsichtbaren Struktur des Geistes, des Bewusstseins, und sie werden dann so miteinander verbunden, dass sie im Akasha-Feld einen Sinn ergeben.

SIEBEN BESTIMMUNGSORTE DER SEELE

1. Paradies: Ihre Seele befindet sich in einer perfekten Welt, die von Gott erschaffen wurde. Sie gehen in das Paradies, das eine Belohnung darstellt und das Sie niemals mehr verlassen. (Wenn Sie schlecht gewesen sind, gehen Sie in das Reich des Teufels und verlassen es niemals mehr.)

2. Die Gottheit: Ihre Seele kehrt zu Gott zurück, aber nicht an irgendeinen speziellen Ort. Sie entdecken den „Ort" Gottes als einen zeitlosen Zustand, der von seiner Gegenwart erfüllt ist.

3. Die Welt der Spirits: Ihre Seele ruht im Reich der hinüberge-gangenen Spirits. Sie schließt sich Ihren Ahnen an und jene, die vor Ihnen verschieden sind, die sich beim Großen Geist ver-sammelt haben.

4. Transzendenz: Ihre Seele verschwindet wie bei einem Zau-bertrick, bei dem die zum Ausdruck gebrachte Person bzw. Persönlichkeit allmählich oder schnell verschwindet. Die reine Seele geht wieder im Meer des Bewusstseins auf, aus dem sie geboren wurde.

5. Seelenwanderung: Ihre Seele ist im Kreislauf der Wieder-geburten gefangen. Von Ihrem Karma hängt es ab, ob sich Ihre Seele von einer niedrigeren in eine höhere Lebensform bewegt und zu welcher – oder ob sie sogar in einem Objekt wiederge-boren wird. Dieser Kreislauf hält ewig an, bis Ihre Seele ihm durch eine höhere Erkenntnis und Selbstverwirklichung entkommt.

6. Erwachen: Ihre Seele kommt im Licht an. Sie schaut zum ersten Mal mit vollkommener Klarheit, sie erkennt die Wahrheit eines Seins, das davon verhüllt wurde, in einem physischen Körper gelebt zu haben.

7. Auflösung bzw. Auslöschung: Die Ewigkeit ist das Nichts. Wie alle chemischen Bestandteile Ihres Körpers wieder in ihre ursprünglichen Moleküle und Atome zerfallen, verschwindet das nur vom Gehirn erzeugte Bewusstsein vollständig. Es gibt Sie nicht mehr.

Da gibt es natürlich eine ganze Menge an Überschneidungen zwischen diesen sieben Alternativen, da die religiösen Traditionen und Anschauungen sich teilweise aufeinander beziehen. Die muslimische Vision der Ewigkeit als ein Paradiesgarten, zu dem auch die erotische Anziehung der *Huris* (himmlischer Jungfrauen) sowie eine Fülle exotischer Früchte gehören, geht teilweise auf den Garten Eden zurück. Vorstellungen von Geisterwelten gibt es überall auf unserem Globus. Die alten Griechen erwarteten, den Schatten der Verstorbenen auf der anderen Seite des Flusses Styx im Hades zu begegnen; mit der Zeit und gefiltert durch das Christentum wurde der Hades jedoch zu einer Strafhölle, in welcher der Teufel bzw. Satan präsidierte, während die elysischen Felder zum christlichen Himmel wurden.

In Japan und China werden unsichtbare Geisterwelten verehrt. In einem urzeitlichen Zeitalter kamen Völker aus Südasien nach Australien und dann weiter auf die Inseln im Südpazifik und brachten ihre Geisterwelten mit sich. Mit ihnen gelangte auch eine Art von „Traumzeit" in diese Gebiete; diese Traumzeit durchdrang die gewöhnliche Zeit und ließ irdische Ereignisse als Folge spiritueller Ereignisse aussehen. Geisterwelten schafften es allerdings nicht, in Indien Fuß zu fassen, wo sich der vorherrschende Glaube um drei andere Nachleben sammelte: um die Transzendenz (das Aufgehen im Meer des

Bewusstseins), das Erwachen (die Entdeckung, dass die eigene
Natur Atman bzw. die Seele ist), und Transmigration (die ewige Seelenwanderung von Geburt, Leben, Tod und Wiedergeburt).

Die Tatsache, dass man in eine bestimmte Kultur hineingeboren wurde, bedeutet jedoch nicht unbedingt, dass damit
auch festgelegt sei, wo sich die Seele bei ihrem Übergang befindet. Das ewige Leben ist, wie sich herausgestellt hat, nämlich sehr persönlich.

Erweitertes Bewusstsein

Die am weitesten verbreitete Annahme ist, dass keiner wirklich
Bescheid weiß, was passiert, nachdem wir gestorben sind. Die
Rishis stellten die Frage: Warum erwarten wir nicht, das zu
wissen? Anstatt unerkennbar zu sein, ist das Nachleben vielleicht einfach nur etwas, das wir nicht intensiv genug untersucht haben. Und falls das stimmt, warum nicht?

Einerseits ist der Geist süchtig nach Wiederholungen. Wir
folgen denselben Wünschen, die wir gestern schon hatten. Sogar unsere Gedanken heute sind im allgemeinen zu 90 Prozent
die gleichen, die wir gestern schon hatten, sagen uns manche
Untersuchungen. Die Gewohnheit regiert unsere Handlungen,
ein festes Muster an Vorlieben und Abneigungen bestimmen
unseren Geschmack. Wenn Sie sich heute davor fürchten, arm
zu sein oder zu werden, dann haben Sie aller Voraussicht nach
schon als Kind dieselbe Angst gehabt. Wenn Sie darüber nachdenken, ob Sie nicht fünf Pfund abnehmen sollten, dann überlegen Sie das wahrscheinlich schon seit Jahren. Auf der anderen, positiven Seite weisen Psychologen darauf hin, dass unser
Streben nach Freude und unsere Bemühungen, Leid zu vermeiden, uns jeden Tag und meistens mit guten Wirkungen moti-
vieren. Wir werden durch das, was wir kennen, unserer selbst
versichert. Die vedischen Rishis erklären, dass erst die Gewohnheiten einen Menschen sich selbst als real empfinden
lassen. (Im Arbeitsleben kann es, wenn jemand plötzlich den

Arbeitsplatz verliert, niederschmetternd wirken – nicht zu sprechen davon, dass die unerwartete Kündigung das Risiko der Betreffenden für Herzanfall, Krebs und Schlaganfall erhöht.)

Obwohl Wiederholungen uns Sicherheit vermitteln, haben sie auch eine abstumpfende Wirkung. Indem sie uns von dem fernhalten, was neu ist, zwingen sie uns in die Zwangsjacke des alten. Jeder von uns lebt hinter einer Mauer, jenseits welcher das endlose Potenzial des Unbekannten liegt. Nur kleinste Türchen sind in diese Mauer eingebaut, und wir stehen an diesen kleinen Türen und passen auf, dass wir die eine Erfahrung einlassen, die andere aber draußen halten, indem wir eine Erfahrung gut und die andere schlecht nennen. Solange wir Realität so selektiv aufnehmen, bleibt Freiheit eine ziemlich weit entfernte Möglichkeit.

In dieser Hinsicht ist der Tod ein großes Geschenk, weil er alle Türen und Fenster aufreißt. Sterben zwingt uns, über die Mauer hinauszugehen. Anstatt dass wir die altvertrauten Dinge sehen, die wir sorgfältig als Realität angesammelt und etikettiert haben, müssen wir ganz neu anfangen. Die Rishi sagen uns jedoch, dass wir nicht mit leeren Händen in das Akasha-Feld gelangen. Was unser Traum jetzt ist, dieser *Traum wird weitergehen*. Bewusstsein wird von Tausenden von Fäden an alte Erinnerungen, Gewohnheiten, Vorlieben und Beziehungen geknüpft.

Wenn jemand beharrlich nachfragt, was passiert, nachdem wir sterben, antworte ich in Form einer Frage: „Wer sind Sie?" Sie müssen wissen, wer Sie gerade jetzt sind, um erkennen zu können, wer Sie morgen sein werden, und das Nachleben ist nichts weiter als eine besondere Art von „morgen".

Hier sind die Dinge, die notwendig sind, um zu erkennen bzw. zu wissen „Wer bin ich?":

1. **Was ist Ihre Geschichte?** Ihre Geschichte ist mehr als nur eine Auflistung der Ereignisse in Ihrem Leben. In Ihrer Ge-

schichte geht es um Ihr Selbstbild, wie Sie sich selbst sehen, was Ihren Geist geformt hat, welche Erinnerungen sich in Ihnen eingeprägt haben. Alles zusammen genommen erzählt Ihnen Ihre Geschichte, wo Sie im Kreislauf des Lebens sind.

2. **Was sind Ihre Erwartungen?** Erwartungen sind Samenkörner. Sobald sie einmal gepflanzt worden sind, manifestieren sie sich in die Dinge, die wir vom Leben bekommen oder verlieren. Wenn Sie sich Ihrer eigenen Erwartungen bewusst werden, werden Sie die unausgesprochenen Grenzen entdecken, die Sie sich selbst gesetzt haben. Es gibt einen riesigen Unterschied zwischen den Menschen, die großartige Dinge erwarten, und jenen, die das nicht tun.

3. **Was ist Ihr Lebenszweck?** Das ist der Sinn, den Sie versuchen zu finden. Zweck und Sinn reichen tiefer als die oberflächlichen Dinge, die wir hoffen zu bekommen, und bei denen es sich meistens um Geld, Besitz, Ansehen und Annehmlichkeiten handelt. Wenn Sie Ihren Zweck kennen, dann wissen Sie, welchem tieferen Anliegen Ihr Leben gewidmet ist.

4. **Was ist Ihr Lebensziel?** Dabei geht es um Erfüllung. Menschliche Ziele sind ohne Zahl, sie erstrecken sich endlos. Sie entfalten sich, nicht wie eine Straße, die ein Ende hat, sondern wie ein Fluss, der dahinfließt, um ins Meer zu gelangen und dort mit noch viel größeren Möglichkeiten zu verschmelzen. Wenn Sie wissen, wohin Sie gehen, auf welches Ziel Sie zugehen, dann können Sie sich Ihre höchste Erfüllung ausmalen.

5. **Was ist Ihr Weg?** Wenn Sie Ihren Lebenszweck und Ihr Lebensziel herausgefunden haben, dann muss es einen Weg geben, dorthin zu gelangen. *Weg* oder *Pfad* sind inzwischen angeblich spirituelle Begriffe, aber in Wahrheit gilt für jeden

Menschen, ob er nun spirituell ist oder nicht, dass er bestimmten Wegen folgt, um dorthin zu gelangen, wohin er
will.

6. **Wer sind Ihre Gegner?** Bewegung nach vorn findet nie ohne
   irgendwelche Hindernisse statt. Sie werden auf Ihrem Weg
   auf Blockaden stoßen. Manchmal sind Hindernisse äußer-
   licher Natur, aber wenn Sie es genau untersuchen, stellen Sie
   fest, dass sie auch immer innerer Natur sind.

7. **Wer sind Ihre Verbündeten?** Wir alle bringen andere mit uns
   auf unsere Reise. Sie können solche Verbündeten entweder
   als äußerliche Alliierte ansehen, wie bei den „Gegnern",
   aber sie spiegeln nur Ihre eigene innere Stärke wider, wie ein
   Gegner Ihre innere Verletzlichkeit widerspiegelt.

Keine dieser Fragen hat mit dem Nachleben zu tun. Sie drehen
sich nicht um Ihren Glauben über Himmel und Hölle oder Ihre
Seele. Das ist so, weil das, was wir im Augenblick wissen und
kennen, sehr persönlich ist und sich auf gerade diese Zeit jetzt
bezieht: Wie wir uns fühlen, was wir möchten, wen wir lieben.
Und das reicht auch. Die Entscheidungen, die wir treffen, bestimmen, wie das Leben weitergeht. Wir gehen nicht einfach
durch das Leben und treffen gute oder schlechte Entscheidungen. Wir gehen durch das Leben und bilden dabei aus, wer
wir sind. Entscheidungen sind die Hände, welche den unförmi-
gen Ton eines Menschen zu seiner Persönlichkeit gestalten.

Mit etwas Nachdenken kann jeder von uns Fragen darüber
beantworten, wer wir sind und was unser Lebenszweck ist.
Alles, was wir brauchen, um auszuwählen, was im Akasha-
Feld passieren soll, besteht darin, dieselben Fragen über die
Schwelle des physischen Todes hinaus zu stellen:

Wie soll Ihre Geschichte aussehen, nachdem Sie sterben?

Was erwarten Sie als Nächstes?

Was bedeutet Nachleben für Sie persönlich?

Wohin wird Ihr letzter Atemzug Sie führen?

Wie werden Sie dorthin gelangen?

Wer wird Ihren Weg blockieren wollen?

Wer wird Ihnen entlang des Weges helfen?

Achten Sie darauf, wie seltsam sich diese Fragen anhören würden, wenn Sie diese Fragen nicht zunächst im Rahmen Ihres Alltagslebens gelesen hätten. Wir sind zwischen zwei Existenzebenen gefangen. Ich möchte dafür ein Beispiel anführen.

Vor kurzem bin ich Lydia begegnet, einer älteren Frau, die mehr als 30 Jahre lang Anhängerin eines Zen-Roshis war. Dabei handelte es sich nicht um einen japanischen Meister, sondern um eine italienische Frau. Lydia erwähnte diesen ungewöhnlichen Umstand, ohne zu erklären, wie sie dazu gekommen war, sich gerade diese Zen-Lehrerin auszusuchen. „Wir waren uns immer sehr nahe. Das ist nichts, was man rational erklären kann. Es muss von hier innen kommen." Dabei berührte Lydia leicht ihr Herz.

„Ich verbrachte Zeit mit meiner Lehrerin in Rom, und im Verlauf der Jahre nahmen meine Übungen einen zentralen Platz in meinem Leben ein. Jeden Winter über fahre ich zu ihr und übe Zen mit der kleinen Gruppe, die sie dort versammelt hat."

„Du hast also deinen Weg gefunden", bemerkte ich.

Lydia schaute eher zweifelnd. „Habe ich das? Beim letzten Mal, als ich gerade beim Packen der Koffer war, habe ich mich selbst gefragt: Warum mache ich das eigentlich? Worin liegt der Sinn dabei? Meine Zweifel schienen anfangs lächerlich, aber dann bin ich in der Nacht wie in Panik aufgewacht und mein Verstand raste nur so."

Ich fragte Lydia, welche panischen Gedanken sie denn gehabt hatte.

„Immer das Gleiche. Ich stelle mir vor, dass ich da drüben völlig verirrt und verloren bin, einsam und ohne echtes Vertrauen
in das, was ich mache. Ich weiß aber, dass alles gut werden
wird, sobald ich in meiner Zen-Gruppe bin, und dann schlafe
ich wieder ein."

Nach Jahrzehnten der Meditation und anderer spiritueller
Übungen kannte sich Lydia selbst gut, aber diese Panikatta-
cken waren in letzter Zeit heftiger geworden. Sie fragte mich,
was ich dazu meinte.

„Da gibt es eine Menge verschiedener Ursachen", sagte ich.
„Vielleicht fährst du nur aus Gewohnheit nach Rom, und deine
echte innere Verpflichtung dazu hat aufgehört. Vielleicht hat
der Zen-Buddhismus dir nicht das geben können, was du von
ihm erwartet hast. Vielleicht bis du an einen inneren Widerstand gestoßen, der verhindert, dass du weiter vorankommst."

Lydia nickte zustimmend. „Das stimmt alles. Manchmal är-
gere ich mich so über mich selbst und meine sturen Gewohnheiten und Urteile, dass ich denke, dass ich überhaupt keine
Fortschritte gemacht habe. Wäre das möglich?"

„Natürlich bis du weitergekommen", versicherte ich ihr.
(Lydia hatte vom Moment an, in dem sie in den Raum kam,
eine starke Präsenz ausgestrahlt.) „Die Dinge jedoch, die wir
spirituell erreicht haben, werden im Regal einsortiert, und die
Dinge, an denen wir noch arbeiten müssen, wirken umso größer. Das ist wie bei Flecken auf dem Tischtuch, die selbst dann
unsere Aufmerksamkeit anziehen, wenn das Tischtuch anson-
sten völlig sauber ist."

Lydia fand diese Analogie gut, blieb aber voller Zweifel.
„Vielleicht ist etwas in mir, das voller Vorurteile ist und niedergeschlagen bleiben möchte, oder es gibt sonst etwas Negatives,
das ich einfach nicht überwinden kann. Was wäre denn dann?"

Ich bot ihr verschiedene Betrachtungsweisen an. Sie passen
auf ganz allgemeine existenzielle Krisen.

„Du bist eine sehr spirituelle Person, und das heißt, dass du

den tiefsten Themen erlaubst, an die Oberfläche zu kommen,
anstatt sie zu verstecken. Spirituell zu sein bedeutet nicht, dass
das immer sehr bequem ist. Vielleicht befindest du dich in
einem Übergangsstadium und wartest ganz gespannt auf die
nächste Phase deiner Reise."

„Ich wusste gar nicht, dass ich zwischen vielen Möglichkeiten auswählen kann. Ich dachte, ich wäre nur ..." Lydias
Stimme verebbte.

„Eine Versagerin?", fragte ich. „Überhaupt nicht. Die meisten Menschen wenden ungeheure Mengen an Zeit und Einsatz
auf, nur um eine Sache zu schaffen: Die schmerzliche Wahrheit
der eigenen Selbsterkenntnis zu vermeiden. Du machst genau
das Gegenteil davon."

Sie fühlte sich besser und hatte etwas, worüber sie nachdenken
konnte. Viele Menschen wehren sich dagegen, spirituell zu sein
bzw. zu werden, sobald sie entdecken, dass damit ein Zustand
der „Fermentation", einer Entwicklung mit Eigendynamik ein-
hergeht. Dann verschieben sie lieber alles, was wichtig und
ernst ist – womöglich bis zu ihrem Sterbetag. Die Rishis haben
uns allerdings übermittelt, dass Selbsterforschung das Wich-
tigste ist, was man tun kann, um sich auf das Nachleben vorzubereiten. Alle taktischen Manöver, um zu vermeiden, uns selbst
zu erkennen, müssen aufgelöst werden. Das versetzt jemanden
wie Lydia in eine ungewöhnliche Situation. Sie erlebt das
Akasha-Feld als ihre eigene innere Stille. Der Buddhismus beschreibt seine Übungen manchmal als einen Weg, um bewusst
zu sterben. Man stirbt mit den alten Erinnerungen, Konditionierungen, Gewohnheiten und der Selbst-Verneinung, also all
den Dingen, die das Bewusstsein nicht selbst sieht.

Man braucht ein erweitertes Bewusstsein, um das Akasha-
Feld zu erfahren. Eine eingeengte Bewusstheit hält uns in den
Alltagsdingen verankert. Ich sagte Lydia, dass ihre schwan-
kenden Launen und ihr Mangel an Entschlussfreudigkeit
Symptome darstellten für ihr Hin-und-Herschwingen zwischen

einem erweiterten und einem verengten Bewusstsein. Wenn ihr Geist nicht im Reich von Akasha war, war sie in ihrer Ego-Persönlichkeit befangen. Alltägliche Wünsche und Impulse gewannen die Oberhand. Zu anderen Zeiten schlüpfte ihr Geist über seine üblichen Grenzen hinaus. Wenn sie sich dann mit einem erweiterten Bewusstsein betrachtete, ließ sie ihr Ego los, soweit das überhaupt möglich ist.

„Das ist der Preis, den du bezahlst", sagte ich. „Jeder fühlt sich ein bisschen wackelig dabei, der auf seinem Weg mit solcher Hingabe geht wie du."

Lydia hatte Glück, weil sie an das Schwanken zwischen einer verengten und einer erweiterten Bewusstheit gewöhnt war. Viele Leute verwenden negative Begriffe für diese Art der Bewusstseinsausdehnung. Sie sagen: „Ich bin wie in Wolken" oder: „Ich habe meinen Kompass verloren" oder: „Ich weiß kaum mehr, wer ich bin". Manchmal stimmen diese Etiketten, aber oft genug übersieht man dabei Augenblicke der Transzendenz, die man in Wahrheit erlebt.

Am Ende unseres Gesprächs bestätigte Lydia, was sie in langen Jahren der Übung gelernt hatte: Die Dramen, die wir ausleben, nehmen überraschende Wendungen, und wenn wir neue Entscheidungen treffen, dann formt sich das Leben der Seele. Es kommt darauf an, überhaupt ein Leben der Seele *zu haben,* und das gibt es nur aufgrund von Bewusstseinserweiterung.

Auswahlmöglichkeiten

Akasha ist die Heimat der Seele und kann deshalb nicht irgendwie begrenzt werden. Das Geheimnis ist seltsamerweise jedoch, wie wir das Potenzial unseres eigenen Geistes begrenzt halten. Das tun wir tatsächlich. Die Entscheidungen, die wir treffen, die Auswahl, die wir vornehmen – das alles führt dazu, dass wir unsichtbare Barrieren bauen, die nur wir allein wieder abbauen können. Ständig gibt es Weggabelungen, an denen wir uns entscheiden müssen, wie wir weitergehen; mit unseren

Entscheidungen bilden wir die unsichtbare Struktur des Geistes. Hier sind Schlüsselworte für unsere Auswahlmöglichkeiten:

EXPANSION	KONTRAKTION
Ausdruck, Expression	Unterdrückung, Repression
Selbsterkenntnis	Abwehr von Selbsterkenntnis
Unsicherheit gut aushalten	Sicherheitsstreben
Persönliche Einsichten	Fremde Ansichten über-
Spirituelle Orientierung	nehmen
Selbst-Akzeptanz	Materialistische Einstellung
Individualismus	Schuldgefühle, Eigenver-
Altruistisch, selbstlos	urteilung
	Konformismus
	Vom Ego getrieben

Diese Eigenschaften beschreiben nicht Menschentypen, sondern die Eigenschaften Ihres eigenen Bewusstseins, das sich ausdehnt oder verengt, abhängig von zahlreichen Faktoren. Der Geist ist kein in sich abgeschlossenes Ding, das sich in eine einzige Richtung bewegt. Vielleicht neigen wir dazu, geistig offener zu sein, wenn wir jung sind, und werden dann etwas enger, wenn wir älter werden. Unter Umständen haben wir im Verlaufe der Jahre jedoch neue persönliche Einsichten gewonnen, und setzen diese an die Stelle von familiär oder kulturell geprägten Meinungen, die wir als junge Leute gebraucht haben, um „dazu zu gehören". Das Bewusstsein verändert sich von Tag zu Tag, auch dann, wenn wir denken, wir hätten uns doch für einen einzigen Weg entschieden. Es ist für das Leben ganz natürlich, offen zu sein und kein festgelegtes Ende zu haben, und es wird genauso im Nachleben weitergehen. Im Akasha-Feld begegnen wir beiden Seiten von uns: dem Individuum, das frei sein möchte, und dem Konformisten, der sich sicher fühlen möchte. Das Akasha-Feld ist nichts anderes als unser eigenes Potenzial. Ob diese Idee wohl Wurzeln schlagen wird?

Jahrhunderte hindurch haben Glaubensüberzeugungen aus dem Osten im Westen wenig Wirkung ausgeübt. Trotz einiger deutlicher Hinweise im Alten Testament, welche die Möglichkeit der Reinkarnation offen gelassen haben. Die Gnostiker zum Beispiel vertraten Reinkarnation, bevor sie als Häretiker ausgelöscht wurden. Jesus scheint einmal darauf zu verweisen. Die Anhänger von Johannes dem Täufer glaubten, dass dieser entweder der Messias sei oder der wiedergekehrte Prophet Elias. Das war von Bedeutung, weil es einen Glauben gab, demzufolge Elias vor dem Messias kommen würde. Als die Anhänger Jesu Christi ihn darüber befragten, antwortete er: „Elia soll freilich kommen und alles zurechtbringen. Doch ich sage euch: Elia ist schon gekommen, aber sie haben ihn nicht erkannt, sondern haben mit ihm getan, was sie wollten. ... Da verstanden die Jünger, dass er von Johannes dem Täufer zu ihnen geredet hatte." (Mt.17,11-13)

553 n.Chr. wurde Reinkarnation in der katholischen Theologie jedoch als Häresie verdammt. Der Widerspruch zwischen der Verdammung von Reinkarnation als Lehre einerseits und den Äußerungen Jesu andererseits hat dunkle Verdächtigungen ausgelöst, dass (fast) alle Hinweise auf Reinkarnation in der Bibel absichtlich und systematisch gelöscht worden wären. Wie dem auch sei, dem Osten war widerstanden worden.

Sobald man jedoch am Anfang des 19. Jahrhunderts damit begann, die vedischen Schriften zu übersetzen, tauchten Ideen daraus an merkwürdigen Orten auf. Aus dem Atman wurde zum Beispiel die ungeheuer populäre Überseele, die Ralph Waldo Emerson in ganz Neuengland vor dem Bürgerkrieg verbreitete. Emersons Kreise, die sich auf indische Vorstellungen stützten, fingen an, überlieferte puritanische Überzeugungen neu zu definieren. Sie legten Sünde und Verdammung beiseite sowie die absolute Grenze zwischen Leben und Tod, die man angeblich nur durch den Glauben an Christus würde überwinden können. Das führte zur so genannten Transzendentalen Bewegung.

Heute haben wir es mit einer polyglotten Vermischung östlicher und westlicher Glaubensüberzeugungen zu tun. Die New Age-Bewegung fußt zwar auf vielen Traditionen, aber eines der wichtigsten Elemente dafür war doch die Theosophie. Das ist eine spiritualistische Bewegung, die mit Séancen in viktorianischen Salons begann, und später durch den Hinduismus tiefgreifend verändert wurde. (Mahatma Gandhi zum Beispiel machte seine erste Bekanntschaft mit vedischen Schriften aufgrund von englischen Übersetzungen, die von der Theosophischen Gesellschaft in Indien, in Adhyar bei Madras/Chennai, herausgegeben wurden.) Reinkarnation als religiöse Idee fand im Westen weite Verbreitung vor allem durch den Spiritualismus des späten 19. Jahrhunderts.

Im Kontrast dazu grenzen sich manche Auffassungen über das Nachleben stark von allen anderen ab. Als Mel Gibson zu seinem umstrittenen Film *The Passion of Christ* interviewt wurde, in dem extreme Gewaltanwendung betont und christliche Liebe fast völlig vernachlässigt wird, gab er freimütig zu, dass er an einen ganz exklusiven Himmel glaubte. Die Zeitung *Herald Sun* aus Australien befragte ihn, ob er denn der Ansicht sei, dass Protestanten die ewige Erlösung verweigert würde. „Außerhalb der Kirche gibt es keine Erlösung", antwortete Gibson. (Er meinte die katholische Kirche.) „Lassen Sie es mich so sagen: Meine Frau ist eine Heilige. Sie ist ein viel besserer Mensch als ich es bin. Ehrlich. Sie ist Mitglied der Episkopal-Kirche, der Kirche von England. Sie betet, sie glaubt an Gott, sie kennt Jesus, sie glaubt an das alles. Und es wäre einfach nicht fair, wenn sie es nicht schaffen würde; sie ist ja viel besser als ich. Aber so ist die Lehrmeinung des Heiligen Stuhls. Und der schließe ich mich an."

Fundamentalismus wird oft für seine unflexible und wörtliche Auslegung der Schriften kritisiert. Der große Vorteil, wenn man auf diese exklusive Art und Weise seinen Glauben lebt, wie es Millionen frommer Christen, Muslime und Juden tun, ist, dass der Glauben dann sehr simpel und „rein" ist. Sterben ist dann so klar, wie wenn man ein Football-Spiel gewinnt – oder verliert, wenn es um die Hölle geht – und genauso unwiderruflich. Gute und schlechte Handlungen werden addiert, und jede Handlung erhält ein bestimmtes Gewicht. Ein kleiner Diebstahl oder Ehebruch können durch entsprechende Reue- und Sühnetaten ausgeglichen werden, während manche Sünden, zum Beispiel Mord, alle guten Taten annullieren und eine direkte Fahrkarte zur ewigen Verdammnis ausstellen.

Im traditionellen Hinduismus ist die Arithmetik guter und schlechter Handlungen jedoch unendlich flexibel. Für jede Tat, die schlechtes Karma zur Folge hat und die Seele nach unten in die nächste Wiedergeburt sendet, gibt es eine Chance, die Waagschalen durch gutes Karma wieder auszugleichen. Reinkarnation macht es der Seele auch möglich, einen Himmel oder eine Hölle nach der nächsten zu erfahren, ohne zahlenmäßige Begrenzung, bis Moksha oder Befreiung erreicht wird. *Moksha* beendet den Kreislauf von Himmel und Hölle für immer. Dann kehrt die Seele in ihren ursprünglichen Zustand des reinen Bewusstseins zurück, wie ein Tropfen der Seligkeit im Meer der Seligkeit. Hier enden alle Streitereien der Religionen. Wie alle anderen irdischen Bindungen fallen sie ab.

Vedanta hält die Ewigkeit nicht für ein *Smorgasbord,* für einen reich gedeckten Büffettisch mit allen möglichen Speisen zur freien Auswahl darauf, soviel man essen mag. Wenn „Gott einer ist", wie es so viele Religionen erklären, dann muss es eine tiefere Schicht im Akasha-Feld geben, wo alle Meinungsverschiedenheiten und unterschiedlichen Wahlmöglichkeiten enden. Bewusstsein ist Bewusstsein, ganz gleich, wer es deutet. Akasha existiert jenseits von freier Auswahl, jenseits des Verstandes. Dieser Zustand von Einheit im Akasha-Feld zieht den sterbenden Menschen an. Aufgrund des Magnetismus der Seele wird man auf die nächste Stufe eines persönlichen Traums gezogen, der von seiner Quelle her universell ist.

VIII

DIE SEELE SEHEN

Als sie aufwachte, sah Savitri augenblicklich, dass sie wieder beim Banyan-Baum waren, von dem aus sie losmarschiert waren. Sie setzte sich auf und blinzelte in die Sonne über ihr. Wie konnte sie noch so hoch am Himmel stehen. Dann sah sie Ramana dort drüben stehen. Er hatte einen geheimnisvollen Gesichtsausdruck.

„Wir sind noch nicht von hier weggewesen", sagte er. „Es sind noch Stunden, bevor Satyavan nach Hause kommt."

Savitri stand mühsam auf und blickte den Mönch an, als ob er ein Zauberer wäre. „Was hast du gemacht?"

Ramana zuckte mit den Schultern. „Du warst müde. Du hast geschlafen. Ich habe nichts damit zu tun, wenn du einen produktiven Traum gehabt hast."

Ohne ein weiteres Wort nahm er seine Flöte auf, genauso wie zuvor, und machte sich auf den Weg. Dieses Mal folgte ihm Savitri, ohne zu zögern. Sie gingen nicht den Weg hinauf zum Berg, sondern nahmen den Pfad nach unten. Nach einer Weile sagte Ramana: „Als ich jung war, gab es einmal einen Wahrsager, der sein Zelt am Ganges aufstellte. Jeder fromme Mensch möchte in Benares sterben. Die Familien kommen zum Begräbnis, und ein Wahrsager kann dabei gutes Geld machen, besonders dieser, weil es seine Spezialität war, den Tag vorauszusagen, wann ein Mensch sterben wird. Aber ich weigerte mich, zu ihm zu gehen."

„Warum?", fragte Savitri.

Ramana lachte. „Ich war sogar damals schon anders. Ich pflegte zu sagen, dass es leicht ist, die Zukunft vorauszusehen. Ich
würde zu dem Wahrsager gehen, der die Gegenwart sehen könnte. Das ist am schwierigsten: zu sehen, was gerade jetzt hier ist."

„Kannst du das noch mehr erklären", bat Savitri.

„Hast du von Maya gehört?"

„Selbstverständlich. Sie ist die Göttin der Illusion."

„Genau", sagte Ramana. „Aber was ist Illusion? Etwa eine
Art von Zauberei, welche die Realität vor uns versteckt? Maya
ist subtiler. Nehmen wir einmal an, ich würde dir ein Eisstückchen zeigen, eine Dampfwolke und eine Schneeflocke.
Hast du damit irgendein Wasser gesehen? Wenn du ja sagst,
dann hast du Maya überwunden – dann haben dich die Formen des Eises, des Dampfes und des Schnees nicht in die Irre
geführt. Du bist geradewegs zur Essenz vorgestoßen, die darin
besteht, dass alle diese Formen aus Wasser bestehen.

„Wenn du nein sagst, dann bist du der Illusion aufgesessen.
Das Eisstückchen, die Dampfwolke und die Schneeflocke haben deine Aufmerksamkeit gefesselt, und du hast den Blick für
die Essenz dabei verloren. Da hat es keiner Zauberei bedurft,
um dich in die Irre zu führen. Du hast einfach deinem Geist
erlaubt, vom Wesentlichen abgelenkt zu werden. Dasselbe gilt
für die Seele. Wir sehen Menschen an und bemerken alles, was
an der Oberfläche ist. Dieser ist hässlich, jene ist hübsch, die ist
arm, jener ist reich, den liebe ich, den anderen hasse ich. Und
doch ist jeder Mensch Atman – dieselbe Essenz in unendlichen
Formen und Gestaltungen."

„Siehst du so?", fragte Savitri.

„Ja, und du hast ebenfalls so gesehen, als du dich in Satyavan verliebt hast", sagte Ramana. Er blickte sie tiefgründig
an. „Ich weiß alles von dir, Prinzessin."

Savitris Wangen glühten mit einem Mal. Irgendwie hatte
Ramana ihr Geheimnis herausgefunden. Sie war als Prinzessin
geboren worden, als geliebte Tochter eines reichen und mächti-
gen Königs. Als die Zeit herankam zu heiraten, bestand Savitri

darauf, selbst den richtigen Mann zu finden. Ihr Vater sandte
sie daraufhin, trotz seiner Sorgen, mit einer Gruppe Adliger auf
den Weg, um einen Mann nach ihrem Herzen zu finden. Savitri
und ihre Beschützer reisten durch den dichten Urwald und
zufällig kamen sie zur Hütte eines Holzfällers. Sobald Savitri
Satyavan, der schüchtern, demütig und arm war, auch nur er-
blickte, entschied sie sich, ihn zu heiraten, komme was wolle.

Als sie ihre Wahl bekannt gab, enttäuschte sie ihren Vater
damit tief. Nachdem er Satyavan jedoch begegnet war und sein
gutes Herz und seinen Großmut erkannt hatte, und auch, wie
sehr dieser seine Tochter liebte, akzeptierte er ihre Wahl. Dann
passierte etwas, das sie verstörte. Drei Nächte hintereinander
vor ihrer Hochzeit träumte Savitri von Lord Yama, und jede
Nacht sagte er im Traum dasselbe: Satyavan würde sterben,
wenn sie genau ein Jahr lang verheiratet gewesen wären.

„Du hast es also schon vorher gewusst", sagte Ramana. „Aber
trotzdem hast du dich entschlossen, jemanden zu heiraten, der
zum Untergang bestimmt war. Warum?"

„Weil ich ihn liebte", murmelte Savitri.

„Und was ist wahre Liebe anderes, als die Seele eines anderen zu erkennen? Wenn du über all die Illusionen hinaus-
blickst oder durch sie hindurchsiehst, welche Maya dir in den
Weg gelegt hat, wirst du immer in Verbindung mit Satyavans
Seele sein. Diese Verbindung kann nie verlorengehen, gleich,
was mit seinem Körper passiert."

Ramana berührte Savitris Stirn, und sofort sah sie, wie
Körper auf Holzstößen entlang des Ganges verbrannt wurden,
und Asche mit dem Wind davongetragen wurde. „Das Auge
kann nicht anders, als dies zu sehen und wahrzunehmen",
flüsterte Ramana, „und doch hat es nie die Seele geschaut. Die
Tatsache, dass wir nichts sehen, dass wir die Seele nicht sehen,
lässt uns an den Tod glauben." Er ließ diese Worte sinken.

„Denkst du, du kannst jetzt aufhören, deinen Augen Glauben zu schenken?"

Savitri nickte, und einen Augenblick lang spürte sie, wie Satyavans Seele mit ihrer verschmolz, gerade so wie an den Tag, an
dem sie sich zum ersten Mal begegnet waren.

DER UNTERSCHIED
ZWISCHEN LEBEN UND TOD

Es macht süchtig, an das zu glauben, was wir sehen – wir kommen kaum noch ohne das aus. Ich kenne einen Mann in seinen
Sechzigern, einen pensionierten Börsenmakler, der seine Frau
bei einem tragischen Unfall verloren hatte. Sie fuhr beim Sonnenuntergang nach Hause und war irgendwie abgelenkt. Ihr
rechtes Vorderrad geriet über den Bordstein, und ein Ruck von
ihr am Lenkrad führte dazu, dass sich ihr Auto überschlug,
mitten auf die Fahrbahn des Gegenverkehrs. Sie starb drei
Stunden später in der Notaufnahme aufgrund schwerer innerer
Blutungen. Ihr Mann fiel in einen Schock. Er konnte einfach
nicht verstehen, sie so plötzlich zu verlieren. Noch mehrere
Monate danach befand er sich in einem schweren psychologischen Leid. Er wurde wie besessen vom Gedanken, mit seiner
hingeschiedenen Frau zu sprechen oder für immer zu trauern.

„Es heißt, dass ein Mensch, wenn man ihn lange genug
liebt, zu einem Teil von dir selbst wird", sagte er.

„Ich denke, das stimmt", antwortete ich.

„Im Augenblick, als Ruth mich verließ, spürte ich ein Loch
in mir. So würde ich die Trauer beschreiben – und sie schmerzt
höllisch."

Wir saßen in seinem Haus, was für eine einzige Person viel zu
groß wirkte. Er musste das selbst schon gefühlt haben, da er
einige Schlafzimmer abgeschlossen und sich selbst auf einen
gepolsterten Sessel in seinem Lesezimmer zurückgezogen hatte.

„Ich trauerte, wie ein kranker Hund, Monate hindurch",
sagte er. „Dann entschied ich, dass es einfach zu weh tat. Ich

meine, dass ein Teil meines Geistes mir sagte, immer wieder, dass Ruth nicht wirklich gegangen war. Ich fing an, Gespräche mit ihr zu führen. Doch gehöre ich nicht zu den glücklichen Leuten, welche die Gegenwart der Verstorbenen spüren. Ich sprach – ja womit oder wohin eigentlich? Einfach in die Luft, mit der Luft? War das reine Einbildung?" Er hielte einen Augenblick inne, bevor er fortfuhr.

„Dann entschloss ich mich, ein Medium aufzusuchen. Du würdest erstaunt sein zu hören, wie viele Leute man in Südkalifornien finden kann, die für dich mit den Toten sprechen können."

Ich bemerkte etwas darüber, wie sehr Hinterbliebene das Bedürfnis haben zu wissen, was mit ihren geliebten Menschen passiert ist und wie es ihnen geht.

„Ja, das stimmt. Das Medium, das ich fand, hatte nur gute Absichten, da bin ich mir sicher. Ich war ziemlich nervös, als ich zu ihr kam. Sie wohnte natürlich nicht in einem Zigeunerzelt oder so. Sie lebte in einem Reihenhaus, und wenn man sie anschaute, hätte sie genauso gut in der Schlange an der Kasse im örtlichen Supermarkt stehen können."

Das Medium war ganz normal und erdverbunden, was den früheren Börsenmakler sich sicherer fühlen ließ. Sie setzte ihn auf einen bequemen Stuhl mit Kissen, stellte ihm ein Glas Wasser auf den Tisch vor sich hin, und setzte sich selbst gegenüber. Sie schloss ihre Augen und bat darum, dass beide zunächst einfach nur still sitzen sollten. Er könnte gern meditieren, wenn er wüsste, wie das geht. Der Mann wusste es aber nicht und saß also nur mit geschlossenen Augen da; als es ihm schien, dass es doch eine lange Zeit schon dauerte, und sie noch nicht zu sprechen begonnen hatte, schaute er verstohlen zu ihr hinüber.

„Aber dann passierte etwas?", fragte ich.

„Sie sagte, dass eine Frau mit mir sprechen wollte, und zwei Bilder tauchten auf: zwei Kinder, von denen eines jetzt weit entfernt ist, eine Holzhütte in den Bergen und ein großes weißes Feld (vielleicht Schnee oder ein gefrorener See). Wir haben zwei erwachsene Kinder, und unsere Tochter lebt in England. Und Ruth und ich liebten es, Ski zu fahren, und manchmal mieteten wir eine Holzhütte nahe den Abfahrten. Ich war mit einem Mal ganz Ohr und passte genau auf."

„Viele Menschen mögen Skifahren", warf ich ein.

Er seufzte. „Ich weiß. Aber so war es nun einmal. Das Medium erwähnte immer wieder andere Dinge, die mir zutreffend erschienen, aber wenn man nicht dabei gewesen ist ...,,

„Ich muss gar nicht dabei gewesen sein. Du warst definitiv überzeugt, dass es Ruth war."

„Damals ja. Vielleicht, weil ich mich so sehr nach ihr sehnte." Er fuhr dann fort zu erzählen – wie es Tausende von Leuten in solchen Situationen sagen –, dass das Medium ihn mit vielen Einzelheiten überzeugte. Wer ein Medium aufsucht, malt sich ein Bild aus, vermittels kleiner überzeugender Pinselstriche sozusagen, wie mit Hilfe von Namen von Haustieren oder besonderen Ereignissen, die einem im Gedächtnis haften bleiben.

Ich sagte: „Ruth hat dir berichtet, dass sie sich an einem guten Ort befand und du dir keine Sorgen machen musst. Ihr ginge es gut, und sie hat dir wiederholt versichert, dass sie dich liebt. Nicht wahr?"

„Ich weiß, dass es banal klingt", antwortete der Mann zögernd. „Aber ich habe es damals als echt empfunden. Ich war die ganze Zeit emotional ziemlich aufgewühlt, den Tränen nahe. Die Sitzung hat vielleicht eine dreiviertel Stunde gedauert. Das Medium umarmte mich. Auch sie war emotional berührt. Es war seltsam, daran zu denken, dass wir eine Stunde vorher noch komplett Fremde füreinander waren."

„Und was war die Folge dann?", fragte ich.

„Ich habe mich sofort besser gefühlt. Aber dann tauchten Zweifel auf. Warum sprach Ruth nur über Dinge, die ich schon kannte oder wusste? Las das Medium nur mein Bewusstsein, oder in meiner Aura, was immer die ist? Hatte sich das Medium nur sehr sensibel auf irgendeinen verzweifelten Wunsch

meinerseits eingestellt? Inzwischen bin ich mir gar nicht mehr
so sicher, was diese Erfahrung für mich bedeuten soll.“

Dieser Mann konnte nicht wissen, dass ich selbst eine ähnliche
Erfahrung gemacht hatte. Vor einigen Jahren war ich gebeten
worden, bei einer Universitätsstudie mitzuarbeiten, die untersuchen sollte, ob es eine Kommunikation mit den Toten
wirklich gibt. Ich wurde in einen hermetisch abgeriegelten
Raum gesetzt und durfte nichts sagen. Jeglicher Kontakt mit
dem Medium sollte nur über den Leiter des Experiments stattfinden. Drei verschiedene Medien waren mit uns über das Telefon verbunden, jedes in einem ganz anderen Teil der USA; sie
konnten sich gegenseitig nicht hören und nicht miteinander
sprechen.

Zwei der drei Medien sagten: „Haben Sie da Deepak Chopra in Ihrem Raum?“ Es war ihnen nicht gesagt worden, welche
Person im verschlossenen Raum saß, und noch nicht einmal,
dass es sich um einen Mann handelte. Sie hörten auch nicht
meine Stimme.

Alle drei sagten, dass jemand, der hinübergegangen war,
mit mir sprechen wollte. Zwei wussten sofort, dass es sich um
meinen Vater handelte, der vor zwei Jahren völlig unerwartet
verstorben war. Ein Medium nahm sich ein bisschen mehr Zeit,
sich über die Identität des Verstorbenen, der mit mir sprechen
wollte, zu vergewissern, und nannte dann jedoch auch meinen
Vater. Dieser „Vater“ kannte meinen Spitznamen, den ich in
Indien hatte, einen Hindi-Namen. Er sagte, dass er glücklich
war und ich mir keine Sorgen machen sollte. Alle drei Medien
übermittelten allgemeine, positive Gefühle von ihm. Die ganze
Sache dauerte zwei Stunden.

Genau wie der zuvor erwähnte Mann von Ruth, der seine tote
Frau kontaktiert hatte, war ich überzeugt, dass dies eine erfolg-
reiche, glaubwürdige Erfahrung war. Auch ich hatte später
dann einige Zweifel. Mein „Vater“ wusste Dinge, die ich

wusste, aber nicht mehr. Das Experiment folgte strengen Vor-
gaben, was ich später bedauerte. Ich durfte nicht einfach mit
irgendwelchen Fragen herausplatzen oder auf das reagieren,
was ich von den Medien hörte. Ich wunderte mich, warum die
Verschiedenen denn nicht mehr davon erzählen, wie sich das
Sterben anfühlt. Es gibt auch Fragen, ob „Ruth" und mein
„Vater" als Geister betrachtet werden sollten oder als abgeschiedene Seelen, oder vielleicht auch als keins der beiden. Den
vedischen Rishis zufolge waren sie Teile von Erinnerungen, die
im Akasha-Feld hin und her wehen, Informationen, die herumschweben, bis sie einen Platz gefunden haben, an dem sie „festmachen" können. „Ruth" und mein „Vater" waren so real wie
alles im Akasha-Äther; es bleibt jedoch problematisch, ihnen
jedoch eine quasi körperlichen Status zuzugestehen. Ich ziehe
es vor, meinen „Vater", der damals zu mir sprach, als Aspekte
seines Bewusstseins zu betrachten, die noch eine solch starke
Verbindung mit mir hatten, dass wir immer noch kommunizieren konnten.

Skeptiker würden wohl darauf hinweisen, dass wir die Gewohnheit haben, andere Menschen zu sehen und zu hören; eine
Gewohnheit, die wir auch nicht geneigt sind, endlich mit dem
Tode aufzugeben. Insofern ist ein Geist eine vom Bewusstsein
erzeugte geistige Form, die sich an etwas festhält. Andere gläubige Menschen sind vielleicht eher der Ansicht, dass Geister
wirklich sind und fast physischer Natur, gewissermaßen die
Verkörperungen von Menschen, die keinen Weg finden, um
diese Welt zu verlassen, in Schatten-Gestalten. In beiden Fällen
geht es um Gewohnheit und Erinnerung. War es meine Gewohnheit oder die meines Vaters, die uns zusammengebracht
hatte? Ich meine, ein bisschen von beidem, weil jeder Mensch,
zu dem Sie in einer Beziehung von Liebe und Nähe stehen,
Anteil an Ihrem Bewusstsein hat. Wir sind im Inneren des
anderen, was man zum Beispiel schon daran merken kann, wie
leicht ich mir die Stimme meines Vaters in Erinnerung rufen

kann, sein Gesicht und seine typischen Verhaltensweisen, seine Sprechweise und seine Art zu denken. Bis zu einem bestimmten Maß habe ich manche dieser Züge zu meinen eigenen gemacht, womit die Unterscheidung zwischen uns noch diffuser wird.

Wenn wir also mit den Toten sprechen, bedienen wir uns einer vertrauten Verbindung, und die kann stark oder schwach sein. Wenn sie schwach ist, sehen und hören wir den Verstorbenen in unserem Geist; wenn sie stark ist, sehen und hören wir ihn oder sie noch viel lebendiger, als ob er bzw. sie außerhalb unser selbst wäre. Aber weder mein Vater noch ich befinden sich außerhalb des Feldes. Das ist der Punkt, den die Rishis immer wieder betonen, und meine Erfahrung sagt mir, dass das stimmt.

Die Kräfte, die Sie brauchen

Um sich „auf der anderen Seite" erfolgreich orientieren und dort navigieren zu können, müssen wir die Kräfte zu meistern lernen, die man drüben braucht. Wenn „die andere Seite" nicht nur eine Imitation dieser Seite ist, dann müssen sich diese Kräfte auch von der Willenskraft unterscheiden, von körperlicher Stärke und all den anderen bekannten Kräften, die wir einsetzen, um unser Leben in der materiellen Welt aufrechtzuerhalten. Dabei dürfen unsere feinen Kräfte, die ebenfalls zu uns gehören, auch nicht völlig übersehen werden. Für die meisten von uns ist unsere Primärwelt natürlich physischer Natur, dennoch verwenden wir die ganze Zeit über auch subtile Kräfte, und diese können uns unter Umständen im Nachleben helfen. Wenn die Rishis damit recht haben, wenn sie sagen, dass jeder im Akasha-Feld wohnt, sowohl im irdischen Leben als auch nach dem Tode, dann verbinden die subtilen Bewusstseinskräfte beide Seiten.

DIESE KRÄFTE BRAUCHEN SIE

Selbst-Bewusstheit: Die Fähigkeit, sich selbst zu kennen. Diese
Kraft hält Sie in Ihrer Mitte.

Offenheit: Die Fähigkeit, Ihren Geist zu öffnen. Diese Kraft
macht es möglich, die Wirklichkeit trotz alter Konditionierungen und Glaubensmuster zu sehen.

Zielgerichtete Absicht: Die Fähigkeit, Wünsche zu verwirklichen. Diese Kraft verbindet Sie mit Ihrem Lebenszweck.

Unterscheidungsfähigkeit: Die Fähigkeit, feine Unterschiede zu
erkennen. Diese Kraft führt Sie in die Feinheiten von
Verstehen.

Akzeptanz: Die Fähigkeit, keinen Widerstand zu leisten. Diese
Kraft hilft Ihnen, die Wirklichkeit in sich selbst zu inte-
grieren.

Um etwas so Tiefes zu erkennen, wie es das ist, was nach dem
Tode geschieht, muss Ihr Geist all diese Kräfte einsetzen. Das
ist wirklich das Einzige, was uns von den vedischen Rishis
unterscheidet: Sie benutzten ihre feine Kräfte zur Gänze, während wir sie nur selten und nur schwach einsetzen. Wir verschieben die Seelenreise, bis wir sterben. Und doch sind unsere
subtilen Kräfte jeden Tag notwendig – für uns selbst und für
solche Beziehungen, die unseren Horizont erweitern.

Lassen Sie uns die oben genannten Eigenschaften einmal im
Rahmen von Beziehungen betrachten:

- Sie müssen in Ihrer Mitte sein und Ihrer selbst bewusst,
  damit Sie nicht andere manipulieren oder zulassen, dass
  Sie manipuliert werden.
- Ihre Offenheit, über Ihr Ego hinauszusehen, erschafft
  einen offenen Raum, damit Beziehungen wachsen können.
- An die Stelle schwankender Stimmungen und Launen setzen Sie die zielgerichtete Absicht, dass Ihre Beziehung
  erfüllter und tiefer wird.

- Ihr Partner bzw. Ihre Partnerin erfüllt Sie ständig mit einem Strom von Wünschen, Bedürfnissen und Meinungen, und Sie tun dies umgekehrt auch. Sie müssen unterscheiden können zwischen dem, was an äußeren Einflüssen für Sie gut, was neutral und was direkt negativ ist.

- Wenn Sie all das bewusst versuchen, dann können Sie Ihren Partner bzw. Ihre Partnerin voll und ganz annehmen, ohne dass damit eine Bedrohung für Ihre Integrität und Ihr persönliches Wachstum verbunden wäre.

Ersetzen wir nun die Worte „Beziehung" und Partner bzw. Partnerin durch das Wort „Seele". Alles, was für eine Beziehung funktioniert, gilt auch für Ihre Seele. Diese Fähigkeiten werden entscheidend sein, wenn das Nachleben Sie in das Reich der Seele führt, und das ist, was jede spirituelle Tradition besagt. Wenn wir bewusster werden, werden auch unsere Kräfte stärker:

- Ich bin meiner selbst bewusster, während sich die Grenzen zwischen „ich" und „nicht ich" auflösen.

- Ich bin offener und bereiter dafür, mich zu verändern und mich zu entwickeln. Meine alten Glaubensmuster werden geprüft und dürfen sich verändern, wenn das notwendig ist. Ich bin neugierig und werde fasziniert sein.

- Ich vertraue meiner Absicht, die Wahrheit zu erkennen, gleich, wie sie aussehen bzw. was sie offenbaren wird. Ich werde fühlen, dass ich die Kontrolle innehabe.

- Ich stelle fest, dass ich zwischen sehr feinen Schichten des Wesens und der Natur unterscheiden kann. Subtile Welten bleiben mir nicht verborgen, weil sie schon in mir sind. Ich werde spüren, wie ich mit allem verbunden bin.

- Ich akzeptiere meine eigene Wahrheit, während sie sich weiter entfaltet. Das wird Angst und Zweifel endgültig auflösen. Ich werde mich erfüllt fühlen.

Ich habe das Spüren so hervorgehoben, weil für die meisten unter uns der Grund zu leben darin besteht, dass wir Gefühle empfinden, wie uns sicher zu fühlen, geliebt, glücklich und erfüllt. Wir können uns über diese Wünsche mit der Seele verbinden, und wir werden aus demselben Grund dazu motiviert, uns in die subtile Sphäre der Seele zu begeben. Für manche Menschen ist das genug Motivation, aber die meisten von uns brauchen einen Durchbruch oder einen Wendepunkt, bevor wir unsere subtilen Kräfte und Verbindungen voll einsetzen können.

„Mein Mann und ich hatten Probleme", erzählte eine Mittvierzigerin mir; ich will sie Kate nennen. „Er versprach, weniger zu arbeiten und mehr Zeit mit seiner Familie zu verbringen, aber damit wurde nichts viel besser. Er lungerte im Haus herum, und anstatt auszubüchsen, um sich einen Drink zu genehmigen, schlich er sich ins Bürozimmer, um seinen Anrufbeantworter abzuhören. Nur, damit ich meine Ruhe haben würde, nahm ich den Rat einer Freundin an, die Meditationstechnik zu üben, die sie praktizierte."

Dazu gehörte, dass man sich zweimal am Tag zehn bis zwanzig Minuten lang in ein stilles Zimmer zurückzog und ein Mantra wiederholte, erklärte Kate. Bei den ersten Versuchen schlief sie ein, aber ihre Freundin bestärkte sie und sagte, dass das ein gutes Zeichen wäre. Kate hätte eine Menge Stress aus ihrem Körper zu lösen.

„In der zweiten Woche lief es besser. Mein Verstand wurde ruhiger, und ich blieb wach. Meine Atmung entspannte sich und gewann einen sanften, langsamen Rhythmus. Einmal war ich ganz überrascht, das Gefühl zu haben, dass ich gar nicht mehr atmen würde. Und noch mehr überraschte es mich ein anderes Mal, dass ich den Impuls spürte, in einer modifizierten Lotushaltung am Boden zu sitzen. Ich hatte vorher nie einen Yogakurs besucht; mein Körper schien vielmehr zu wissen, was er tun wollte."

Kate fühlte sich wohl mit all dem, und sie fing an, sich in ihrem Alltagsleben geerdeter und zentrierter zu fühlen. Sie erlebte weniger häufig Momente des Ärgers oder der Irritation. Ihre Ehe wurde deutlich harmonischer.

„Eines Nachts dann, als ich gerade beim Einschlafen war, bemerkte ich einen schwachen blauen Schimmer. Meine Augen waren geschlossen, und ich dachte zunächst, dass dieser Schimmer noch von den Schlafzimmerlampen stammte, die auf der Netzhaut nachwirkten. So in der Art, wie man auch nach einem Blitzlicht noch einen Abglanz des Blitzes irgendwie sehen kann. Das war aber anders. Das Blau, das ich sah, fühlte sich magnetisch an. Ich konnte meine Aufmerksamkeit gar nicht davon abwenden. Dann öffnete ich meine Augen im Dunklen und sah, wie das ganze Zimmer vom selben blauen Schein erfüllt war. Im Blau waren Fünkchen oder Flecken aus Gold."

Ich erzählte Kate, dass eine derartige Erfahrung bei Yoginis und Yogis nicht ungewöhnlich ist. Sie nahm das Licht wahr, das von einer subtilen Wahrnehmungsebene ausfloss. Ich fragte sie, wie es sich angefühlt hatte.

„Tröstend. Sicher. Aber vor allem war das Licht faszinierend. Es zog mich in sich hinein, bis ich meinte, es immer und ewig anschauen zu können."

„Was zeigt", sagte ich, „dass du von deinem eigenen Bewusstsein fasziniert warst. Die Seele, heißt es, zeigt sich unseren subtilen Sinnen als ein perlmuttartig schimmernder Glanz und Schein."

„Ist das etwas, was ich versuchen sollte, wieder zu erleben?", fragte Kate.

„Es gibt keinen praktischen und realistischen Weg, das zu schaffen", sagte ich, „da dein Erlebnis spontan war. Das ist, als ob man versuchen würde, den Eindruck des ersten Kusses zu wiederholen."

Als sie etwas enttäuscht aussah, sagte ich ihr, dass eine der klassischen Fallen für spirituelle Sucher darin besteht, unbedingt einen bestimmten Augenblick der Bewusstseinserweiterung oder eines hohen Erlebnisses wiederholen zu wollen. Wir hegen solche Wünsche. Haben Sie das bei sich auch schon einmal festgestellt? Die Überraschung eines atemberaubend schönen Sonnenuntergangs, ein wundervoller intimer Augenblick, sogar eine delikate Mahlzeit – sie scheinen darum zu betteln, wiederholt zu werden. Es wird aber nie dasselbe sein, weil nicht der schöne Sonnenuntergang, die liebevolle Umarmung oder das gute Essen diesen Augenblick zu etwas Besonderem machen, sondern der plötzliche Übergang in die subtile andere Welt (die manchmal auch „feinstoffliche Welt" genannt wird).

Ich erzählte Kate vom Erfahrungskontinuum, das von Glück zu Seligkeit, von körperlicher Vereinigung zu Einheit mit der Seele führt. Sie hatte sich einfach selbst erlaubt, sich in diesem Kontinuum freier zu bewegen. Meditation ist eine sanfte Methode, um unsere Verankerungen zu lösen. Meditation ist nicht so heftig, dass Sie Ihre Wahrnehmung in eine neue Ebene drückt oder gar zwingt. Vielmehr ereignet sich wie von selbst ein sanftes Ankommen in einer neuen Ebene – wie im blauen Schein, den Kate gesehen hatte. Dazu gesellen sich subtilere Gefühle und Einsichten. Ich beglückwünschte sie und konnte ihr versprechen, dass sie noch mehr so genannte Durchbruchserfahrungen würde machen können.

Aufgrund unserer kurzen Ausflüge in die subtile Welt können wir voraussehen, wie sanft das Nachleben sein wird. Dort fühlt sich subtile Kraft als ganz natürlich an. Frieden und Erfüllung ergeben sich durch die direkte Kommunikation mit der Seele.

Zwei magische Worte

„Schau, siehst du das?", fragte Ramana. Er deutete nach vorn, wo Savitri Rauchschwaden über den Baumkronen ausmachen konnte.

„Ein Lagerfeuer?", meinte sie.

„Geh hin und stell das fest. Ich bleibe hier, bis du zurückkommst." Ramana machte es sich auf einem Baumstumpf bequem.

Savitri ging also allein auf den Rauch zu. Bald bemerkte sie, dass Bäume abgebrannt worden waren, sie sah zerbrochene Ochsenkarren und andere Zeichen von Zerstörung. Schließlich kam sie zu einem menschenleeren Dorf. Soldaten aus einem Nachbarreich waren eingedrungen und hatten das ganze Land verwüstet. In diesem Dorf waren alle Häuser bis auf schwelende Ascherreste abgebrannt, bis auf ein Haus, das nicht angerührt worden war.

Savitri ging zur Tür, vor der eine alte Frau saß. Sie verneigte sich vor ihr und fragte: „Alles ringsherum ist zerstört. Wie kommt es, dass dein Haus verschont worden ist?"

Die alte Frau antwortete: „Alle Männer aus dem Dorf waren irgendwo anders im Kampf. Als die Soldaten mit ihren brennenden Fackeln kamen, um mich auszurauben und mein Haus anzuzünden, sagte ich ihnen: *Wie schön, dass ihr da seid. Kommt, kommt, denn sonst hat keiner Mut genug einzutreten. Im Haus hat jeder Scharlach-Fieber. Bitte helft mir, mich um meine kranke Familie zu kümmern.* Da bekamen es die Soldaten so mit der Angst zu tun, dass sie sich weigerten, auch nur einen Schritt näher zu kommen, und sie rannten alle weg."

Savitri suchte in ihrem Sari und fand eine kleine Münze, die sie der alten Frau gab. Dann ging sie zurück an den Ort, an dem Ramana auf sie wartete.

„Warum hast du mich dorthin geschickt?", fragte sie.

„Die alte Frau hat eine ganze Armee mit zwei Worten abgewiesen: *Scharlach-Fieber*", sagte er. „Der Weise weiß, dass man auch den Tod mit zwei Worten zurückweisen kann: *Ich bin.*"

„Das verstehe ich nicht." Savitri war nun noch verwirrter, als sie zum Himmel sah und bemerkte, dass die Rauschschwaden verschwunden waren.

„Jenes Dorf dort war nur ein Symbol", sagte Ramana.

„Für Sorgen und Kummer?"

„Nein, für Vergänglichkeit. Merke dir dies, Savitri. In diesem Leben gibt es nichts von Dauer. Besitztümer kommen und gehen, wie auch andere Menschen. Irgendwie werden wir mit so viel Verlust schon fertig. Wie? Indem wir uns an der Vorstellung festhalten, dass wir selbst von Dauer sind, dass unsere Welt ewig ist und immer besteht.

Das ist aber der falsche Weg. Der Tod ist habgierig und möchte willkürlich alles zerstören, wie eine Armee, die in fremdes Land eindringt. Strecke ihm einfach deine Arme entgegen und sage *Ich bin*. Der Tod wird zurückweichen, weil er dann nichts mehr zerstören kann. *Ich bin* hat keinen Besitz, keine Erwartungen, nichts, woran es sich festhält. Und doch ist dieses *Ich bin* alles, was du bist, und alles, was du je brauchen wirst – in dieser Welt und in den nächsten."

Ramana sprach mit ruhiger Autorität, und das half Savitri.

„Die alte Frau log, als sie *Scharlach-Fieber* sagte. Du musst jedoch die Wahrheit sagen, wenn du sagen wirst *Ich bin*. Ich meine, dass du dazu schon fast bereit bist", sagte Ramana sanft.

„Wie kann ich das zur Wahrheit machen?", fragte sie.

„Es ist nicht schwer. Wenn du glücklich bist, geh nach innen und spüre, wer derjenige ist, der Glück erlebt. Wenn du traurig bist, geh nach innen und fühle, wer die Trauer erfährt. Es ist derselbe. Es gibt im Inneren einen kleinen Punkt, der alles beobachtet und Zeuge all dessen ist, was geschieht. Sei diese Stille, wann immer du kannst. Achte auf diesen stillen Punkt, auf diese Stille, anstatt unbemerkt daran vorüberzugleiten. Vertrautheit damit ist dein größter Verbündeter. *Ich bin* ist dein Sein. Es gibt nichts Fremdes daran, einfach zu sein.

Zunächst wird der stille, kleine Punkt keine große Erfahrung darstellen, aber er kann grenzenlos anwachsen. Wenn du stirbst und schließlich nichts mehr hast, woran du festhältst, wird das *Ich bin* das ganze Universum erfüllen. Die Weisen haben diese Wahrheit immerfort wiederholt, in jedem Zeitalter. Du darfst eine Wahrheit aber nicht als aus zweiter Hand erwerben wollen. Du musst das *Ich bin* in dir selbst finden; es wird sich dann ausweiten, um dich zu erfüllen. Wenn das geschieht, bist du sicher. Dein Sein wird dann dasselbe sein wie deine Seele."

EWIGKEIT

Wenn alle Bilder auf der subtilen Ebene verschwunden sind, kommt die sterbende Person in der Ewigkeit an. Ewigkeit ist die Quelle der Seele. Die Rishis sagen, dass dann die letzten Illusionen endlich aufgehört haben, und die Wirklichkeit beginnt. Die Tatsache, dass wir die Ewigkeit nicht sehen können, während wir physisch leben, da sie sich von uns aus in alle Richtungen ausdehnt, ist eine Begrenzung, welche die Rishis sich bemüht haben zu überwinden.

Je grenzenloser deine Vision ist, desto realer bist du.

Das klingt zwar sehr inspirierend, aber wir fühlen uns auch etwas unwohl dabei, weil wir daran gewöhnt sind, innerhalb von Grenzen zu leben. „Vor vielen Jahren fing ich an, mich für Spiritualität zu interessieren", sagte mir eine Frau, „aber ich mochte das ganze Gerede über den Einen nicht. Das hatte mit mir nichts zu tun. Ich wusste, dass die Art und Weise, wie ich aufgezogen worden war – an einen Gott zu glauben, der in Großvatermanier im Himmel saß –, sehr eng war. Aber den konnte ich zumindest verstehen. Den Einen begreife ich nicht." Ich empfand das als eine sehr natürliche Reaktion. Am Ende der Reise gibt es keine geliebten Menschen, kein irdisches Ziel, keine Erinnerungen an die materielle Ebene. Sogar der buddhistische Begriff vom „Reinen Licht" oder „Klaren Licht" ist nur eine Metapher, da die Ewigkeit weder hell noch klar ist.

Stellen Sie sich einmal vor, was das bedeutet. Wenn Sie der Ewigkeit immer näher kommen, werden Sie weder erleben, tot zu sein noch lebendig. Sie sind weder männlich noch weiblich. Ein Moment ist dasselbe wie ein Jahrhundert; vorher wird eins mit nachher. Sind wir an einem Ort angelangt, der zu unbegreiflich ist, um ihn zu verstehen? Falls das so wäre, wäre auch dies zu unbegreiflich, um überhaupt eine Rolle zu spielen.

Ewigkeit gibt Ihnen mehr Freiheit, als der Verstand erfassen kann. Die Abwesenheit von Bildern heißt, dass Sie keine Bilder mehr brauchen. Die Abwesenheit von geliebten Menschen heißt, dass Sie keine Beziehungen mehr brauchen. Sie sind wieder an Ihrer Quelle zurück, aber mit einem Unterschied. *Sie haben alles erfahren.* Die Schöpfung hat Ihnen alles gezeigt. Unsere Vernunft, die wir jetzt besitzen, mag vor Schreck zurückzucken und sich denken, dass das ja nun wirklich der schlimmste Albtraum sein muss. Die Rishis jedoch, die diesen Zustand Moksha oder Befreiung genannt haben, haben ihn willkommen geheißen und gefeiert. Nur die wirklich befreite Seele kann sich ganz beliebig auswählen, was sie möchte. Es gibt dann kein Tauziehen nach oben oder unten, und diese ganze Mechanik von Freude und Leid ist zum Stillstand gekommen.

Wie würde sich das wohl anfühlen, wenn Sie sich als vollkommen frei empfinden? Grenzenlos? Namenlos? Wenn Sie versuchen, irgendeinen Begriff auf die ewige Seele anzuwenden

– gut, heilig, liebevoll, wahrhaftig – antworten die Rishis mit *„neti"* darauf, dem Sanskritwort für „nicht das". In manchen Vedanta-Schulen heißt der spirituelle Pfad *„neti, neti"*, „weder dies noch das"; es ist ein Weg, alles abzustreifen, bis man zur Essenz gelangt. Darum geht es auch bei der Reise ins Nachleben. Der sterbende Mensch erkennt, Schritt für Schritt: „Das war ich einmal, aber das bin ich nicht mehr."

Ein Mensch, der über seine Nahtoderfahrung in vielen Einzelheiten berichtet hat, kam der Beschreibung der Ewigkeit sehr nahe. Dieser Bericht ist in der Literatur über Nahtoderlebnisse inzwischen sehr bekannt geworden; er stammt von einem Künstler namens Mellen-Thomas Benedict. Er machte seine Nahtoderfahrung 1982, als er aufgrund eines Gehirntumors klinisch tot war. Nach westlichen Maßstäben ist es nicht glaubhaft, dass er eine Stunde und eine halbe tot war, und dann noch ins Leben zurückkehrte. Im tibetischen Buddhismus würde man von einem Delog sprechen, und Benedicts Erlebnisse werden von ihm genauso detailliert beschrieben wie die Delogs es tun. Ich möchte diese Geschichte hier ebenfalls in vielen Einzelheiten darstellen, weil Benedicts Reise praktisch ein Lexikon des Nachlebens bietet.

Er stellte fest, dass er sich außerhalb seines Körpers befand und sein Leichnam im Bett lag. Seine Wahrnehmung war enorm erweitert – er konnte in alle Richtungen sehen, sogar über und unter sein Haus. Er spürte, dass er von Dunkelheit umhüllt war, aber bald tauchte ein strahlendes Licht auf. Er bewegte sich darauf zu und war sich dessen bewusst, dass er tot sein würde, wenn er in dieses Licht eintrat.

An diesem Punkt traf Benedict eine erstaunliche Entscheidung. Er bat darum, dass die Erfahrung anhalten würde, und das tat sie auch. Dass er eine Möglichkeit fand, das zu beherrschen, was sich nach dem Tod ereignet, würde einen Rishi nicht überraschen, ist aber in der Literatur über Nahtoderfahrungen fast einzigartig. Benedict gebot der Erfahrung Einhalt, damit er mit dem Licht sprechen konnte. Während er dies tat, veränderte es ständig seine Gestalt; manchmal ähnelte es Jesus oder Buddha, dann verwandelte es sich in ein komplexes Muster wie ein Mandala oder archetypische Bilder und Zeichen. Das Licht sagte ihm (um genau zu sein übermittelte es seinem Geist Information), dass ein sterbender Mensch eine „Feedback-Schleife" von Bildern erhält, die seinen eigenen Glaubensmustern entsprechen. Christen sehen christliche Bilder, Buddhisten sehen buddhistische. Da es sich um eine Feedback-Schleife handelt, kann eine sterbende Person in die Erfahrung eintreten und sie gestalten, wie Benedict es tat. (Das Licht erklärte ihm, dass er ein seltener Fall war, da die meisten Menschen ohne nachzufragen einfach vorangehen.)

Die Tatsache, dass Benedict so viele veränderliche Bilder sah, könnte damit zu tun haben, dass er nach seiner Krebsdiagnose in zahlreiche Weltreligionen und spirituelle Traditionen eingetaucht war. Als Nächstes wurde Benedict dessen gewahr, dass das, was er wahrnahm, tatsächlich die Matrix des höheren Selbst war, die er als ein „Mandala der menschlichen Seele" beschreibt, das heißt, als ein kosmisches Muster des Bewusstseins. Er erkannte, dass jeder Mensch ein höheres Selbst hat, das als „Überseele" fungiert und zugleich als Zugang oder Kanal zurück zur Quelle. Diese Begriffe klingen wie reines Vedanta. Vielleicht war Benedict stark von dem beeinflusst, was er kurz zuvor in indischen Schriften gelesen hatte. Andererseits entfaltete sich die Erfahrung aus seiner Sicht gänzlich spontan und wirklich.

Während er die Matrix der Seelen anschaute und sich darin vertiefte, wurde Benedict klar, dass alle Seelen miteinander verknüpft waren; die Menschheit bildete ein Wesen; jeder von uns ist ein Aspekt dieser Ganzheit. Er wurde in diese Matrix hineingezogen, die er als unaussprechlich schön empfand. Sie strahlte eine heilende, erzeugende Liebe aus, die ihn überwältigte. Das Licht übermittelte ihm, dass diese Seelenmatrix eine subtile Energieschicht bildet, welche die Erde umspannt und die Menschen miteinander verbindet. Benedict hatte ein Jahrzehnt im Bereich der atomaren Abrüstung und Ökologie gearbeitet und sich so intensiv mit beunruhigenden Themen beschäftigt, die ihn zutiefst pessimistisch gemacht hatten. Nun wurde er, wie er sagte, mit der reinen Schönheit jeder menschlichen Seele konfrontiert und war völlig verblüfft.

Er war besonders darüber erstaunt, dass keine Seele Böses enthielt, und das Licht informierte ihn, dass Seelen von sich aus gar nicht böse sein können. Hinter jeder menschlichen Handlung steckt die Suche und das Streben nach Liebe, und wenn Menschen zu bösen Handlungen getrieben werden, ist die wahre Ursache dafür ein Mangel an Liebe. Als Benedict das Licht sozusagen befragte, ob das bedeuten würde, dass die Menschheit gerettet werden könnte, gab es einen „Trompetenstoß", der von einem spiralförmigen Licht begleitet wurde, und Benedict wurde gesagt, er solle die Antwort nie vergessen: Menschliche Wesen sind bereits gerettet, gleich, wie schlimm eine gegenwärtige Situation aussieht.

Er erlebte eine tiefgreifende Ekstase, als er tiefer vom Licht absorbiert wurde und in eine andere Ebene gelangte, die noch feiner und subtiler war, aber sehr viel größer. Er nahm einen „enormen Strom an Licht" wahr, der „groß und weit war, tief im Herzen des Lebens." Als er fragte, was dies sei, sagte ihm das Licht, dass diese der Strom des Lebens sei und dass er daraus nach Herzenslust trinken möge.

Von unbegrenzter Neugier angetrieben, bat Benedict das Licht nun, ihm das gesamte Universum zu enthüllen „jenseits aller menschlichen Illusion." Er erhielt zur Antwort, er solle auf dem Strom des Lebens reiten. Er tat dies, und als er durch einen Tunnel kam, hörte er ein „weiches, klangartiges Dröhnen". Seine Geschwindigkeit beschleunigte sich über die Lichtgeschwindigkeit hinaus, als er das Sonnensystem verließ und durch das Herz der Milchstraße gelangte. Er nahm viele Welten und viele Lebensformen wahr, alles in einer fast betäubenden Geschwindigkeit.

An dieser Stelle machte Benedict eine entscheidende Entdeckung: Was aussah, als ob er durch den Raum raste, war in Wirklichkeit die Ausdehnung seines eigenen Bewusstseins. Milchstraßen und Sternenhaufen schienen aufzutauchen und an ihm vorbeizusausen, während sich tatsächlich sein eigenes Bewusstseins erweiterte und über eine Grenze von Raumzeit nach der anderen hinausging.

Er beschreibt, dass ganze Galaxien in einem einzigen winzigen Punkt verschwinden, dass alle möglichen Lebensformen ihre Existenz deutlich werden lassen, und dass es ein zweites Licht gibt, welches jede Schwingung des Universums enthält. Den vedischen Rishis zufolge sind dies die uranfänglichen Schwingungen, aus denen die Schöpfung entsteht. Das bedeutet, dass Benedict Zeuge der Funktions- und Wirkungsweise von Bewusstsein an sich wurde. Benedict findet eine eigene Sprache für dieses Stadium; er sagt darüber, dass er als Interface zum Hologramm des Universums fungierte.

Als er in das zweite Licht einging, erfuhr er eine umfassende Veränderung: Schweigen und völlige Stille. Er meinte, er konnte bis in die Unendlichkeit sehen. Er war in einer Leere, einem Vakuum, das er „Vor-Schöpfung" nennt, und sein Bewusstsein war unbegrenzt. Er hatte Kontakt mit dem Absoluten, was keine religiöse Erfahrung bedeutete, sondern ein Erleben unbegrenzter Bewusstheit. Er nahm wahr, dass und wie sich die ganze Schöpfung ohne Anfang oder Ende ständig selbst erzeugte. Anstatt eines Urknalls, eines singulären Ereignisses, welches das Universum erschuf, nahm Benedict Millionen von Urknallen wahr, die laufend neue Universen erschufen. Da er sich jenseits von Zeit befand, passierte das gleichzeitig in allen Dimensionen.

Nachdem er diese kosmische Offenbarung erreicht hatte, ging Benedicts Reise Schritt für Schritt wieder zurück, bis er wieder zu Hause in seinem Bett mit der unerschütterlichen Erkenntnis aufwachte, dass der Tod eine Illusion ist – etwas, was die gesamte Literatur über Nahtoderlebnisse durchzieht. Er nahm an, dass er als Baby zur Welt zurückkäme, in einer neuen Inkarnation. Als er jedoch seine Augen öffnete, hatte er immer noch denselben Körper – einen Körper, der länger als eine Stunde tot war, wie der Hospizmitarbeiter, der zugegen war, bestätigte (es gab dort keine technischen Monitorapparate und auch keinen Arzt). Der Hospizmitarbeiter hatte über dem Leichnam geweint, und er versicherte Benedict, dass dessen Körper alle Zeichen des Todes gezeigt hatte, wozu auch eine sich ausbreitende kalte Steifheit gehörte. Ein verstärktes Stethoskop hatte keinerlei Herzschlag erkennen lassen. (Diese Behauptung allein ist an sich medizinisch betrachtet schon derart ungeheuerlich, dass ein Skeptiker alle andere Teile von Benedicts Bericht als unglaubwürdig ablehnen würde.)

Benedict fühlte sich zunächst zwar sehr desorientiert, danach aber besser als je zuvor in seinem Leben. Er ließ sich drei Monate Zeit, bevor er sich getraute, einen neuen Gehirnscan machen zu lassen, weil er sich natürlich noch große Sorgen um seinen Gehirntumor machte. Der neue Scan brachte aber wunderbare Neuigkeiten: Alle Spuren eines bösartigen Tumors waren verschwunden, was sein Onkologe als eine Spontanremission bezeichnete, als einen seltenen Fall, dass eine Bösartigkeit wieder von selbst verschwindet. In der medizinischen Literatur finden sich bisher keinerlei Hinweise auf Remissionen durch Nahtoderfahrungen, und Remissionen von fortgeschrittenen Gehirntumoren gehören meines Wissens überhaupt zu den allerseltensten Phänomenen.

Meine eigene Sicht ist, dass jeder Endpunkt auch ein Anfangspunkt ist. Für Mellen-Thomas Benedict wurde reines Bewusstsein zum letzten Endpunkt einer fantastischen Reise.

Für die Rishis ist genau dies der Startpunkt für das Leben in der Gegenwart. Was an Benedicts Erfahrung am meisten als authentisch beeindruckt, ist, dass er den höchsten Wert in der Gegenwart findet: „Die Menschen sind so sehr damit beschäftigt zu versuchen, Gott zu werden, dass sie lieber erkennen sollten, dass wir schon Gott sind und dass Gott dabei ist, wir zu werden, zu uns zu werden. Darum geht es wirklich." Sein Gefühl, dass die Leere überall ist, dass das unsichtbare Reich alles enthält, dass Gott die menschlichen Wesen mit allen nur möglichen Vorzügen und Chancen beschenkt hat, klingt spirituell richtig und glaubwürdig.

Reisen in den drei Welten

Ein hartgesottener Materialist hält es wohl für unmöglich, in die nicht-physischen Welten zu reisen, aber wir reisen ja die ganze Zeit in andere Bewusstseinszustände. Die Rishis sagen, dass wir uns zwischen drei Ebenen von Bewusstheit bewegen, die für alle Erfahrungen zuständig sind:

Bewusstsein, das mit physischen Dingen angefüllt ist.

Bewusstsein, das mit feinstofflichen, subtilen Dingen angefüllt ist.

Bewusstsein, das nur von sich selbst erfüllt ist – reines Bewusstsein.

In jedem Zustand sieht die Seele anders aus. In der irdischen Welt ist sie auf Gefühle und Ideale ausgerichtet. Die Seele hat hier mit Herzenswärme zu tun, mit Liebe und mit Hingabe an Gott. Wir schauen auf unsere Seele, um uns daran zu erinnern, dass wir einen göttlichen Funken in uns tragen; jedoch gründen wir unser Leben nicht vollständig auf der Seele. Sie flackert vielmehr immer wieder einmal auf und erlischt dann auch wieder.

In der subtilen, der „feinstofflichen" Welt ist die Seele Geist, Spirit. Hier bezeichnet sie Heiligkeit, Nähe zu Gott und Freiheit von der Last der irdischen Existenz. Hier bietet die

Seele nicht mehr nur Trost; vielmehr ist sie die Glückseligkeit, die vom Leid nur überdeckt bzw. verkleidet war. Jetzt ist die Seele dauerhaft präsent; man kann ihrer Führung folgen, ohne verwirrt zu sein oder zu zweifeln. Das primäre Gefühl ist magnetischer Art: Man wird unausweichlich zum Göttlichen hingezogen.

In der Dimension des reinen Bewusstseins ist die Vereinigung vollständig erfolgt. Man sieht das Selbst und die Seele als eines an. Da es kein Hier und Dort gibt, hat die Seele keinen festen, lokalisierbaren Ort, an dem sie sich aufhält. Sie existiert zugleich überall und nirgendwo. Man strebt nicht mehr nach der Güte, Heiligkeit oder Reinheit der Seele. Dies existiert einfach.

Nach dem Tod erfährt eine Person die subtile Ebene ganz automatisch. Den Rishis zufolge ist jede Dimension von den anderen umhüllt. Es ist möglich, dass Engel auf der Erde erscheinen, obwohl sie eigentlich dem Reich der feinstofflichen Dinge angehören. Das Gleich gilt für die Reise des Propheten Mohammed in den Himmel auf einem weißen Pferd. Es handelt sich immer um eine Veränderung der bewussten Wahrnehmung. Gleichzeitig besitzt jeder Bewusstseinszustand seine ganz speziellen Eigenschaften und wird als eine getrennte, eigene Realität wahrgenommen.

DREI WELTEN:
EINE LANDKARTE DER EWIGKEIT

1. Bewusstsein physischer Objekte: Das ist die Welt der konkreten Dinge, die wir mit unseren fünf Sinnen verifizieren können. Diese Welt gehorcht der linearen Zeit. Wir erscheinen uns selbst als physische Körper, die in Zeit und Raum voneinander getrennt sind. Eine Lebensspanne umfasst eine begrenzte Anzahl von Jahren zwischen zwei absoluten Ereignissen, der Geburt und dem Tod.

Die **Gesetze,** denen man in dieser Dimension gehorchen muss, sind strikt: Schwerkraft, Lichtgeschwindigkeit und die Aufrechterhaltung von Materie und Energie (die man weder erzeugen noch auflösen kann) bilden die Grundlage jedes Naturgesetzes.

Wenn dies Ihre primäre Welt ist, dann besitzen Sie bestimmte **Kräfte,** die Ihnen erlauben, diese Welt zu erforschen. Dazu gehören physikalische Stärke, Willenskraft, Vernunft, emotionale Ausdruckskraft, Sexualität und persönliche Autorität. Je mehr Sie diese Kräfte voll einsetzen, desto erfolgreicher werden Sie. Gleichzeitig werden Sie vermutlich dieser Dimension von Bewusstsein immer stärker als der vermeintlich einzigen Realität verhaftet sein.

In dieser Welt erfährt man **Akasha** als einen physikalischen Raum, der mit einer unendlichen Anzahl von materiellen Dingen angefüllt ist.

Die **Seele** fühlt sich persönlich an, man sieht sie aber nur vorübergehend.

2. Bewusstsein subtiler Objekte: Das ist die Welt der Träume, der Vorstellung und Inspiration in allen ihren zahlreichen Formen. Wir verifizieren diese Welt vermittels Intuition und entdecken Eigenschaften wie Liebe und Schönheit; wir spüren eine subtile Präsenz im Inneren und in der Außenwelt, die von den fünf Sinnen nicht wahrgenommen werden kann. Eine Lebensspanne in dieser Dimension dauert so lange, wie man sie sich vorstellen kann.

Die **Gesetze** dieser feinstofflichen Welt sind veränderlich. Geschehnisse können vorwärts und rückwärts ablaufen. Unsichtbare Strukturen können eine lange Zeit hindurch fortbestehen (beispielsweise als Mythen und Archetypen), und selbst dann sind sie nicht so strikt von Zeit gebunden wie Strukturen in der physikalischen Welt. Schwerkraft und Lichtgeschwindigkeit stellen keine absolut geltenden Kräfte mehr dar.

Wenn dies Ihre primäre Welt ist, dann werden Sie gewisse **Kräfte** besitzen, die Ihnen erlauben, diese Welt zu erforschen. Dazu zählen Imaginationskraft, Erinnerungsvermögen, künstlerische Fähigkeiten, spirituelle Sensibilität, Heilkräfte und Intuition. Je mehr Sie diese Kräfte einüben und anwenden, desto mehr Erfolg werden Sie damit haben. Sie stellen jedoch unter Umständen auch fest, dass Sie von der physischen Welt wie abgelöst sind und dort nicht so gut klar kommen wie jemand ohne Intuition und ohne spirituelle Sensibilität. Das wird Ihnen unter Umständen Sorgen machen, bis Sie entdecken, dass die subtile Welt Sie sehr wohl erhalten kann.

Akasha fühlt sich hier von traumartiger Qualität an; es ist von Erinnerungen und Bildern erfüllt, von Archetypen und Göttern, Spirits und ätherischen Wesen.

Die **Seele** spüren Sie wie eine leitende Kraft, die Sie zurück zur Quelle führt. Man spürt ihre Präsenz ständig.

3. Reines Bewusstsein: Das ist die Welt der Bewusstheit, die sich ihrer selbst gewahr ist. Es gibt hier keine Objekte, weder grobstoffliche noch feinstoffliche. Wir verifizieren diese Welt durch das „Ich bin". Existenz an sich ist ihr eigenes Ziel, ihre eigene Belohung. Als Erfahrung beginnt reines Bewusstsein mit einem stillen Geist; er wächst an Fülle und Reichtum und Sinn, je länger eine Person diese Erfahrung aufrechterhält.

Die **Gesetze** dieser Welt beziehen sich auf die eigentliche Schöpfung. Die Samen jedes Objekts und jedes Geschehens keimen hier heran. Hier besteht das Potenzial für Zeit, Raum und physische Dinge. Es gibt hier auch die Möglichkeit des Geistes, jedoch noch ohne Gedanken oder Bilder. Obwohl das reine Bewusstsein völlig frei von irgendetwas Sichtbarem ist, ist es nur allzu bereit, etwas hervorzubringen, etwas zu gebären; Mystiker sagen uns, dass das reine Bewusstsein „schwanger geht" mit *Allem Das Ist*.

Wenn dies Ihre Primärwelt ist, brauchen Sie **keine Kräfte**, um sich dort zu bewegen und zurechtzufinden. Der Fluss der

Zeit und die Ausdehnung des Raums sind für Sie neutrale Ereignisse; sie tauchen auf und verschwinden wieder innerhalb Ihres Seins. Sie nehmen sie als Beobachter wahr, ohne daran zu haften – wenn Sie es allerdings wünschen, können Sie jede beliebige Eigenschaft herbeirufen und sie in ihrer Fülle erfahren, sei es Liebe, Mitgefühl, Stärke oder Wahrheit.

In dieser Welt fühlt sich **Akasha** wie noch unerschaffen an. Vorstellungen wir Geburt und Tod oder Leben und Sterben haben keinerlei Bedeutung. Es gibt nur das Sein. Zu sein stellt ein allumfassendes Geschehen dar, eine alles einschließende Erfahrung. Wir müssen daran denken, dass das Nachleben nicht „nachher" stattfindet, wie wir es vielleicht annehmen. Alle drei Dimensionen des Bewusstseins sind gleichzeitig und immer und überall vorhandene Räume.

Akasha, das die Welt der physischen Dinge umhüllt, ist dreidimensional. Unsere Augen können über eine Landschaft streifen, um uns wissen zu lassen, wo wir sind. Oben und unten sind festgelegte Richtungen, damit wir uns physisch orientieren können. Vorher und nachher sind Fixpunkte der Zeit, damit wir feststellen können, wo wir uns in Bezug auf unsere Lebensspanne befinden.

Akasha, das die Welt der subtilen Objekte umschließt, besitzt viel weniger definierte Grenzen. Sie können sich in einem Augenblick in einen frei fließenden Traumraum verändern. Da es keine festgelegten Dimensionen gibt, bemessen sich Erfahrungen nach dem Maß ihrer Intensität. Emotionen werden verstärkt, Träume werden lebendiger, und man kann die Präsenz von Engeln und anderen ätherischen Wesen direkt spüren. Mit einiger Übung wird das zu einem angenehmen Raum im Rahmen seiner eigenen Eigenschaften; er ist das schon jetzt für Künstler, hoch intuitive und sehr spirituelle Menschen.

Akasha, das sich selbst umschließt und umhüllt, ist reine Existenz, reines Sein. Es fühlt sich ungeheuer sicher und beschützt an, weil dort Einheit mit allem besteht. Jede Erfahrung kommt aus dem Inneren; ein einziger kleiner Punkt in der Schöpfung tritt als ein Energiestrahl hervor oder wie eine Blüte, die sich immer weiter öffnet.

Die **Seele** ist unpersönlich. Sie ist Sein, ohne jede dem hinzugefügte Eigenschaft.

Seine Loyalität wechseln

Bisher haben wir das Bild einer Reise benutzt, um zu beschreiben, was im Nachleben geschieht. Die meisten Leute erwarten, dass man die physische Welt aufgibt für eine „höhere" Welt. Die vedischen Rishis würden darauf hinweisen, dass die echte Veränderung sich darauf bezieht, womit wir uns verbündet haben, wozu wir loyal und ergeben stehen. Wenn wir sterben, geben wir unsere Loyalität mit dem „Bewusstsein, das von physischen Dingen erfüllt ist" auf und gehen ein in ein „Bewusstsein, das von subtilen Objekten erfüllt wird". Im Vedanta entspricht das dem, was wir „in den Himmel gehen" nennen.

Ein Wechsel darin, womit man sich verbündet, sieht aus der Sicht der Rishis leicht aus. Für die meisten Menschen, sowohl aus dem Westen als auch aus dem Osten, erweist sich das jedoch als fürchterlich schwierig, weil die physische Welt so überzeugend ist. Über die andere Welt tauchen Zweifel auf, trotz der Tatsache, dass wir sie in unseren Träumen die ganze Zeit hindurch bewohnen. Ein perfektes Beispiel eines solchen Zweifels und der daraus entstehenden Angst ist Shakespeares Hamlet.

In Hamlets berühmtestem Selbstgespräch „*Sein oder nicht sein ...*" fragt er sich, ob er angesichts eines überwältigenden Leids Selbstmord begehen soll. Er bringt es nicht über sich, dem Geist seines Vaters zu gehorchen und den Thronräuber zu töten, seinen Onkel Claudius. Er fühlt sich wie gefangen von Agonie und wie durch viele Dinge völlig aufgelöst, nämlich sein Gewissen, sein Gespür für die eigene Feigheit und das eigene Versagen, seinen Ekel vor dem sexuellen Betrug seiner Mutter und eine tiefe Depression, die an Geistesgestörtheit grenzt. Obwohl ein Selbstmord sein Leiden beenden würde, hält Hamlet inne, um die Angelegenheit vernunftmäßig zu bedenken. Dabei geht er Schritt für Schritt vor, wie der rationale Verstand eben mit einem Problem umgehen würde.

> ... Sterben – schlafen –
> Schlafen! Vielleicht auch träumen! – Ja, da liegt's:
> Was in dem Schlaf für Träume kommen mögen,
> Wenn wir den Drang des Ird'schen abgeschüttelt,
> Das zwingt uns stillzustehn.
>
> (Übersetzung nach Schlegel, Wikipedia)

Wenn wir die herrliche Dichtung einmal beiseite lassen, sieht sich der Prinz von Dänemark hier zwischen der physischen und der subtilen Welt gefangen, und er kann sich selbst nicht davon überzeugen, der einen oder der anderen zu vertrauen. Um das Dilemma in moderner Sprache auszudrücken: Ist Sterben das Ende, oder es ist es eher so, als ob man schlafen gehen würde? Falls es wie Schlafen wäre, würde es dann das Ende meiner Sorgen bedeuten, oder werde ich womöglich von Albträumen erfasst? Vielleicht sind diese Träume dann schlimmer als lebendig zu sein, sogar schlimmer als das leidvollste Leben. Ich kann mit keinem sprechen, der von den Toten zurückgekommen ist, also kann ich dieses Problem nicht lösen. Ich bin voller Zweifel. Und zu zweifeln reicht aus, dass ich mich doch wieder an mein Leben hänge.

Das meint Vedanta damit, seine Loyalität zu verschieben bzw. seine Verbündeten zu wechseln. Wenn Sie keinen Erfolg dabei haben, werden Sie von verwirrenden Zweifeln heimgesucht. Das Geheimnis ist, dass Sie die subtile Welt meistern müssen, um die physische loslassen zu können. Derzeit müssen Sie sich auf das rationale Denken verlassen. Sie schreiten von Ereignis zu Ereignis auf lineare Weise fort. Ihre körperliche

Kraft macht es möglich, dass Sie Dinge handhaben und gewiss sind, sich sicher verteidigen zu können. Ihre Willenskraft und Ihre Charakterstärke unterstützen Sie bei langfristigen Zielen.

Keine dieser Kräfte spielen in der feinstofflichen Welt eine Rolle; deshalb bieten sie für das Nachleben keine Hilfe an. Und die Schwelle zwischen der physischen und der subtilen Wirklichkeit ist wahrlich sehr desorientierend. Das erfahren wir bereits in Träumen. In einem Traum können Sie ein Haus so leicht aufheben wie eine Feder, Sie können in der Zeit zurückspringen, oder Sie fühlen sich in einer schrecklichen Situation unter Umständen völlig hilflos und verloren, gleich, wie stark sie dagegen ankämpfen und versuchen, aus dieser Situation herauszukommen. Die lange Saga über die Lehre, die Carlos Castaneda bei dem Yaqui-Zauberer Don Juan machte, der zu seinem spirituellen Meister wurde, ist im Grund genommen eine Ausbildung darin, wie man in der subtilen Welt navigiert. Castaneda beschreibt sich in dieser langen Geschichte als jemand voller Ängste und Zweifel.

In einer Episode nimmt Don Juan Castanedas Hand, und sie springen gemeinsam über einen hohen Baum. Als sie wieder auf festem Boden landen, fühlt sich Castaneda übel und desorientiert, nahe am Erbrechen (Übelkeit ist neben Angst eines der häufigsten Gefühle, die der Lehrling erlebt). Don Juan fragt: *Was ist der Unterschied zwischen einem Sprung über einen Baum, wie wir es gerade gemacht haben, und im Traum über einen Baum zu springen?* Dann beantwortet er seine eigene Frage. In einem Traum kannst du leicht und bequem über einen Baum springen, weil so etwas in der Traumwelt ganz natürlich ist. Du weißt, dass du wieder aufwachst, und wenn du das tust, erkennst du, dass alle Geschehnisse in deinem Traum nur neurale Impulse in deinem Gehirn waren. Es gab keinen „echten" Baum. Du blickst auf die ganze Traumwelt als eine Illusion zurück.

Der Grund, warum Sie in der physischen Welt nicht über einen Baum springen können ist, dass Sie nicht realisieren, dass Sie wieder aufwachen können. Ein Zauberer ist jemand, der gelernt hat, vollständig zu erwachen, so dass sein Sprung über einen Baum für ihn ganz natürlich ist. Alles passiert als neurale Impulse im Gehirn. Es gibt keinen „echten" Baum. Wenn Sie sich allerdings darauf einlassen, dass der Baum real ist, dann müssen Sie die Begrenzungen einer solchen Welt akzeptieren.

Man erkennt mit einem Mal die enorme Herausforderung, die darin liegt, sich mit einer anderen Welt zu verbünden und nicht mehr die physische Welt als Verbündeten zu haben. Heißt das, dass man fähig sein wird, über Bäume zu springen? Das wäre ein extremer Fall (obwohl sowohl katholische wie hinduistische Erzählungen von schwebenden Heiligen berichten) und einer Nonne in Ägypten musste man sogar gut und lang zureden, damit sie von ihrem luftigen Platz über einem Baum herunterkam. Doch gibt es auch für uns Momente, in denen wir realisieren, dass wir bereits die Fähigkeit besitzen, uns von einer Bewusstseinsebene in eine andere zu begeben, ohne dass dies mit der Illusion des Träumens zusammenhinge. Dafür möchte ich ein Beispiel anführen.

„Vor dreißig Jahren habe ich in meinem Kopf einen Schalter gefunden, der die Realität umschalten kann." Der Mann, der mir das erzählte, war Harold, ein sechzigjähriger, inzwischen pensionierter freier Autor. Wir trafen uns vor zwei Jahren bei einer großen New Age-Buchmesse. „Ich bin mit einem angeborenen Herzfehler zur Welt gekommen, der das Risiko mit sich brachte, früh zu sterben. Ich hatte mich daran schon gewöhnt, als ich aufwuchs. Nach dem College landete ich jedoch aufgrund meines Herzfehlers im Krankenhaus als Kandidat für einen Herzschrittmacher."

Harold erzählte weiter, was dort geschah: „Leider kam es zu Komplikationen, eine Infektion und alle möglichen anderen Probleme. Eines Nachts, während der schlimmsten Zeit, lag

ich in meinem Krankenhausbett. Die Schwester kam, um
meine Temperatur zu messen, und als sie fortging, vergaß sie,
das Licht auszuschalten. Ich war darüber ärgerlich, aber zu
schläfrig, um aufzustehen und es selbst auszuschalten. Dann
ging das Licht aus.

Zuerst fand ich nichts Ungewöhnliches dabei, obwohl der
Lichtschalter direkt in meinem Blickfeld lag und ich keinen
gesehen hatte. Ein paar Sekunden später ging das Licht wieder
an. Dann wieder aus, wieder an. Ich bin nicht ausgeflippt, sondern lag einfach da und starrte das Licht an. Ganz offensichtlich war da keiner, der den Lichtschalter betätigte, aber ich
konnte sogar das Summen der Neonlampe hören, wenn sie
aus- und eingeschaltet wurde. Plötzlich hatte ich die merkwür-
digste Idee, die man sich nur vorstellen kann: *Ich mache das.*"

Harold fuhr fort: „In diesem Augenblick war ich nicht
mehr müde. Ich spürte ein Gefühl außergewöhnlicher Klarheit.
Haben Sie so etwas schon jemals gehört? Dass man mit dem
Geist Licht aus- und einschaltet?"

Ich sagte Harold, dass ich von noch sehr viel seltsameren
Dingen gehört hatte. Und ich wollte wissen, ob sich diese Episode später wiederholt hatte.

„Viele Jahre hindurch nicht. Bis vor einem Monat. Es war
eine heiße Sommernacht in New York. Mein Flugzeug hatte
vier Stunden Verspätung, und ich war wütend. Ich hatte alle
meine Anschlüsse verpasst; ich stand vor dem Gepäckband einfach so herum und wartete auf mein Gepäck. Plötzlich kam
mir der Gedanke: *Mein Koffer ist weg.* Genauso war es. Jeder
bekam sein Gepäck, meines tauchte nicht auf.

Ich marschiere also in das Büro für verlorenes Gepäck und
fange an, mich bei einer Angestellten zu beschweren, die das
gar nicht zu interessieren schien. Sie gähnt, ruft jemanden an,
um zu hören, ob irgendwo irgendwelche Gepäckstücke stehen
geblieben sind, und sagt mir dann mit gelangweilter Stimme,
dass ich ein Formular ausfüllen soll. Soweit also nichts
Ungewöhnliches."

Als er gerade dabei war, seine Nerven zu verlieren, tauchte eine schwache Vorstellung in Harolds Kopf auf: *Es ist genauso leicht, glücklich zu sein wie wütend zu sein. Du kannst daraus jetzt eine positive Erfahrung machen.*

„Ich sah vor meinem geistigen Auge einen unsichtbaren Schalter. Und ich wusste, dass sich alles ändern würde, wenn ich diesen Schalter bediente. Das tat ich. Die Angestellte lächelte mich an und sagte, dass sie jetzt telefonieren würde, um mein Gepäck zu finden. Sie tat so, als ob sie das nicht schon gemacht hätte. Sie telefonierte und teilte mir dann mit, dass mein Koffer gefunden worden war. Ich fühlte mich, als ob ich etwas Besonderes geleistet hätte. Dann stand hinter mir in der Schlange ein hübsches Mädchen, das sagte, dass ihr Gepäck auf demselben Flug verloren gegangen war. Ich hatte innerlich die Idee: *Du sollst es auch wiederfinden.* Im nächsten Augenblick sagte die Angestellte, dass sie neben meinem Koffer ein weiteres Gepäckstück gefunden hatten. Natürlich war es das des Mädchens."

„Und Sie verbinden dieses Ereignis mit dem im Krankenhaus vor dreißig Jahren?", fragte ich Harold.

„Würden Sie das nicht tun? Nach dem Erlebnis am Flughafen benutzte ich den Schalter noch einige Male. Einmal, um in einem komplett ausgebuchten Flugzeug noch einen Platz zu bekommen, dann wieder, um ein anderes Hotelzimmer zu bekommen, als es hieß, das sei nicht möglich."

„Passieren solche Sachen nicht die ganze Zeit, ohne dass man dazu besondere Kräfte einsetzt?", fragte ich. Harold schaute mich amüsiert an. Bei ihm war es anders. Er wusste, dass er diese Dinge verursachte.

Mehrere Aspekte sind bei Harolds Erfahrungen bemerkenswert. Es hatte sich um eine absichtliche Veränderung der Bewusstheit gehandelt. Es hat sich anders angefühlt, sogar etwas unheimlich. Harold sah sich dadurch in einem neuen Licht. Er erlebte, dass die Möglichkeiten des Geistes viel größer sind als man normalerweise erwarten würde, und doch fühlte es sich für ihn als normal bzw. natürlich an, „den Schalter zu bedienen". Als das Erlebnis vorbei war, verblasste es, und er vergaß es eigentlich fast ganz.

Können wir also davon ausgehen, dass Harold eine kurze Reise in das Akasha-Feld unternommen hat? Vedanta würde sagen, dass er eine Bewusstseinsveränderung erlebte und dass währenddessen auch die Welt „da draußen" sich entsprechend mit verschoben hatte. So funktioniert es auch mit der Reise ins Nachleben, über eine innere Bewusstseinsverschiebung, welche eine andere äußere Umgebung erzeugt.

Es wichtig zu erfassen, dass die Ebenen der physischen Objekte, der subtilen Dinge und des reinen Bewusstseins eigentlich eine einzige Ebene sind – Akasha, das auf drei Weisen gesehen wird. Das wird deutlich anhand von Phänomenen wie der Glaubensheilung. Dabei kommen die drei Aspekte zusammen: das reine Bewusstsein (Gott), ein subtiles Geschehen (Gebet) und der physische Körper. Das Licht, das so viele Menschen sehen, die geheilt werden, ist eine feinstoffliche Energie, die auch als eine elektrische Ladung im Körper wahrgenommen werden kann, jedoch ebenso als nervöses Zucken, als Ergriffensein, Verzückung oder Schwindelgefühl. In ihrem Buch *The Healing Touch of Mary* erzählt Cheri Lomonte folgende Geschichte.

Dawn J. war eine fromme Katholikin, die als junge Frau darum gebetet hatte, eine Vision der Jungfrau Maria zu erfahren. Bald nachdem sie bei ihren Eltern ausgezogen war, erlebte sie eine tatsächliche Visitation. Das schuf in ihr ein Gefühl der Ehrfurcht und Demut. Sie fühlte sich kaum würdig, die Mutter des Fleisch gewordenen Gottes erfahren zu dürfen. Aber Dawn fühlte auch, dass sie als eine Botin auserwählt worden war.

Bald darauf wurde sie von einem Arbeitskollegen gebeten, in einer persönlichen Angelegenheit zu helfen. Er machte sich Sorgen um seine Frau, die begonnen hatte, ein Haus im New

Yorker Stadtteil Bronx aufzusuchen, wo eine Marienstatue
spontan angefangen hatte, ein duftendes Öl auszuströmen.
Dawn war bereit, ihm zu helfen, und besuchte dieses Haus. Als
sie hineinkam, wurde sie von einem kräftigen Rosenduft empfangen, und als sie die kleine Statue sah, die beständig ein Öl
verströmte, war sie davon überzeugt, dass es sich um ein echtes Wunder handelte. Dawn suchte danach noch mehrmals
dieses Haus auf, und jedes Mal erlebte sie im Duftöl eine göttliche Präsenz. Bei einem Besuch erzählte ihr die Frau des Hauses, dass inzwischen die Wände und die Möbel anfingen, Öl
auszusondern; die Frau des Hauses hatte dies mit Wattebäuschen abgewischt. Sie gab Dawn einen Beutel mit solchen duf-
tenden Wattebäuschen mit nach Hause. Etwas später hörte
Dawn davon, dass das dreimonatige Baby einer Freundin an
einer spinalen Meningitis schwer erkrankt war und auf der
Intensivstation eines Krankenhauses lag. Dawn fühlte einen
starkem Impuls, das heilige Öl zur Heilung zu verwenden. Mit
Erlaubnis der Eltern ging sie zu dem Baby, das apathisch und
fast bewusstlos im Bettchen lag. Der Anblick des kleinen Körpers, der über Schläuche mit Nahrung und Medikamenten ver-
sorgt wurde, war erbarmenswürdig.

Dawn nahm einen ölgetränkten Wattebausch und strich
damit sanft über das Rückgrat des Babys. Am nächsten Tag
wurde sie informiert, dass das Baby außer Lebensgefahr war.
Nach zwei Tagen konnte es wieder normal schlafen und gestillt
werden, und es wurde nach Hause zu seinen Eltern zurück-
geschickt. Der diensthabende Arzt betrachtete das als eine
wunderhafte Genesung. Dawn schrieb es der heilenden Berührung Marias zu.

Selbstverständlich gibt es Tausende ähnlicher Geschichten
in der katholischen Überlieferung, aber was sollen wir speziell
von dieser halten? Für mich zeigt sie, dass sich die drei Ebenen
des Bewusstseins nicht nur überlappen, sondern dass sie aktiv
miteinander zu tun haben. Die physische Ebene wird von der
Marienstatue, dem Öl und dem Körper des Babys repräsen-

tiert. Die subtile Ebene findet ihren Ausdruck in der ersten Marienvision, Dawns Glauben und der göttlichen Gegenwart, die sie um das Öl herum gefühlt hatte. Die Domäne des reinen Bewusstseins ist natürlich das Göttliche selbst. Ich erwähne diese Geschichte nicht in der Meinung, dass andere sie so glauben sollten. Die Fakten, welche berichtet wurden, sind in keiner Hinsicht überprüft worden. Die Menschen beschrieben einfach ihre eigenen Erfahrungen, und sie hatten damit nichts zu gewinnen. Ich habe die Geschichte kurz dargestellt, weil darin eine Möglichkeit zum Ausdruck kommt, dass es ein einheitliches und alles vereinigendes Prinzip gibt, das Akasha-Feld, in dem sich eine große Anzahl von Phänomenen ereignen können.

Irgendwo in Akasha schauen sich vielleicht Engel um und sagen: „Das hier ist real." Und das nehmen unter Umständen abgeschiedene Spirits, hohe spirituelle Wesen und Seelen wahr, die gerade im Übergang begriffen sind. Die Landschaft des Nachlebens kann so komplex sein, wie man nur möchte, solange wir uns daran erinnern, dass letztlich auch Götter, Göttinnen, Spirits und Seelen nur eines sind und nur eines werden: Bewusstsein, dass innerhalb seiner selbst erschafft.

DEN STURM ÜBERLEBEN

Savitri vertraute Ramana, aber je länger die Stunden wurden, machte sie sich doch wieder Sorgen über die inzwischen verstrichene Zeit. Ihr Geist wurde von einer Vision erfüllt, in der Satyavans starker Körper nur durch einen Blick Yamas kalt und leblos geworden war. *Ich würde alles verlieren,* dachte sie.

Ramana wandte sich ihr zu. „Macht es dir Angst, alles zu verlieren?" Er schien ihre Gedanken mühelos lesen zu können.

„Natürlich", sagte Savitri verzweifelt.

Ramana deutete nach oben. Neben dem Pfad zum Gipfel stand ein rustikaler Schrein, den jemand mitten im Wald errichtet hatte. Die runden Kiefernhölzer über dem Altar beschützten ein Inbild von Vishnu. Da sie wusste, dass Vishnu jener Aspekt Gottes war, der Leben erhält, lief sie rasch zum Schrein und sammelte ein paar Wildblumen, um sie auf dem Altar darzubringen. *Das muss ein Zeichen sein,* dachte sie. Ramana hielt sich zurück, während Savitri sich verneigte und Vishnu bat, ihr zu helfen. *Ich werde alles tun,* flehte sie.

Als sie ihre Augen wieder erhob, stand Vishnu tatsächlich vor ihr. Savitri wurde von Staunen und Ehrfurcht ergriffen. „Du bist bereit, alles zu tun, wenn ich deinen Mann rette?", fragte er. Eindringlich bejahte Savitri. „Dann geh zum Fluss und bring mir Wasser zu trinken," sagte Vishnu.

Savitri lief davon, wie ihr aufgetragen wurde. Ramana war nirgendwo zu sehen, aber sie erinnerte sich, dass sie den Fluss überquert hatten, und sie wusste, dass er sehr nahe war. Als sie dort ankam, kniete sie sich hin und überlegte, wie sie Vishnu wohl das Wasser schöpfen und bringen könnte. Da zog irgendetwas anderes am Fluss ihren Blick auf sich. Es war ein anderer Mensch am Fluss. Es war Satyavan! Überglücklich lief Savitri zu ihm und brach in Tränen aus. Satyavan umarmte sie und fragte, was denn los sei.

Zwischen vielen Schluchzern erzählte Savitri ihm von der Gefahr, in der er sich befand. „Dann kehren wir einfach nicht mehr nach Hause zurück", erklärte Satyavan. Er nahm Savitri liebevoll bei der Hand. Sie gingen am Fluss entlang, bis sie einen Bootsmann sahen, der am Ufer angelegt hatte.

Der Bootsmann begrüßte sie freundlich und erzählte, er sei draußen beim Fischen gewesen. Er zeigte auf eine Insel inmitten des Flusses. „Dort ist mein Zuhause", sagte er. Satyavan schloss rasch einen Handel mit dem Bootsmann ab, dass er als sein Helfer arbeiten würde. Beide wurden hinüber auf die Insel genommen, wo sie ein neues Leben begannen.

Savitri wurde sehr glücklich, denn nach ein paar Tagen war es klar, dass Yama sie nicht verfolgt hatte. Ihr Mann lernte zu fischen, und sie führten ein friedliches Leben auf der Insel. Jahre vergingen. Sie hatten zwei Kinder, welche die Freude ihrer Herzen waren. Dann brach eines Nachts ein großer Sturm über die Insel herein. Die Winde heulten, und der Fluss stieg höher an als jemals zuvor. Savitri konnte sich retten, weil sie sich mit einem Seil an einen Baum gebunden hatte. Bei Sonnenaufgang sah sie, dass Satyavan, ihre Kinder und ihr Haus in der Sturmnacht alle vom reißenden Strom fortgerissen worden waren.

Sie fand ein Boot und ruderte an das Ufer; Savitri war jedoch so niedergeschlagen, dass sie dort nur noch auf dem Sand liegen und wehklagen konnte. Plötzlich spürte sie, wie ein Schatten auf sie fiel. Sie blickte hoch und sah Lord Vishnu. „Hast du dich daran erinnert, mir Wasser zu bringen?", fragte er.

Savitri sah an sich herab und stellte erstaunt fest, dass sie denselben Sari trug wie an dem Tag vor vielen Jahren, als Vishnu ihr zum ersten Mal erschienen war. Als sie sich zum

Fluss niederbeugte, um ihm mit den Händen Wasser zu schöpfen, spiegelte sie sich darin als dieselbe junge Frau wie damals. „Was ist passiert?", fragte sie verwundert.

Vishnu antwortete: „Bei mir gibt es keine Zeit, weil ich jenseits des Todes bin. Die Zeit ist das Feld, in dem man gewinnen oder verlieren kann. Solange du dich in der Zeit aufhältst, ist es eine Illusion zu meinen, du könntest Verlust verhindern. Verlust ist nur ein anderes Wort für Veränderung."

„Dann könnte Satyvan ja noch leben!", rief Savitri aus. „Kann er gerettet werden?"

Vishnu war schon im Begriff, sich wieder aufzulösen. Savitri griff nach ihm, aber sie bekam nur Luft zu fassen. Als sie sich umdrehte, stand Ramana hinter ihr auf dem Waldpfad vor dem Schrein.

„Siehst du", sagte Ramana, „was du Angst hast zu verlieren, ist unwirklich. Der Tod kann an das, was wirklich ist, nicht heran. Das ist in gewisser Weise ein Geschenk vom Tod."

„Das begreife ich nicht", sagte Savitri ganz enttäuscht.

„Wenn du stirbst, wirst du gezwungen, alles zu verlieren, und doch bleibt etwas übrig. Es ist die Seele, die wirklich ist. Deshalb solltest du Verluste feiern. Die äußerlichen Zutaten der Existenz können jederzeit wegfallen, aber die Essenz bleibt immer bestehen. Und diese Essenz bist du."

JENSEITS VON GRENZEN LEBEN

Das Nachleben ist nicht nur ein Rätsel, dass gelöst werden muss. Sondern es ist auch eine Chance, um das Leben über bestehende Grenzen hinaus auszudehnen. Die Rishis haben es so beschrieben, dass bewusste Wahrnehmung in einem grenzenlosen Zustand mit dem reinen Bewusstsein beginnt, und dann wie in Kaskaden immer wieder eine Ebene tiefer fällt, Schicht für Schicht, bis sie die physische Welt erreicht. Jede dieser Ebenen existiert jedoch in Ihnen selbst. Sie können sich zu

jedem beliebigen Zeitpunkt überall hin begeben; welche Grenzen Sie wählen möchten – oder die Entscheidung für Grenzen-
losigkeit – liegt nur bei Ihnen selbst. Deshalb sind Reisen in
Himmel oder Höllen alltäglich mögliche Ereignisse und nicht
etwa nur weit entfernte Möglichkeiten. Manchen Menschen
fällt es schwer, das anzunehmen, weil sie lieber ein fest fixier-
tes, verlässliches „ich" haben wollen, das Stabilität in eine
unstabile Welt bringt. Es gibt indes keine Trennung zwischen
dem Beobachter und dem, was beobachtet wird. Die inneren
und die äußeren Welten verändern sich ständig.

Nach dem Tod verschieben sich Wahrnehmung und Erfahrung
auf die subtile Ebene, die ihre unendliche Vielfalt zum Aus-
druck bringt. Und doch machen wir auch schon erste subtile
Erfahrungen in unserem Alltag. Hier sind einige „Etiketten",
die wir für solche Alltagserfahrungen verwenden:
- Träume
- Vorstellungskraft
- Mythen
- Archetypen
- Erscheinungen
- Der „Schatten"
- Das kollektive Bewusstsein
- Die numinose (feinstoffliche) Schöpfung (mit Engeln, Dä-
  monen, Heiligen, Bodhisattvas, Gottheiten, und so fort)
- Heilige Visionen
- Sehnsüchte und Wünsche
- Inspiration

Irgendwo in diese Liste fällt all das hinein, was die Rishis „von
feinstofflichen Dingen erfülltes Bewusstsein" nannten. Sie können sich nicht als ganze Person erfassen, wenn Sie diese „unter-
schwelligen Welten" nicht mit beachten. Sie sind einerseits
Zielorte in der Zukunft, andererseits bestehen sie zugleich
auch bereits im Hier und Jetzt. Der „Schatten" ist vielleicht ein

weniger vertrauter Begriff; er bezieht sich auf verborgene Kräfte, die uns scheinbar gegen unseren Willen beeinflussen. Das Schatten-Selbst ist in der jungianischen Psychologie eine Region des Unbewussten, in der wir Energien speichern, die unserer Auffassung von Dunkelheit, Bösem, Schamvollem oder feindlichen Wesen entsprechen. Es ist schwer vorstellbar, wie der Schatten denselben Platz einnehmen kann wie Lichtwesen, die numinoser Natur sind und zu denen Engel und Gottheiten gehören. Wir sind versucht, allen Wesen einen getrennten Ort zuzuweisen; in den subtilen Ebenen gibt es jedoch keine physischen Trennungen zwischen Himmel und Hölle, Licht und Schatten. Der Zugang zur feinstofflichen Welt steht immer offen. Wenn Sie Vorstellungskraft besitzen und träumen können, dann können Sie auch abgeschiedene Spirits, Engel oder Götter erfahren.

Deshalb ist der erste Schritt für jeden, der in die unsichtbaren Welten des Bewusstseins eintreten möchte, die eigenen starren Regeln loszulassen, die bestimmen sollen, was real und was irreal sei. Viele Kulturen haben die Grenze zwischen Leben und Tod als durchdringbar angesehen. Wir bestehen darauf, eine Mauer daraus zu machen, und hinter unserem Beharren darauf lauert eine ganze Menge an unausgesprochener Angst. Wir setzen die gesamten Bereiche der feinstofflichen, subtilen Welten mit dem Reich des Todes gleich, und das ist weit von den Tatsachen entfernt.

„Mein Sohn ist gestorben, als er erst zweiundzwanzig Jahre alt war", sagte mir eine Frau kürzlich. „Er hatte einen Gehirntumor und ich war an dem Tag zu Hause, als er hinüberging. Seine Schwester und seine Frau waren auch dabei. Toms Übergang war friedvoll; am Abend blieben wir drei Frauen noch bis in die späte Nacht auf und sprachen über ihn. Wir müssen einfach zu lange gesprochen haben, da wir alle drei am Kaminfeuer einschliefen.

Am nächsten Morgen war seine Frau ganz aufgeregt und erzählte uns, dass Tom sie im Traum besucht und ihr versichert hatte, dass alles in Ordnung ist und es ihm gut geht. Seine Schwester platzte heraus, dass Tom sie auch in der Nacht im Traum aufgesucht und ihr dasselbe gesagt hatte. Die beiden wandten sich zu mir, und ja, ich hatte denselben Traum. Wir alle fühlten, dass Tom so lebendig zugegen war, dass uns das gar nicht als ein Traum erschienen war – wir meinten, er selbst sei es gewesen."

In diesem Beispiel durchdringen sich mehrere Schichten der subtilen Welt: Träume, hinübergegangene Spirits und das kollektive Unbewusste. „Kollektiv" heißt in diesem Fall, dass es sich um eine bewusste Wahrnehmung handelt, die von drei Menschen gemeinsam gemacht wird, obwohl der Begriff natürlich eine sehr viel weiter ausgedehnte Bedeutung besitzt. Diese Art von Überlappung bzw. Durchdringung von Bewusstseinsebenen geschieht viel häufiger, als man meinen könnte. Grenzen sind letzten Endes schließlich willkürlich. Einstein, dessen Ruf auf rationalem Denken beruht, erklärte, dass der Keim für die Relativitätstheorie in einer Tagträumerei auftauchte. Sollen wir das dann einen Traum nennen, eine Vision oder Inspiration? Sollen wir Toms Versicherung an seine Familie, dass es ihm gut geht, als wirklich oder als eine Täuschung betrachten, oder lediglich als eine Projektion für die Trauer, die irgendein Ventil brauchte?

Die vedischen Rishis machten es zu ihrer Aufgabe, die subtile Welt selbst zu verstehen. Wenn wir uns tiefer auf ihre Erklärungen einlassen, können wir beginnen, in dieser Ebene der Realität zu navigieren, die unserer Seele am nächsten ist. Wir sind sozusagen in den Vorhöfen der Unsterblichkeit angekommen, die noch nicht ganz ewig, aber auch nicht durch Zeit und Raum gebunden sind.

Die fünf Koshas

Die Berichte über Nahtoderlebnisse, der tibetische Buddhismus und die biblische Johannes-Offenbarung stimmen bei einem Thema überein: Wenn wir sterben, werden wir wunderschön aussehen. Der „goldene Körper" des tibetischen Bardo und der vollkommene Körper, der am Tag des Gerichts aus dem Grabe entsteigt, sind von Alter und Verfall unversehrt geblieben. Wenn Menschen im Traum von den Verschiedenen besucht werden, dann zeigen diese sich meistens wie in der Blüte ihres Lebens, ungefähr um die dreißig Jahre herum, nicht aber als Kinder oder als körperlose Geister. Erscheinungen der Mutter Maria sind anscheinend nie in Gestalt einer alten Frau, sondern in Form einer lichtvoll strahlenden, schönen jungen Frau. Im Unterschied dazu sehen die Verdammten, die in Berichten über Nahtoderlebnisse und Höllenerfahrungen auftauchen (die allerdings sehr viel seltener sind als Reisen ins Licht), nie jung und gesund aus. Vielmehr erscheinen sie als alt, verwelkt, krank, voller Narben, missgestaltet oder manches davon zusammen. Visionen der Belohnung und Visionen der Bestrafung bieten völlig entgegengesetzte Bilder.

Die Rishis waren mit solch schlichten, idealisierten Bildern nicht zufrieden. Sie betrachteten die gesamte feinstoffliche Welt als eine Projektion des Bewusstseins und konzentrierten sich auf die *Koshas,* oder die Aufteilungen des reinen Bewusstseins. *Kosha* kann man übersetzen mit Hülle, Schicht oder Umkleidung. Für uns am einfachsten ist es vielleicht, dass wir uns das reine Bewusstsein als einen Punkt vorstellen, der sich mit fünf Körpern umhüllt, die ähnlich den Schalen einer Zwiebel sind. (Man könnte auch den Vergleich zu Schwingungen wählen, die sich von der gröbsten bis zur feinsten erstrecken.) Die fünf Schalen, Körper oder Schichten sind:

1. Der physische Körper
2. Prana (der feinstoffliche Atem bzw. die Lebenskraft)
3. Geist

4. Ego und Intellekt
5. Der Körper der Glückseligkeit

Die fünf Koshas arbeiten in Übereinstimmung miteinander und
lassen das Selbst auftauchen, oder genauer gesagt, das Gesamt-
system des Selbst. Sie und ich, wir sind alle vielschichtig, weil
wir von unseren fünf Koshas nicht getrennt werden können.
Die Tatsache, dass jede Hülle seinen eigenen Regeln folgt, gibt
uns eine Struktur für die subtile Welt an die Hand. Das Nachleben kann nur in dem Sinne eine „Reise" genannt werden, wie
man das für einen Traum sagen könnte. In beiden Fällen ziehen
wir unsere Aufmerksamkeit von einer Hülle oder Schicht ab
und lenken sie auf eine andere. Unsere „Reisen" bleiben immer
innerhalb des Systems des Selbst.

Die Koshas sind uns allen gemeinsam. Das Universum hat
seine eigenen Schichtungen. Wenn jemand zum Beispiel einen
Engel oder einen abgeschiedenen Spirit erlebt, dann ist das
möglich gemacht worden von zahllosen Generationen, die geholfen haben, diese physisch unsichtbare Welt zu erschaffen.
Eine Realität, die man mit anderen gemeinsam erlebt, ist nichts
Mystisches. Sie meinen vielleicht, dass Ihr physischer Körper
nur Ihnen gehört, aber selbst daran haben andere Anteil – denken Sie nur an die Luft, die Sie heute einatmen, die Millionen
von Sauerstoffatomen enthält, die vor wenigen Tagen in China
ausgeatmet wurden. Sie absorbieren Ideen, die in den Mas-
senmedien herumschwirren, und manchmal passiert es, dass
Sie eine bestimmte Inspiration haben, nur um zu entdecken,
dass jemand anderes dieselbe Idee gleichzeitig auch hatte. (Als
Autor bin ich leider nur allzu vertraut damit, dass gelegentlich
zwei oder drei Autoren dieselbe wunderbare Idee innerhalb
weniger Tage hatten.)

An einem bestimmten Punkt versagt also die Analogie der
Zwiebel, die aus verschiedenen Schichten bzw. Schalen besteht.
Ein Kosha, eine Hülle oder Schicht, ist kein persönlicher Besitz.
Es ist vielmehr eine dynamische Ebene mit ihren eigenen

Gesetzen und Erfahrungsmöglichkeiten, eine Ebene, in die wir allein oder gemeinsam mit anderen eintreten können.

Annamaya Kosha, der physische Körper: Der physische Körper ist der Teil, der vom System des Selbst am stärksten getrennt ist. Die meisten Babys sind bei der Geburt physiologisch sehr ähnlich und sehen sich auch sehr ähnlich; im Alter von siebzig Jahren sind keine zwei Körper auch nur noch entfernt einander ähnlich. Die Zeit hat uns alle einzigartig gemacht. Diese physische Tatsache bildet die Basis für einen Großteil unserer Trennung in der Welt, da jeder nach seinem Anteil von Nahrung, Geld, Besitz und Ansehen greift. Die Leute wollen das Wohlergehen ihres Körpers sicherstellen, dessen Anziehungskraft und Schönheit stärken, und ihn vor der Bedrohung durch Verletzungen und Tod schützen.

Auf dieser Ebene ist Bewusstsein zunächst Biologie. Es funktioniert still vor sich hin, während es die Myriaden an Funktionen des Körpers organisiert; es hat keine Stimme. Doch auch hier stellen wir fest, wenn wir uns anschauen, was auf der Ebene der Zellen passiert, dass Bewusstsein Grenzen überschreitet. Zellen funktionieren, kommunizieren, tauschen Funktionen aus, leisten Akte der Selbstaufopferung, bleiben im Gleichgewicht, bleiben ihrer Umgebung bewusst, passen sich Veränderungen an und wissen, dass sie überleben, indem sie ein Teil eines größeren Ganzen sind.

Jedes Kosha zeigt sich als Ganzheit und Getrenntheit zugleich. Wenn wir *Annamaya Kosha* als die physische Welt betrachten, ist es offensichtlich, dass unsere Körper isoliert voneinander sind. Das hält die Trennung aufrecht, indem es zur Illusion führt, dass wir kämpfen und in Konkurrenz zu anderen isolierten Körpern stehen müssten.

Und doch bringt uns dieses Kosha der Ganzheit näher durch Zusammenarbeit, körperliche Sicherheit in sozialen Gruppen und dem gemeinsamen Streben nach Nahrung, einem Dach über dem Kopf, Sexualität und körperlichem Wohlbefinden.

Pranamaya Kosha, der subtile Atem bzw. die Lebenskraft: *Prana* bedeutet Vitalität. Im Individuum ist Prana der Atem, der das Leben erhält, indem er uns rhythmisch mit der Natur verbindet. Wir atmen all das ein, was zum Leben notwendig ist, dann atmen wir das wieder aus, dorthin, wo es als Nächstes gebraucht wird. Im Westen gibt es für den Begriff Prana keine Entsprechung, mit Ausnahme einer geistigen Tradition, die man Vitalismus nennt, die sich mit der „Lebenskraft" beschäftigt. Gleich wie Sie es nun nennen mögen: Es gibt eine subtile, fließende Intelligenz, die unseren physischen Körper erhält.

Auf dieser Ebene ist Bewusstsein die bindende Kraft, welche die Natur intakt hält. Die Menschheit hat inzwischen erkannt, dass wir mit allen Lebewesen verbunden sind. Bewusstsein erkennt nicht höhere oder niedrigere Ebenen des Lebens an, es ordnet vielmehr Vielfalt in eine Ganzheit. Wenn Sie sich mit den Lebensformen verbunden fühlen, die im Ökosystem enthalten sind – Haustiere, ein alter Baum, der Schatten gibt, der Vollmond, ein Gewitter –, dann spüren Sie den Fluss der Vitalität, der die ganze Natur zusammenführt und miteinander verknüpft. Wenn Sie sich die unglaubliche Intelligenz bewusst machen, die in jeder Zelle des Körpers wirkt, dann können Sie gar nicht mehr sagen: „Das besitze ich". Sie können Leben nicht besitzen, aber Sie können auch nichts dagegen unternehmen, dass Sie selbst im Mittelpunkt des Lebens stehen. Auf dieser Ebene scheint die Trennung dennoch über die Ganzheit vorzuherrschen. Das ist der Grund, warum wir menschlichen Wesen weiterhin das Ökosystem ausrauben, ohne zu realisieren, dass wir damit ein Teil unseres eigenen Selbst-Systems zerstören.

Dieses Kosha hält uns in Trennung durch Ungleichgewicht, ein gestörtes Ökosystem, Umweltverschmutzung und städtische Überbevölkerung.

Dieses Kosha bringt uns der Einheit näher durch Vitalität, Verwandtschaft mit anderen Lebewesen, Gleichgewicht im Ökosystem und Mitgefühl.

Manomaya Kosha, der Geist*: Die Wurzeln des Geistes sind individuelle Ideen und Gedanken. Sie wissen, wer Sie sind, aufgrund dessen, was Sie denken. Diese Ebene ist die Schicht, in der Sie die „Rohdaten" der Welt verarbeiten, um ihnen Sinn zu verleihen. Zum Geist gehören Emotionen, Sinneserfahrungen, Erinnerungen und andere Anwendungen des Gehirns. Die Rishis begriffen, dass sich der Geist in einem eigenen, unsichtbaren Körper organisiert hat; das ist ein Körper bzw. eine Hülle von persönlichen Erinnerungen und Glaubensmustern, die wir genauso heftig vor Schaden wie unseren physischen Körper schützen.

Auf dieser Ebene befindet sich das Bewusstsein im Spiel in einem Kosmos ohne Grenzen, denn der Geist kann überall hinfliegen und sich alles vorstellen. Ihr Geist ist frei, die Welt so zu interpretieren, wie er es möchte, und leider gehört zu den vielfachen Möglichkeiten auch, Unwissen über das Selbst zu bewahren. Es ist unmöglich, den Geist zu beschränken, und doch haben viele Leute Angst vor seinem Geschenk der Freiheit. Auf dieser Ebene stoßen wir an selbst erzeugte Grenzen des Glaubens, an Angst und Vorurteile. Die von Blake so bezeichneten „vom Geist erschaffenen Handfesseln" erzeugen Trennung und Unterdrückung, wo diese gar nicht bestehen müssten.

Der Geist ist kollektiver als das Individuum. Ich kann zwar sagen „mein Geist" und damit meine einzigartigen Gedanken und Erinnerungen meinen, aber 90 Prozent unserer Gedanken werden aus der Gesellschaft und ihren zahlreichen Ausdrucksformen entliehen. Sehr viele Erinnerungen sind gemeinsame Erinnerungen, und die Struktur und der Stoff des Denkens selbst – Sprache – ist eine kollektive Schöpfung. Deshalb sagen die Rishis, dass der Geist das erste Kosha ist, in dem Ganzheit über Trennung dominiert.

---

* In der Vorlage „mind". Das ist im Englischen ein sehr vielschichtiger Begriff, der vielerlei bedeuten kann, u.a.: Verstand, Bewusstsein, Gemüt, und eben auch Geist. (Anm.d.Ü.)

Dieses Kosha bringt uns der Ganzheit näher durch gemeinsame Glaubensüberzeugungen, soziale Konditionierung, Religion, von anderen aufgenommene Ansichten und gemeinsame Werte.

Dieses Kosha hält uns in Trennung befangen aufgrund trennender Denkmuster und Meinungen über Politik und Religion, Vorurteile, das Denken von „wir gegen sie", Nationalismus und willkürliche mentale Grenzen, die durch Angst und Hass entstanden sind.

Vigyanmaya Kosha, das Ego und der Intellekt: Das ist die Ebene der Identität, die vom „Ich", „mir" und „mein" beherrscht wird. Eine ökonomisch dominierte Gesellschaft beurteilt jemanden positiv, der einen starken „Ego-Drive" und Willen zum Erfolg hat, während in spirituellen Kreisen das Ego einen ziemlich schlechten Ruf hat. Spirituelle Sucher meinen oft, es sei ihre Verpflichtung, „das Ego zu töten" und seine Impulse zu kontrollieren. Wenn wir uns jedoch einmal die „Ichhaftigkeit" ohne ein Vorurteil gegen das Ego ansehen, dann stellen wir fest, dass diese Ebene des Selbst die Identität erst entstehen lässt und hervorbringt, nicht jedoch die äußeren Dinge, nach denen der Egoantrieb uns jagen lässt.

Die Identität bleibt nicht lange ein leeres, unbeschriebenes Blatt. Sie wird mit Bindungen und Verbindungen angefüllt, die davon abhängen, womit wir uns identifizieren wollen. Vigyanmaya Kosha ist die Ebene, auf der Mythen und Archetypen operieren und wirken, die uns Geschichten und Modelle bieten, mit denen wir uns identifizieren können. Die Götter stellen unsere uranfänglichen, tiefen Sehnsüchte, Suchen, Kriege und Lieben dar. Das Ego vermittelt uns auch Kenntnis über Identität an sich, was es bedeutet, Mensch zu sein: Ich kann mich selbst nicht ohne Familie und Gesellschaft erkennen.

Auf dieser Ebene ist Bewusstsein auf sich selbst konzentriert; das „Ich" steht im Brennpunkt. Nichts ist universeller, und dennoch trennt uns das Ego von anderen, wenn der Wunsch einer Person mit dem einer anderen zusammenprallt.

Um fair zu sein, muss man festhalten, dass dieser Zusammenprall im Geist entsteht, nicht im Ego selbst. Wenn wir Ego sagen, meinen wir damit gewöhnlich die Ego-Persönlichkeit, die voller individueller Wünsche, Träume, Glaubensmuster, Vorlieben und Abneigungen ist. Vigyan ist der Einheit viel näher als dieses. Auf dieser Ebene dominiert Ganzheit über Getrenntheit, was man anhand der Archetypen und Mythen nachvollziehen kann, die fast allen Weltkulturen gemeinsam sind.

Dieses Kosha bringt uns der Ganzheit näher durch ein Gefühl, dass es nur eine Menschheit gibt, durch heldenhafte Unternehmungen und mythische Leistungen, und das Bedürfnis nach Selbstachtung, Würde und innerem Selbstwert.

Dieses Kosha hält uns in Getrenntheit fest durch Entfremdung, Trennungsängste, Einsamkeit und unterdrückte Emotionen, die zu Scham und Schuldgefühlen führen.

Anandamaya Kosha, der Körper der Glückseligkeit: Für die Rishis war Glückseligkeit mehr als ein Gefühl der Ekstase. Sie stellte die grundlegende Schwingung, den Grundton des Universums dar, einen Urzustand, aus dem alle Vielfalt entspringt. Es ist durchaus möglich, sich ein Nachleben vorzustellen, in dem man keinen Körper mehr hat, wo der Geist keine Informationen mehr verarbeitet. Aber es muss immer noch ein zumindest schwaches Gefühl sowohl von Ego wie von Seligkeit geben. Das Ego sagt: „Das erlebe ich." Die Glückseligkeit sagt: „Ich spüre den Funken der Schöpfung." Ananda ist die Möglichkeit, dass die Schöpfung manifest wird, dass sie sich zeigt. Solange Sie den Körper der Glückseligkeit bewohnen, ist Seligkeit eine intensive, dynamische Erfahrung und nicht nur ein Potenzial.

Auf dieser Ebene ist Bewusstsein die Freude am Sein. Anstatt sich auf irgendetwas in der äußeren Welt auszurichten, ruht unsere Aufmerksamkeit in der numinosen Präsenz dessen, was als ein goldenes Licht, das jedes Partikelchen der Natur durchströmt, beschrieben worden ist. In Glückseligkeit neh-

men Sie wahr, dass Getrenntheit nur ein dünner Schleier ist.
Hinter diesem Schleier strahlt das Licht des reinen Bewusstseins. Andachtsübungen, welche das Erleben von Freude vertiefen, können bis zur Ekstase reichen. Glückseligkeit ist jedoch weit entfernt von Gefühlen des Glücklichseins oder von
Freude, obwohl Glückseligkeit, wenn sie „verdünnt" wird,
auch als das erlebt werden kann. Sie ist vielmehr jene Schwingung, die es dem reinen Bewusstsein möglich macht, in die
Schöpfung einzutreten.

Dieses Kosha offenbart Ganzheit so vollständig – durch
Liebe, Freude und Ekstase –, dass Getrenntheit keinerlei Anziehungskraft mehr besitzt. Man könnte sagen, dass Anandamaya
Kosha reines Sein ist, dem nur eine Spur von Individualität bei-
gemischt ist, gerade genug, um in einer physischen Form leben
zu können und in jedweder Form, welche das Nachleben annimmt. Ohne diese hauchdünne Hülle würde man sich im Sein
auflösen und zu Glückseligkeit selbst werden, ohne eine In-
stanz, welche diese Glückseligkeit überhaupt wahrnimmt.

Es ist gar nicht so schwierig, dass Sie sich als multidimensional
sehen, dass Sie also in mehreren Dimensionen zugleich sind,
sobald die Koshas, die Ebenen und Hüllen einmal beschrieben
worden sind.

- Die **physische Dimension** enthält Aktion. Hier leben Sie
  immer dann, wenn Sie sich selbst als separaten Körper begreifen, der in Zeit und Raum getrennt von allem anderen
  ist.
- Die **Prana-Dimension** verbindet Sie mit anderen Lebewesen. Hier leben Sie, wenn Sie sich als Teil des Gewebes
  und Netzwerkes des Lebens begreifen, als ein Geschöpf
  der Natur.
- Die **mentale Dimension** organisiert die Realität durch das
  Denken. Sie leben hier, wenn Sie sich als die Summe Ihrer
  Gedanken, Sehnsüchte, Wünsche, Träume und Ängste
  sehen.

- Die **Ego-Dimension** definiert Ihre einzigartige Identität. Hier leben Sie, wenn Sie sich selbst im Rahmen von „Ich", „mir" und „mein" betrachten.
- Die **Dimension der Glückseligkeit** bietet die höchste Erfüllung durch Liebe und Freude. Sie leben hier, wenn Sie sich in alles durch die Kraft der Liebe einlassen und damit verschmelzen, oder wenn Sie keine andere Empfindung als Ekstase spüren.

Sich mit diesen Dimensionen vertrauter zu machen, bringt Sie allerdings noch nicht automatisch zusammen. Jedes Kosha, jede Ebene kann Sie sowohl der Einheit näher bringen oder auch Ihre Neigung verstärken, getrennt und isoliert zu bleiben. Die Rishis betrachteten die Einheit als die einzige Realität, verglichen mit der jede Erfahrung der Getrenntheit eine Illusion ist. Das Ziel des Lebens ist demzufolge, Einheit zu finden, im Sanskrit auch „Yoga" genannt. Dieses Ziel kann man erreichen, sagten sie, indem man sich mit entsprechenden Yoga-Übungen auf jedes Kosha konzentriert.

- Der **physische Körper:** Yoga verwendet physische Haltungen (die man *Asanas* nennt), die Ausgleich und Gleichgewicht, Stärke und Körperbewusstsein verbinden, um uns physisches Bewusstsein zu bringen.
- Der **Prana-Körper:** Yoga nutzt hier sanfte, bewusste Atemübungen *(Pranayamas)*, um uns das Bewusstsein des Fließens von Prana deutlich zu machen.
- Der **Mentalkörper:** Yoga wendet das gesamte Spektrum an bewussten Unterscheidungsfähigkeiten an *(Viveka)*, um uns erkennen zu lassen, wie der Geist funktioniert. Manomaya Kosha ist deshalb die Ebene der Entwicklung von Bewusstsein, sowohl für Sie und mich als auch für alle Menschen als Ganzes. Wir meißeln uns aus dem kollektiven Bewusstsein unsere individuellen Nischen heraus, und während eine Welle der Evolution durch die

Menschheit hindurchrollt, kann jeder von uns sich selbst entscheiden, ob wir mit der Welle vorwärtsgleiten oder sie ignorieren wollen, ob wir sie willkommen heißen oder uns dagegen verteidigen.

- **Das Ego:** Yoga benutzt Achtsamkeit in allen seinen unterschiedlichen Formen, wie Kontemplation und Meditation *(Dhyana),* um einer Person das Bewusstsein des „Ich bin" zu vermitteln, das die Grundlage aller Erfahrung darstellt.
- Der **Körper der Glückseligkeit:** Yoga rät zu länger aufrechterhaltenen Perioden eines Zustands der tiefgreifenden Stille *(Samadhi),* um die feine Schwingung der Glückseligkeit an der Oberfläche des Geistes auftauchen zu lassen. Dadurch wird der Mensch dessen gewahr, dass der „Ton" des Universums in jeder Erfahrung existent ist und schwingt.

Damit habe ich sehr knapp die Konturen von Yoga als einem Weg des Lebens gezeichnet. Von einem typischen Menschen in unserer modernen Zeit kann man jedoch nicht erwarten, dass er bzw. sie so plötzlich und drastisch verschiebt oder verändert, mit wem er bzw. sie sich „verbündet". Damit würde das „Nach" in „Nachleben" zu weit entfernt sein, um damit zu arbeiten; wir müssen mehr Einheit im „Hier und Jetzt" erschaffen. Yoga war nicht als etwas speziell Indisches gedacht, und es sollte auch nicht nur in der Antike gültig und sinnvoll sein. So haben sich die Dinge jedoch leider entwickelt, und nun haben wir es mit einer neuen Herausforderung zu tun. Wie gehen wir mit der Tatsache um, dass wir in fünf Welten leben, und wie nutzen wir dieses Faktum, um das Leben als Ganzes neu zu verstehen und zu definieren?

Im Bewusstsein zu Hause

Sie und ich, wir scheinen hauptsächlich in der physischen Welt zu leben, und doch begann unsere Bewusstheit und wache Wahrnehmung im reinen Bewusstsein. Während wir durch eine

Schicht nach der anderen der verschiedenen Dimensionen reisten, bis hinein in dieses Leben, gab jede dieser Dimensionen und Schichten uns ein neues Selbstgefühl. Die Rishis untersuchten dieses System und kamen zu verschiedenen Schlussfolgerungen:

- Das *reine Bewusstsein* ist immer in allem gegenwärtig, gleich, welche Welt etwas besetzt oder welche Form etwas annimmt.

- Die *physische Welt* besitzt den geringsten Anteil an reinem Bewusstsein, weil sie von physischen Dingen und von der Illusion, von der Täuschung der Getrenntheit, beherrscht wird.

- Je näher man an das reine Bewusstsein herankommt, desto machtvoller wird es.

- Wenn man das eigene Bewusstsein auf subtilen, feinstofflichen Ebenen verändert, so führt das simultan für alle Koshas, für alle Hüllen zu Veränderungen.

Wenn wir diesen Prinzipien folgen, können wir dieselbe Meisterschaft erreichen, an der sich die Weisen erfreut haben, oder zumindest einen fairen Anteil daran.

Ich hatte Ausführungen ins Internet gestellt, in denen erklärt wurde, dass die beste und einfachste Methode, um die physische Welt zu meistern, darin besteht, das eigene Leben auf Bewusstsein aufzubauen. Die Reaktionen darauf waren ziemlich skeptisch. Viele antworteten etwa so: „Sie können über Bewusstsein so viel erzahlen, wie Sie möchten, aber wir müssen die Leute daran hindern, den Planeten zu zerstören." Oder: „Bewusstsein ist ja recht und gut, aber damit stoppt man nicht Krieg und Terrorismus." Oder: „Viel Glück dabei, eine Pistolenkugel mit Bewusstsein aufzuhalten." Anders gesagt, setzten diese Menschen die physische Hülle an die oberste Stelle, und sie gingen davon aus, dass materielle Dinge nur durch direkte materielle Aktionen beeinflusst werden können.

Wie könnte man nachweisen, dass die Veränderung über das Bewusstsein der beste Weg ist, um die Realität zu verändern? Auf der physischen Ebene scheint Aktion von Bewusstsein getrennt zu sein. Die buddhistische Vorstellung des „Nicht-Tuns" bleibt ziemlich rätselhaft, bis man erkennt, dass sie „Handlung im Bewusstsein" bedeutet. Aktionen im Bewusstsein können unterschiedliche Formen annehmen. Der gewaltlose Widerstand von Mahatma Gandhi stellte eine äußere Form des Nicht-Tuns dar, die eine enorme Wirkung für das Bewusstsein besaß: Sie brachte eine ganze historische Epoche an ihr Ende. Kraftvolle und wirksame Ideen bestehen ebenfalls im Bewusstsein, und es gibt keinen Zweifel, dass sie die Welt verändert haben. Das reicht von der griechischen Erfindung der Demokratie bis zu modernen Relativitätstheorien. Je mehr wir uns in die subtileren Koshas begeben, desto mehr findet alle Aktion im Bewusstsein statt.

Ich möchte die Dinge vereinfachen, indem ich Vorschläge mache, wie Aktion in jedem der fünf Koshas aussehen könnte:

Annamaya Kosha, der physische Körper: Pflegen, nähren und achten Sie Ihren Körper. Schätzen Sie seine unglaubliche innere Intelligenz. Fürchten Sie sich nicht vor ihm, und belasten Sie ihn nicht mit Giftstoffen. Nehmen Sie sich die Zeit, um wirklich ganz in Ihrem Körper zu sein. Nehmen Sie ihn nach draußen, und lassen Sie ihn spielen.

Pranamaya Kosha, der Vitalkörper: Gehen Sie in die Natur, und verinnerlichen Sie das Gefühl, dass die Natur Ihre Heimat ist. Achten und schützen Sie das Ökosystem. Schädigen Sie andere Lebewesen nicht. Betrachten Sie die Natur ohne Angst oder Feindseligkeit. Achtung für das Leben ist hier der Schlüssel.

Manomaya Kosha, der Mentalkörper: Entwickeln Sie positive Anwendungen des Geistes. Lesen und schätzen Sie das, was der höchste menschliche Ausdruck ist. Werden Sie sich dessen bewusst, dass Sie eine Ganzheit sind, und öffnen Sie sich für Ideen, welche Ganzheit statt Getrenntheit fördern. Widerstehen Sie dem „Wir gegen sie"-Denken. Überprüfen Sie Ihre automatischen Reaktionen und Glaubensmuster, die Sie quasi aus zweiter Hand haben. Finden Sie jede Gelegenheit, um Signale von Ihrem höheren Selbst zu empfangen und anzunehmen.

Vigyanmaya Kosha, der Egokörper: Finden Sie eine Vision, machen Sie sich auf einen Weg, eine Suche. Fügen Sie sich in das größere Entwicklungsmuster ein. Suchen Sie nach Möglichkeiten, sich persönlich weiterzuentwickeln. Freuen Sie sich an den großen geistigen Traditionen und der Weisheit, die alle Kulturen verbinden. Seien Sie in jeder Hinsicht so menschlich als möglich, und folgen Sie dem Spruch: „Die Welt ist meine Familie."

Anandamaya Kosha, der Glückseligkeitskörper: Entwickeln Sie eine eigene Praxis oder Übung, um Transzendenz zu erfahren und Glückseligkeit zu erleben. Sie kennen bereits den Satz: „Folgen Sie Ihrer Glückseligkeit"; praktizieren Sie das jetzt mit irgendeiner Methode, die „Alpha-Wellen-Erfahrung" mit sich bringt, zum Beispiel Meditation oder Tiefenentspannung. Entdecken Sie selbst, was Samadhi, die Stille der tiefen Bewusstheit, wirklich ist. Erleben Sie Ihr eigenes Wesen und Ihr eigenes Sein als einen Grund, hier zu sein.

GEISTFÜHRER UND BOTEN

„Habe ich jetzt genug gelernt?", fragte Savitri. Sie fing an, sich zu verändern; das spürte sie. Viele Dinge, die sie früher als wirklich betrachtet hatte, erschienen ihr nur als Phantome, während die zutiefst realen Dinge unsichtbar waren.

„Ich denke schon", sagte Ramana. „Geh nach Hause."

„Wirst du mitkommen?"

Er schüttelte den Kopf und lächelte. „Nein, ich möchte Yama doch nicht zu Tode erschrecken."

Savitris Herz setzte einmal kurz aus. „Wie finde ich aber zurück? Ich weiß doch gar nicht, wo ich bin."

„Das bildest du dir nur ein." Ramana zeigte in den dunkelsten Teil des Waldes, und Savitri sah einen Schwarm von Lichtern, die Glühwürmchen hätten sein können, aber es war ja erst Nachmittag. Ramana nickte dorthin. „Geh", sagte er. „Ich weiß, du meinst, ich wäre nicht bei dir. Das ist nur ein weiteres Stückchen Einbildung." Da er ihr Zögern bemerkte, fügte Ramana an: „Alles wird sein, wie es sein wird."

Savitri erinnerte sich daran, dass dies genau die Worte waren, die Yama zu ihr gesprochen hatte. Sie wartete noch einen Moment, bis Ramanas Gestalt im Herzen des Waldes verschwunden war. Dann ging sie auf die schwebenden Lichter zu. Diese wurden größer, und sie wusste, dass sie eine Gruppe von *Devas* sah. (Devas sind dasselbe wie Engel, sie können jedoch auch Naturgeister sein.)

„Wer seid Ihr?", fragte sie. „Seid Ihr Baum-Devas?" In

Indien bewohnen Devas jede Ebene der Natur, um sie mit Leben zu erfüllen.

Anstatt zu antworten, schossen die Lichter pfeilschnell davon. Savitri spürte deutlich, dass sie Angst vor ihr hatten. Mit ihrer zartesten Stimme bat sie sie, zurückzukommen. Eines der Lichter sagte: *Warum sollten wir, wenn du uns doch nur töten willst?* Die Stimme war nicht außerhalb von Savitris Kopf, sondern darin.

Sie war schockiert. „Euch töten? Das würde ich niemals tun."

Das Licht antwortete: *Du tust es gerade jetzt. Wir sind die Devas, die dir beigegeben wurden, aber schau, wie schwach wir sind.*

Savitri sagte: „Sag mir, wie ich das angestellt hätte, denn wenn ich euch je brauchte, ist es in diesem Moment."

Das Licht sagte: *Du bist voll geheimer Sorgen gewesen. Du hast Angst vor dem Tod. Du denkst an uns gar nicht, und du rufst uns nie zur Hilfe. So bist du dabei, uns zu töten.*

Savitri hatte noch nie über Devas auf diese Weise nachgedacht, dass sie Aufmerksamkeit benötigten. Aber dass die Rede vom Tod war, ließ wieder Furcht in ihr aufsteigen, und als das geschah, wurden die Lichter kleiner und schwächer.

Sie rief aus: „Halt, lasst nicht zu, dass ich euch töte."

Worauf das Licht erwiderte: *Das kannst du nicht. Wir sind unsterblich. Es gibt keine Gefahr, dass du uns wirklich verletzt, sondern dass du deine Verbindung zu uns zerbrichst. Wir brauchen deine Liebe und Zuwendung, und als Gegengabe helfen wir dir.*

„Wie?"

Durch Inspiration. Wir bringen Botschaften. Wir können dir helfen, uns zu sehen, wie du es jetzt tust, und das wird dir helfen, deinen Platz im göttlichen Plan zu finden.

„Gehört es zum göttlichen Plan, dass Satyavan stirbt?", fragte Savitri. Die Devas, die inzwischen wieder näher gekommen waren, zerstreuten sich daraufhin und entfernten sich von ihr. Savitri hielt inne, atmete tief ein und bat um Hoffnung und Mut. Die Lichter kamen vorsichtig näher.

Der göttliche Plan ist Leben an sich. Dazu gehören alle Geschöpfe, die an ihrem rechten Platz sind. Der rechte Platz für Menschen ist zuallererst in der Ewigkeit und dann hier auf der Erde. Der Tod ist wie die Pause zwischen zwei Atemzügen; auf diese Weise gehst du aus einem Zuhause in das andere.

Savitri fühlte eine Welle der Dankbarkeit, und das brachte die Lichter sogar noch näher. Sie fingen an, heller zu scheinen und den Weg zu beleuchten. Savitri stellte fest, dass sie sich nicht verirrt hatte. Ihre Hütte war sogar recht nahe, und mit entschlossenen Schritten ging sie, geführt von einem Heer flackernder Lichter, nach Hause.

WIE MAN EINEN ENGEL MACHT

Wenn man eine scharfe Trennlinie ziehen wollte zwischen „real" und „unwirklich", dann würde damit nicht beachtet, wie Bewusstsein funktioniert. Wenn Sie mir zum Beispiel sagen: „Ich habe einen Schutzengel," dann kann ich diese Mitteilung auf unterschiedliche Wahrnehmungsebenen beziehen. Sie könnten damit meinen:

Ich stelle mir vor, dass ich einen Schutzengel habe.

Meine Religion lehrt mich, dass ich einen Schutzengel im Himmel habe.

Ich habe mich für die Mythologie der Engel interessiert und darüber gelesen, und mich zieht besonders der Schutzengel an.

Es ist mein höchster Wunsch, dass ich einen Schutzengel habe.

Ich habe meinen Schutzengel im Traum gesehen.

Bestimmte Bewusstseinszustände werden in unserer Gesellschaft akzeptiert, obwohl sie anderen Bewusstseinszuständen

sehr nahe sind, die moderne Leute gern als Aberglauben bezeichnen; dazu zählt, abgeschiedene Geister zu sehen oder heilige Visionen zu empfangen. Und doch bin ich einfach zu vielen Menschen begegnet, die mir ganz nüchtern mitteilt, dass
ihnen Heilige in ihren Meditationen erscheinen, und andere
werden von Gurus besucht, dem Erzengel Michael, Jesus,
Buddha, früheren tibetischen Lamas und von Inkarnationen
ihrer selbst. Die Zugänge dazu sind nicht verschlossen.

Andere Kulturen waren vertrauter damit, sich in den subtilen
Dimensionen zu bewegen, als wir es sind. Unsere Tendenz besteht darin, diese Ebenen von der physischen Welt abzuschot-
ten und willkürliche Urteile zu fällen wie diese:

Leute, die Engel sehen, bilden sich etwas ein.

*Träume sind illusorisch, und deshalb sind auch alle an-
deren subtilen Phänomene eine Illusion.*

*Wenn Sie etwas sehen oder hören, das nicht physischer
Natur ist, so leiden Sie unter Halluzinationen.*

*Wenn man einen Gott oder einen Engel sieht, dann ent-
spricht das dem, wenn man ein Ufo sieht. Beides
befindet sich außerhalb der normalen Erfahrung.*

*Heilige Visionen sind die Folge von organischen Krank-
heiten wie Epilepsie oder paranoider Schizo-
phrenie.*

Doch ist die Fähigkeit, bewusst zu erschaffen und auf der Ebene von Bewusstsein schöpferisch zu sein, unsere größte Gabe.
Was wir erschaffen, fährt fort, sich zu entwickeln. Wenn Sie
sich für die Rolle als ein Schöpfer ohne jede Vorurteile öffnen,
gewinnen Sie viel mehr Freiheit. Die Genesis, die Schöpfung,
muss kein weit entferntes Ereignis sein, welches das Universum
ins Spiel gebracht hat. Sie kann ein sich ständig, in jedem
Augenblick erneuerndes Ereignis sein.

Ein bedeutendes Kunstwerk kann im Traum beginnen, in
einer Vision oder in einem inspirierten Moment. Es keimt in

den unsichtbaren Weiten der Imagination heran, aber dann fängt der Künstler an, es in Ton zu gestalten oder es auf eine Leinwand zu bringen. Die *Mona Lisa* brauchte ein Publikum, und dieses Publikum musste Malerei als etwas Wichtiges betrachten. Das Bild musste die Betrachter mit seiner Schönheit inspirieren, und als es das tat, gewann es Ruhm, Wertschätzung und tieferes Verstehen. Wenn ein Kunstwerk außergewöhnlich erhaben ist, dann bewundert es eine ganze Kultur. Wir können das Wort „Engel" ohne große Veränderungen mit dem Begriff „Mona Lisa" ersetzen. Da dieses Bild jedoch ein Kunstwerk ist, von Menschenhand geschaffen, ruft es nicht unsere skeptische Natur auf den Plan. Da wir jedoch nicht uns selbst dabei beobachten können, wie wir Engel erschaffen, akzeptieren wir diesen Vorgang eher nicht. Deshalb besteht der nächste Schritt darin, diesen Prozess im Detail anzusehen.

Projektion

Die Methode, um Engel zu erschaffen, nennt man Projektion. In der Psychologie benutzt man diesen Begriff häufig abwertend, als ein Synonym dafür, dass wir einer objektiven äußeren Situation innerlich eine subjektive Deutung anhängen. Zum Beispiel passiert es uns oft, wenn wir unsere eigenen negativen Emotionen nicht akzeptieren und damit nicht umgehen können, dass wir sie auf andere Leute projizieren. Denken Sie einmal über die folgenden typischen Dialoge nach:

> *Ich glaube, du liebst mich nicht mehr. Du projizierst das nur, natürlich liebe ich dich.*

> *Da draußen ist ein Geräusch. Ich bin sicher, es ist ein Einbrecher. Du glaubst immer, dass jedes Geräusch Gefahr bedeutet. Du projizierst das nur.*

> *Wenn ich zur nächsten Party gehe, ohne vorher zehn Pfund abgenommen zu haben, werden alle finden, dass ich schlimm aussehe. Hör auf zu projizieren. Du siehst gut aus.*

Projektion kann ziemlich kompliziert werden. Eine Gesellschaft, die sich bedroht fühlt, kann die wildesten Fantasien projizieren. Islamische Fundamentalisten projizieren einen Westen, der korrupt ist, unheilig und dekadent, während christliche Fundamentalisten einen Islam projizieren, der umgekehrt barbarisch ist, fanatisch und gottlos. Projektion ist dann „erfolgreich", wenn wir die Wirklichkeit nicht mehr als solche sehen, sondern eine falsche Version der Realität haben schaffen können, die auf Angst, Feindseligkeit, Befürchtungen oder Unsicherheit beruht, also auf jeder beliebigen negativen Emotion, bei der wir uns weigern, Verantwortung dafür zu übernehmen. Projektion kann auch positiv sein, wenn zum Beispiel eine verliebter Mensch im Objekt seiner Liebe nur Vollkommenheit erblickt, obwohl der bzw. die Geliebte in der Sicht von Freunden und Angehörigen ein gewöhnliches Geschöpf aus Fleisch und Blut bleibt.

Die vedischen Rishis sagen, dass Projektion der Mechanismus ist, durch den Bewusstsein Realität erzeugt. Wir alle kennen das schon längst, da die Filmindustrie vollständig von Projektionen abhängt. In Hollywood ist ein Star ein Schauspieler oder eine Schauspielerin, die bzw. der die Trennlinie zwischen Realität und Projektion überschritten hat. Wenn Tom Cruise einem Autofahrer, der mit einer Reifenpanne liegen geblieben ist, hilft, den Autoreifen zu wechseln, oder wenn Jennifer Aniston eine Verabredung wahrnimmt, dann sind das Nachrichten weltweit.

Warum? Weil Stars in übermenschliche Dimensionen projiziert werden. Eine kleinste Geste von ihnen gewinnt eine Bedeutung jenseits aller Vernunft. Wenn Sie oder ich jemandem helfen, den Reifen zu wechseln, dann ist das keine Heldentat; wenn eine andere junge Dame sich abends verabredet, dann ist nicht die Göttin der Liebe auf die Erde hernieder gekommen. Projektion ist ein Rezept, um Menschen in Übermenschen zu verwandeln und etwas Natürliches in etwas Übernatürliches. Hier sind einige Bestandteile von Projektionen.

Symbolik: Unsere Projektion muss für etwas Tieferes und Bedeutenderes stehen.

Sehnsucht: Unsere Projektion muss einen Wunsch oder ein Bedürfnis erfüllen, die wir nicht direkt erfüllen können.

Fantasie: Unsere Projektion muss sich in einem Bereich bewegen, in dem die physischen Begrenzungen nicht gelten.

Mythen und Archetypen: Unsere Projektion muss ihrem Sinn nach universell sein.

Idealismus: Unsere Projektion muss uns mit höheren Werten verbinden.

Diese Bedingungen lassen sich nur im Bewusstsein dessen erfüllen, der die Projektionen erschaffen hat. Ein Feuerwehrmann, der ein Kind aus einem brennenden Gebäude rettet, ist kein Held. Er ist einfach ein Mann in feuerfester Kleidung, der als Teil seiner Arbeit auch hin und wieder durch Flammen rennt. Heldentum wird erzeugt, indem man die dafür notwendigen Bestandteile projiziert:

– Der Feuerwehrmann *symbolisiert* den beschützenden Vater.

– Er erfüllt unsere *Sehnsucht,* aus Gefahren errettet zu werden.

– In der *Fantasie* ist er mächtiger als das Feuer. Er besiegt es in einem persönlichen Kampf.

– Er entspricht dem *Mythos* des großen Kriegers und Prinzen, der die holde Maid in Not rettet.

– Wir *idealisieren* ihn als auf heroische Weise männlich. Feuerwehrleute verrichten nicht einfach ihre Arbeit – sie verwirklichen unser Männlichkeitsideal.

Ohne Projektion würden wir Feuerwehrleute nicht so sehen, wie wir es tun, und sie würden sich selbst auch nicht so betrachten. Das ist ein anschauliches Beispiel dafür, wie wir erst die Projektion erschaffen und uns dann daran beteiligen, sie auszuleben. Die Gesellschaft hat es ständig mit Aufstieg und

Fall ihrer Projektionen zu tun. Sportler, die Drogen nehmen, werden zu gestrauchelten Helden; Soldaten gehen im Krieg durch die Hölle; Schauspielerinnen sind Göttinnen, bis zu ihrer nächsten außerehelichen Affäre, womit sie zu Zerstörerinnen von Familienleben werden. Leute, von denen wir meinen, dass sie außergewöhnlich seien, „größer" als normale Menschen, haben längst gelernt, wie sie Symbole, Fantasien, Ideale und Mythen manipulieren können. Die erfolgreichsten Waren auf dem Markt schaffen dasselbe genauso gut.

Diese oberflächlichen Beispiele von Projektion verbergen eine profunde Kraft in uns. Unsere gesamte Kultur baut auf Projektion auf, und auch in diesem Augenblick führen Sie und ich diesen Prozess fort. *Projektion erschafft Sinn.* An sich sind Ereignisse bedeutungslos, bis wir ihnen Bedeutung geben. Denken Sie an die vielen Tode, die wir täglich im Fernsehen sehen. Manche dieser Tode haben für uns keine weitere Bedeutung, weil sie so weit entfernt scheinen. Wenn uns jedoch eine Person wichtig ist, dann ändert das alles. Bestimmte Ausdrücke – zum Beispiel „das Kind von ...", „Opfer von Krebs", „ein Soldat, der sein Land liebte" – bewirken eine positive Projektion. Andere Sätze – „Aufständischer", „entflohener Sträfling", „Mitglied einer Gang" – führen zur negativen Projektion. Es könnte sich sogar um ein und denselben Todesfall handeln, da beispielsweise jeder das Kind einer Mutter ist. Wir reagieren auf Information (die oft schon in einer vorgefertigten Bedeutungsphrase verpackt wird) so schnell, dass wir aus dem Blick verlieren, dass wir selbst es sind, die Macht als Schöpfer von Sinn ausüben.

Alles, was auf einer gewissen Ebene real ist, ist auf einer anderen Ebene unwirklich.

Wenn Sie einen Engel erzeugen möchten, dann müssen Sie ihn projizieren. Um das jedoch tun zu können, müssen Sie sich in einem Bewusstseinszustand befinden, der Engel als real akzeptiert. In Indien kennt man eine spezielle geistige Region, die

Devaloka heißt, in der Engel wohnen. Diese Region ist jedoch nicht mit dem Himmel identisch, wie wir ihn aus dem Christentum kennen. Devaloka wird oft wie der Himmel dargestellt – als ein Ort in den Wolken, an dem ätherische Wesen herumschweben; dabei wird jedoch stillschweigend vorausgesetzt und gewusst, dass alle Lokas bzw. alle Welten Schichten des Bewusstseins sind. Insofern sind Engel Teil des gesamten Systems des Selbst.

Die Rishis sagen uns, dass sich jede einzelne Projektion auf alle Koshas bzw. Hüllen auswirkt. Während wir in der materiellen Welt kreieren, wirken wir damit auf jede einzelne Bewusstseinsebene und deshalb auch jede Ebene der Schöpfung ein. Sinn ist nie isoliert. Engel existieren, weil sie durch Bewusstsein projiziert worden sind. Wie ein Kinofilm dreierlei braucht – eine Bildquelle, einen Projektor und einen Zuschauer – brauchen Engel dies auch. Vedanta beschreibt das so:

– Der Zuschauer oder Beobachter ist der *Rishi*.
– Der Projektor bzw. Vorgang der Projektion ist *Devata*.
– Das, was projiziert wird, das Bild, ist *Chandas*.

In einem Kino ist das Publikum als der Rishi, die Projektionsmaschine die Devata und die Bilder auf der Leinwand die Chandas. Es kommt nicht darauf an, sich diese Begriffe zu merken, aber die antiken Weisen haben ein universelles Gesetz des Bewusstseins gefunden, das „drei in einem" genannt wird. Wenn Sie irgendeine dieser drei Rollen einnehmen – die Rolle des Betrachters, der Objekte oder des Vorgangs des Sehens — nehmen Sie damit automatisch alle drei ein. Diese schlicht klingenden Worte besitzen das Potenzial, die Welt zu revolutionieren.

Wenn Sie einfach absichtslos die Welt ansehen, hat sie Macht über Sie, weil Sie dann passiv sind und die Welt Ihnen alles „antut". Wenn Sie sich in einem Prozess engagieren – eine Scheidung mitzumachen, zur Arbeit zu fahren, ein Essen zu kochen – dann sind Sie der Macht etwas näher, aber der Prozess hat eine eigene Dynamik und kann Sie überrollen. Wenn Sie das Objekt sind, das betrachtet wird – ein reicher Mann, eine schöne Frau, ein Pastor, ein Krimineller – verleihen diese objektiven Etiketten Ihnen zwar Rang und Bedeutung, aber Sie haben sich selbst anderen Leuten übergeben, nämlich jenen, die Etiketten machen und sie den Menschen anheften. Nur in der Einheit aller drei Rollen erlangen wir unsere komplette Macht als Schöpfer.

Auf der Seelenebene werden alle drei Rollen als eine Einheit „eingefaltet". Das ist der Grund, warum Gott, so paradox es klingt, der Schöpfer und zugleich seine Schöpfung ist. Sobald er seine Schöpfung nach außen projiziert, verwandelt sich Einheit in Vielfalt. Das ist im Vedanta die Entsprechung zum Urknall. Wenn der Schöpfer beginnt, sich selbst anzusehen, dann gibt es unmittelbar einen Zustand des „drei in einem". Ein Betrachter (der Rishi) sieht ein Objekt (Chandas) mit Hilfe des Vorgangs der Beobachtung (Devata). Sobald diese drei auftauchen, taucht das gesamte Universum mit ihnen auf. Dass Materie durch den Urknall verstreut wird, stellt nur eine einzige Facette eines unsichtbaren Mechanismus dar, in dem der Schöpfer plötzlich sieht, was möglich ist, und in diesem Vorgang des Sehens und Erkennens wird das Mögliche in unendlicher Vielfalt wahr. Wir sollten nicht darüber erstaunt sein, dass das ganze Universum nur rund 4 Prozent sichtbare Materie und Energie enthält, während die restlichen 96 Prozent so genannte dunkle Materie ist, deren Funktion darin zu bestehen scheint, dass sie auf irgendeine geheimnisvolle Weise das sichtbare Universum zusammenhält. „Der Schöpfer" muss keine Person sein; es könnte sich unter anderem auch um ein unsichtbares Feld handeln, aus dem alles Sichtbare organisiert und aufrechterhalten wird.

Der Zustand von „drei in einem" würde keine große Rolle spielen, wenn er nicht mit der Alltagswirklichkeit zu tun hätte – aber genau das tut er. Es reicht schon zu sehen, um zu erschaffen. Der „Beobachter-Effekt", wie man in der Physik sagt, erzeugt buchstäblich Materie. Nur ein Betrachter vermag den unsichtbaren Energiezustand eines Elektrons in ein bestimmtes Teilchen zu verwandeln, das sich in Zeit und Raum lokalisieren lässt. Bevor der Beobachter-Effekt wirksam wird, gibt es kein Elektron; es gibt dann nur die Möglichkeit dazu. Unsere Augen können das Elektron nicht sehen, aber wir sind umgeben von einem Meer von Möglichkeiten. Jedes Elektron, das überhaupt denkbar ist, könnte gerade jetzt und hier existieren. Wir pflücken Elektronen aus dem Meer der Möglichkeiten heraus, einfach indem wir schauen. Irgendwie begriffen die vedischen Rishis diese Tatsache bereits vor Tausenden von Jahren. Wie? Indem sie den Prozess aus erster Hand beobachteten, allerdings nicht anhand von Elektronen, sondern anhand des Aufstiegs und des Falls von Ereignissen, die ihnen als so fließend erschienen, dass sie nicht mehr als ein Traum waren.

Kann man das wirklich glauben? Besonders gespenstisch am Beobachter-Effekt ist, dass die Betrachtung eines einzelnen Elektrons sich auf alle anderen auswirkt. Das kann man nur in einem Universum begreifen, in dem es keine einzelnen, voneinander getrennten Elektronen gibt, sondern nur ein riesiges, alles umfassendes Netzwerk von Ladungen, Positionen, Drehungen und punktuellen Ausrichtungen – und das ist genau die Sicht, auf welche sich die moderne Physik mehr und mehr einigt. Die vedischen Weisen nannten sich Rishis, Seher, weil für sie alles zum Betrachter zurückkommt, zum Sehenden. Sehen ist der höchste kreative Akt.

Der Devata-Effekt

Das Mysterium der Schöpfung liegt in der Lücke, dem Zwischenraum zwischen dem Betrachter und dem, was betrachtet wird. In dieser Lücke existieren Engel; sie sind die „Weiterverarbeiter" von Bewusstsein und damit, um einen biblischen Begriff zu wählen, die Diener Gottes. Devas sind mehr als Boten; sie sind Mitarbeiter der Schöpfung. Sie führen die Aufträge des Schöpfers aus, und da der Schöpfer nichts tut außer zu beobachten, repräsentieren die Devas den aktiven Aspekt des Schauens, das als solches verborgen ist. Es wäre richtig festzustellen, dass alles das, was wir der Projektion zuschreiben, stattdessen zum „Devata-Effekt" gehört, zur Fähigkeit des Bewusstseins, unsichtbare Impulse in physische Realität zu verwandeln. Der Devata-Effekt bzw. Beobachter-Effekt reguliert jede Ebene der Wirklichkeit, und deshalb erscheinen Engel in allen Koshas oder Dimensionen.

In der *physischen Dimension* erscheinen Engel als Besucher und Führer. Sie bringen Botschaften Gottes oder bieten Hilfe in Krisenzeiten.

In der *vitalen Dimension* erhalten Engel die Natur aufrecht, indem sie der Schöpfung Leben einhauchen. Sie dienen als Gestalter von Formen, sie verleihen jedem Lebewesen eine wesenhafte Verbindung zur Natur.

In der *mentalen Dimension* erscheinen Engel in Visionen und Träumen. Sie verkörpern den Geist Gottes und verbinden ihn mit unseren Gedanken.

In der *Ego-Dimension* dienen Engel als persönliche Führer und Hüter.

In der *Dimension der Glückseligkeit* umgeben Engel Gott und lobpreisen ihn ohne Unterlass. Sie verkörpern Freude in ihrem erhabensten Zustand.

Allen fünf Ebenen gemeinsam ist die Notwendigkeit zur Kommunikation. Der schöpferische Impuls muss kaskadengleich von einer Ebene auf die nächste herniederfallen. Engel sind tatsächlich Symbole dafür, wie Information weitergegeben und geordnet wird. Die Realität unter jedem Symbol ist der Beobachter-Effekt, der Devata-Effekt. Dafür möchte ich ein konkretes Beispiel anführen, das uns helfen kann, diese verborgene Wirklichkeit besser zu verstehen.

Ich kenne eine Frau, die ihren Lebensunterhalt mit Engeln verdient. Sie heißt Lily. Sie bemerkte Engel zum ersten Mal an

einem Geburtstag, als sie drei oder vier Jahre alt war. „Meine
Mutter schaltete das Licht aus, damit ich die Kerzen auf meinem Geburtstagskuchen ausblasen konnte. Ich blickte mich um
und sah diese Leute an der Seite des Zimmers stehen. Die waren nicht da gewesen, solange das Licht noch eingeschaltet war.
Ich zeigte auf sie, musste aber feststellen, dass niemand von
den anderen sie sehen konnte. Ich erinnere mich aber daran,
dass sie mich sehr glücklich machten."

Lilys erste Begegnung war die „körperlichste". Danach re-
dete ihre Mutter ihr zu, dass sie doch keine „Leute" sehen sollte, wo es keine gab, und damit verschwanden sie auch schnell.
Lily bemerkte jedoch immer noch ihre Präsenz, und als sie älter
wurde, lernte sie, sich auf diese Gegenwart richtig einzustellen
und mit ihr umzugehen. Mit der Zeit wurden aus den „Leuten", wie sie die Engel bzw. Geistwesen nannte, Bilder, die sie
sehen konnte, wenn sie die Augen schloss, und Stimmen, die sie
hören konnte, wenn sie Fragen stellte.

„Es waren keine ständigen Stimmen", sagte sie. „Ich habe
das nie als Halluzination betrachtet. Ich musste sie mit voller
Absicht herbeirufen, und wenn ich das tat, spürte ich Trost und
eine Weisheit, die mich führte. Ich weiß, dass die meisten
Menschen keinen direkten Kontakt mit ihren geistigen Führern
haben, aber ich sehe ihre auch. Wir alle haben sie."

Diese Fähigkeit, von der die Rishis sagen würden, dass sie in
die Welt eines „Bewusstseins erfüllt von subtilen Objekten"
gehört, tauchte in Lilys Leben mehrfach auf und verschwand
dann wieder. Das schien zum Großteil davon abzuhängen, wo
sie selbst im Leben war. Unmittelbar nach dem College führte
sie eine kurze Ehe mit einem Mann, der sie davon abhalten
wollte, Kontakt zu diesen „Leuten" aufzunehmen. Nach ihrer
Scheidung arbeitete Lily fünfzehn Jahre lang als Büroleiterin,
und da wurde wenig innere Führung benötigt. Schließlich
wurde Lily jedoch zum Thema Heilung geführt.

„Die 'Leute' sagten mir, dass ich Menschen emotional heilen könnte und dass sie mir dabei helfen würden. Das hat mich zunächst ziemlich nervös gemacht. Aber ich bemerkte immer wieder, wie schmerzlich es für viele Menschen ist, wenn sie sich mit ihren alten Verletzungen auseinandersetzen müssen. Meine Leute sagten mir, dass das nicht so bleiben müsste. Sie würden mir zeigen, wie man die eingekapselten Energien von Leid und Trauma ins Fließen bringen könnte. Ich würde das lernen können, ohne dass die betroffene Person irgendeinen Stress spüren würde. Sie haben mich wirklich sehr darum gebeten."

Als sie vierzig geworden war, hatte Lily ihre Heilarbeit zu einer ernsthaften Beschäftigung gemacht. Sie begann bei Freunden, mit denen sie ganz offen über die „Leute" sprechen konnte. Als die Arbeit tiefer wurde, fing sie an, die Bezeichnung „geistige Führer und Engel" zu verwenden, um dem zu entsprechen, was sie sah.

„Ich bin in vielerlei Hinsicht ein konventioneller Mensch. Wenn ich mich nicht auf die Ebene einstelle, auf der ich arbeite, ist mein Leben völlig normal. Es hat Jahre gedauert, bis ich die 'Leute' als Engel betrachtete, aber dann zeigten sie mir den Erzengel Michael. Ich erbat die Gegenwart Christi, um mir zu helfen. Ich sage den Menschen, dass sie energetisch mit Gott verbunden sind. Es ist jetzt ganz natürlich geworden, weil ich alles sehen kann, worüber ich spreche."

Menschen wie Lily existieren außerhalb der Grenzen der Realität, die wir normalerweise für gültig halten, und sie haben es immer getan. Lily bringt uns an einen entscheidenden Punkt bei unserer Untersuchung. Es spielt gar keine Rolle, ob wir versuchen, die Debatte darüber zu entscheiden, ob es Engel wirklich gibt oder nicht, ob sie hier auf der Erde sind oder weit entfernt im Himmel droben. Unser eigenes Bewusstsein reguliert, was real und was unreal ist; wir sind in unsere eigene Projektion eingetreten. Auch wenn diese Projektion nur aus physischen Objekten besteht und keinerlei subtile, feinstoffliche

Dinge zulässt, dann ist und bleibt sie dennoch eine selbst
erzeugte Schöpfung. Sie und ich existieren nicht nur entweder
als Beobachter, als das, was beobachtet wird oder als der Vorgang der Betrachtung, sondern als alles drei in einem. Das zu
leugnen hieße, unsere Ganzheit zu leugnen und jene Kraft, die
unser Geburtsrecht ist.

„Ich sehe die Menschen auf unterschiedliche Weise", sagt
Lily. „Ich sehe sie körperlich, aber auch dann spüre ich ihre
Energie. Wenn ich nach innen gehe, sehe ich ihre Energie als
ein Lichtfeld um sie herum. Das ist die erste Ebene der Realität.
Wenn ich darum bitte, kann ich aber auch ihre Engel sehen und
andere ätherische Wesen. Manche darunter sind sehr negativ.
Sie sind aufgrund negativer Glaubensmuster von der betreffenden Person angezogen worden. Ich kann Menschen sehen,
wie sie in früheren Leben waren, und innerhalb gewisser
Grenzen kann ich sie auch in der Zukunft sehen. Es ist alles
sehr fließend, aber man kann doch einen Zugang dazu erhalten."

Vor zwanzig Jahren kannte ich keinen Menschen mit einem
solchen ätherischen oder feinstofflichen Blick wie Lily; inzwischen bin ich vielen begegnet. Jeder von ihnen hat gelernt, die
Grenzen zu ignorieren, welche die gesellschaftlichen Konven-
tionen zwischen einer Ebene des Lebens und einer anderen
errichtet. Auf der Seelenebene steht es uns frei, beliebig mit
dem Potenzial umzugehen, das uns gegeben wurde. Engel sind
auch nicht absolut; sie haben sich im Verlaufe der Geschichte
so verändert, wie die menschliche Vorstellungskraft sich ge-
wandelt hat. Unser gemeinsames kreatives Projekt geht Jahr-
tausende zurück, und es dauert bis zum heutigen Tage an.

Wenn Sie sterben: Wie viel von dem, was dann geschieht,
passiert aufgrund Ihrer eigenen Entscheidung, und wie viel
wird äußeren Kräften überlassen? Lily ist sich da ganz sicher.
Sie und ihre „Leute" könnten ohne Unterbrechung durch den
physischen Tod zusammenarbeiten. So vollzieht Lily bewusst

das, was wir alle unbewusst auch tun. Dank des Devata-Effekts, der Tatsache, dass wir schon als Betrachter in Vorgänge eingreifen, *sind* wir selbst der Prozess der Schöpfung. Durch uns entstehen Götter, Engel und Seelen.

Lily sagt: „Als ich mit meiner Heilarbeit begann, war ziemlich viel in meiner Sprache christlich geprägt, weil ich mich von früh an Jesus sehr nahe fühlte. Dann fing ich an, ihn als die Christus-Präsenz zu erfahren, ohne irgendein Bild in meinem Kopf. Ich entdeckte, dass es einen esoterischen Namen für den universellen Christus gab, der Sananda lautet, und die 'Leute' sagten mir, ich könnte diesen Namen verwenden, wenn ich mit dem kosmischen Christus Verbindung aufnehmen wollte. Inzwischen ist auch Sananda abstrakter geworden; jetzt ist es eher wie ein Feld mitfühlenden Lichtes."

Ich fragte Lily, was für sie als Nächstes kommen würde.

„Das ist eine große Frage, nicht wahr? Auf einer bestimmten Ebene weiß ich, dass ich die 'Leute' eigentlich gar nicht brauche. Sie sind einfach Aspekte meiner selbst. Wenn ich wollte, könnte ich auch nur mich selbst befragen, was getan werden muss, und mich auf meine eigenen Fähigkeiten verlassen. Das ist wohl das nächste Stadium."

Wenn sie doch schon wüsste, dass alles sie selbst ist, fragte ich, was hielte sie dann davon ab, schon jetzt in dieses nächste Stadium überzugehen?

„Gewohnheit, vielleicht irgendeine versteckte Angst, die ich noch nicht angeschaut und aufgelöst habe. Du musst daran denken, dass diese 'Leute' das ganze Leben über bei mir gewesen sind. Ich stelle mir vor, ich werde solange an ihnen festhalten, bis ich mich ganz sicher und wohl dabei fühle, auf mich selbst gestellt zu sein."

Wir alle befinden uns in irgendeinem Stadium der Verantwortung, an der Schöpfung aktiv teilzunehmen. Götter und Göttinnen, Engel und ätherische Wesen existieren, weil sie aus dem

„Rohstoff" des Bewusstseins sozusagen herausgezogen wurden. Die Werkstatt, in der diese Art von Schöpfung stattfindet, ist Akasha, das Feld des Bewusstseins. Die Handwerker, die daran arbeiten, sind jene, die genügend Bewusstheit besitzen, um die Arbeit auszuführen. Ich möchte Ihnen gerne vorschlagen, dass Sie, selbst wenn Sie sich nicht kompetent genug fühlen, um einen Gott zu erschaffen, sich selbst beibringen, einen Engel zu machen.

Ich habe einmal einen Mann mit erstaunlichen Heilfähigkeiten interviewt, der sehr bescheiden damit umging. Er sagte mir: „Ich könnte Ihnen in wenigen Tagen beibringen, das Gleiche zu tun." Als ich antwortete, dass ich das nicht glauben könnte, sagte er: „Es ist eigentlich wirklich ganz einfach. Am schwierigsten dabei ist, dass Sie Ihre Ansicht auflösen, Sie könnten *nicht* heilen." Dasselbe gilt für fast alles. Wir verbringen unser gesamtes Leben damit, einen Traum zu projizieren, in ihn hineinzutreten und dann zu glauben, der Traum sei real. Sehen Sie sich selbst doch einfach als denjenigen an, der alle drei Aspekte ist – der Betrachter, das wahrgenommene Objekt und der Prozess der Beobachtung – und plötzlich wird die Welt der Engel so real wie diese Welt der festen Dinge.

DER TRAUM GEHT WEITER

Wie geht Savitris Geschichte zu Ende? Die Sonne war bereits unter die Baumwipfel getaucht, als sie zurück in ihre Hütte lief und aus dem Fenster herausschaute. Yama saß immer noch im Staub vor der Tür, nur dass ihn jetzt die langen Schatten der Kiefern völlig bedeckten. Savitri raffte sich auf, sprach ein letztes Gebet und ging hinaus, um sich ihm zu stellen.

Und dann? Gefasst machte Savitri ein großes Aufheben mit Verneigungen und freundlichen Worten, um Yama willkommen zu heißen. Der Herr des Todes war daraufhin so erfreut, dass er ihr einen Wunsch freistellte. Savitri bat um die Gabe des Lebens, was Yama verwirrte. „Du bist doch schon lebendig", ließ er sie wissen. Aber Savitri beharrte darauf, und Yama gab schließlich nach. Savitri erhob sich aus ihrer Demutshaltung und sagte: „Du hast mir das Leben gegeben, aber ich kann nicht ohne Satyavan leben." Jetzt ist der Tod überlistet und musste ihrem Mann Aufschub gewähren.

Nicht jeder ist mit einem solch einfachen Trick zufrieden zu stellen. Ich sage Ihnen, was ich glaube. Savitri hatte all ihre Ängste überwunden, und deshalb ging sie nach draußen, um für Yama zu tanzen. Sie tanzte so wundervoll, dass sie schließlich ihren Kopf in seinen Schoß legte und flüsterte, wie eine verliebte Frau zu ihrem Liebhaber: „Die Zeit ist nicht lang genug, um meine Sehnsucht nach dir zu stillen."

Darauf antwortete der bezauberte Yama: „Aber wir haben ja die ganze Ewigkeit zusammen." Savitri schüttelte ihren

Kopf. „Wenn du allmächtig bist, so füge der Ewigkeit eine Sekunde hinzu, damit ich dich mehr lieben kann, als irgendjemand dich je geliebt hat. Das ist alles, worum ich bitte."

Niemand hatte je zuvor Yama irgendeine Art von Liebe angeboten, und bestimmt keine junge Frau, die allen Grund hatte, ihn zu fürchten. So gewährte er Savitri eine einzige Sekunde mehr – und damit war er besiegt.

Warum?

Eine Sekunde der Götter ist wie einhundert Jahre für Menschen. In dieser zusätzlichen Sekunde kam Satyavan nach Hause und umarmte Savitri. Sie gingen in ihre Hütte zurück und lebten weiter wie bisher. Sie hatten Kinder und wurden gemeinsam alt. Schließlich gab Savitris Vater nach und hieß beide in seinem Palast willkommen. In ihrem Alter fragte sich Savitri manchmal, ob sie um zu viel Zeit gebeten hatte, weil sie lange noch weiterlebte, nachdem Satyavan diese Welt schon verlassen hatte. Sie verbrachte ihre letzten Jahre in Meditation und wurde so erleuchtet, dass Yama ganz erstaunt war, dass – als die zusätzliche Sekunde vorbei war – Savitri ihn wirklich willkommen hieß. Sie liebte ihn wirklich, wie jemand, der die Ganzheit des Lebens und nicht nur einen Aspekt ausgelebt hat.

Dieser Schluss ist schön und tröstlich. Ich möchte gerne, dass man das liest, wenn ich keine Tage mehr übrig habe. Im Geiste Savitris habe ich bereits eine Notiz geschrieben, die ich meiner Familie zum Lesen hinterlasse:

Gleich, was ist, weint nicht um mich. Mir geht es gut, und ich liebe euch weiterhin, egal, was passiert. Ich bin auf dem Weg, auf dem ich weiterreisen soll.

Ab und zu sehe ich mir diese Worte kurz einmal an. Irgendwie habe ich, wie Savitri, nicht mehr als eine zusätzliche Sekunde des Lebens gewonnen. Aber das wird ausreichen.

REINKARNATION

Einen Engel zu machen stellt keineswegs die höchste Leistung des Bewusstseins dar. Das ist, neues Leben aus Nichts zu erschaffen. Diese Fähigkeit kennen wir unter dem Begriff Reinkarnation. Die verbreitete Ansicht über Reinkarnation ist schlicht: Wir sterben und kommen als jemand anderes zurück. Wie aber kleidet sich denn die Seele in eine neue Persönlichkeit, um wiedergeboren zu werden? In einer Kultur wie Indien, in der es eine starke Grundlage für die Reinkarnation gibt, möchten die Menschen wissen, warum sie mit gewissen karmischen Neigungen geboren worden sind, und es gibt ganze Berufsgruppen – Astrologen, Priester, Philosophen, Gurus –, die den Vorgang deuten, wie sich Karma an eine Seele haftet und dazu führt, dass ein neues Leben mit neuen Erfahrungen auftaucht.

Die meisten Leute wissen, dass die Tibeter davon ausgehen, dass ihre religiösen Führer, einschließlich des Dalai Lamas, reinkarnieren und bereits als Babys Zeichen und Hinweise auf ihre Identität ablegen. Diese Babys werden fast immer in Tibet geboren, aber es gibt auch Fälle, in denen sie in Europa erscheinen können. So führte zum Beispiel vor etwa zehn Jahren die Suche nach der Wiedergeburt eines bedeutenden Lamas die tibetischen Prüfer zu einer Familie in Spanien. In Indien werden herausragende religiöse Gestalten gern als Entsprechung zu strahlenden Vorgängern gesehen; Mahatma Gandhi wurde von seinen Anhängern mit großen Gurus der Vergangenheit gleichgesetzt. Wer wollte entscheiden, welche Entsprechung zutreffend wäre? Diese Angelegenheit wird ziemlich kompliziert.

Es gibt indianische Stämme, in denen fünf oder sechs Kinder geboren werden, die lebendige Erinnerungen an dieselbe Mutter in einem früheren Leben haben. Es gibt ähnliche Vorfälle von Kindern in Japan, die sich an identische Erlebnisse in einem früheren Leben im Zweiten Weltkrieg erinnern. Das ist dann so, als ob die Seele eines einzigen Soldaten in mehrere

Stücke zersplittert wäre, die jeweils getrennt voneinander wiedergeboren wurden. Experten in „Seelen-Regression", wobei eine Person in ein Leben nach dem anderen weiter „zurückgeführt" wird, meinen, dass sich Erinnerungen miteinander vermischen und absorbiert werden. Damit wirken bekannte Persönlichkeiten wie Kleopatra oder Napoleon auf die Erinnerungen einer ganzen Gesellschaft ein, und Leute in späteren Zeiten „erinnern" sich daran, Napoleon gewesen zu sein, wenn tatsächlich ihr Leben einfach nur auf irgendeine Weise mit beeinflusst worden war.

Es gibt Leute, die sich vom Spiel des „Wer war ich in einem früheren Leben?" oder sogar von der Frage: „Bin ich dir nicht in einem früheren Leben begegnet?" faszinieren lassen. Ich kenne allerdings auch andere Menschen, die ihre Ohren zuhalten, wenn sie nur das Wort „Reinkarnation" hören, weil sie sich fürchten zu hören, dass sie vielleicht als Schwein oder Hund wiedergeboren würden. Die Vorstellung von Reinkarnation scheint die christliche Theologie anzugreifen, welche keine zweite Chance zur Erlösung nach dieser Lebenszeit zugestehen will. Reinkarnation bietet mehr Vergebung an. Fehler können korrigiert werden, ganze Lebenszeiten können entsühnt werden – jedoch nicht im Himmel, sondern indem man einen neuen Körper anprobiert und dieselben Vorgänge wiederholt, die beim ersten Mal zum Versagen, zur Sünde oder zum Mangel an Erfüllung geführt hatten.

Ohne Reinkarnation würden wir vielleicht die irrige Idee haben, dass das Universum vom Tod regiert wird. Innerhalb weniger Millisekunden nach dem Urknall kollabierten 96 Prozent der Materie und Energie, die aus der Leere des Nichts auftauchten, wieder dorthin zurück. Der kleine Rest blinkt quasi als Existenz auf und verlöscht wieder, was sich indes so schnell vollzieht, dass Materie fest und dauerhaft wirkt. Tatsächlich ist jedoch alles Feste vergänglich; jedes Teilchen, das existiert, oszilliert in die Leere hinweg und aus ihr wieder heraus und

vermittelt dabei die Illusion der Festigkeit, weil unsere Sinnes-
organe nicht schnell genug reagieren, um die Schwingungsfrequenz zu bemerken. Das neue Teilchen, das auftaucht, ist
nie exakt dasselbe, das soeben verschwunden war, und das ist
die Methode, wie die Natur Zeit, Ort, elektrische Ladung, Drehung und andere grundlegende Eigenschaften organisiert, die
Festigkeit und Wandlungsfähigkeit zugleich erfordern.

Dasselbe gilt für Sie und mich. Wir existieren als ein fließen-
des, veränderliches Produkt von Wandlung und Beharrung.
Unser Gehirn sieht von einem Augenblick zum nächsten genau
gleich aus, aber die Tätigkeit der Neuronen darin ist nie dieselbe – ein Gehirn ist wie ein Fluss, der nie derselbe bleibt, auch
wenn man genau am selben Platz wieder in ihn hineinsteigt.
Die genetische DNA-Information reinkarniert, wenn die Gene
eines Elternteils sich in die Hälfte aufspalten, sozusagen in
einem Akt kreativen Selbstmords, um sich mit den Genen des
anderen Elternteils zu verbinden. Allein die Tatsache, dass sich
DNA selbst kopieren kann, führt nicht zum Tod der Mutter-
zelle, sondern erzeugt neues genetisches Material, das zu
neuem Fleisch führt. Die Wurzel des Begriffs Inkarnation bedeutet Fleisch, vom lateinischen Wort *carneus*.

Menschen hegen zwiespältige Gefühle im Hinblick des Umstands, dass wir aus Fleisch gemacht sind. Als Säugetiere passt
das zu uns, wird aber ein bisschen komplizierter, wenn wir an
die Dimension des Geistes denken. Wenn wir miterleben, wie
Fleisch altert und zerfällt, wie es uns mit Krankheiten betrügt,
dann ist man vielleicht gar nicht so glücklich darüber, nach
dem Tod erneut einen Körper zu erhalten – für manche unter
uns ist ein Körper schon genug gewesen. Das Christentum
nimmt in der Regel diese Position ein. Dahinter steht die Ansicht, dass das Fleisch an sich schon durch Sünde verderbt ist,
und dass es deshalb weitaus besser ist, nach dem Tode mit der
Seele bekleidet zu sein, als durch eine Art von „Recycling" zu
gehen.

Der Osten hat es dagegen geschafft, ganz gut mit der Reinkarnation zu leben, und zwar aus mehreren Gründen. Wenn
sich das Universum ständig selbst neu erschafft, aber wir nicht,
dann wären wir der einzige Teil im Universum, der an dieser
ständigen Erneuerung nicht teilnimmt. Psychologisch betrachtet ist es so, dass ich dann – wenn ich in einen neuen Körper
zurückkommen kann – unter Umständen in der Lage bin,
Wünsche zu erfüllen und Ziele zu erreichen, die in diesem
Leben vereitelt wurden, und das ist sehr tröstlich. Noch tröst-
licher ist die Möglichkeit, geliebte Menschen wiederzutreffen,
die man verloren hat (oder nicht gewonnen hatte, wenn meine
Liebe nicht erwidert wurde). Reinkarnation bietet Hoffnung
auf gesellschaftlichen Aufstieg: Ein Sklave in diesem Leben
könnte im nächsten als Edelmann zurückkommen. Schließlich
trägt das kosmische System von Geburt und Wiedergeburt
einen evolutionären Impuls in sich: Schritt für Schritt steigt
eine Seele höher auf in ihrem Fortschritt auf Gott zu.

Vielleicht ist das alles gar keine Frage des Glaubens, keine
Frage von Osten gegen Westen. Reinkarnation ist womöglich
eine Frage der eigenen Entscheidung. Bewusstsein ist ja sehr
nützlich. Wir gestalten es entsprechend unseren Wünschen. Die
Ablehnung bzw. Leugnung von Reinkarnation durch das offizielle Christentum könnte einfach eine kollektive Entscheidung
darstellen. Nachdem man alle dafür wichtigen Elemente und
Faktoren betrachtet und bewertet hat, sagt ein großer Teil der
Menschheit unter Umständen: „An diesem Ort will ich nicht
zurückkommen," während ein anderer Teil sagt: „Ich will das
schon." Alles, was wir sicher feststellen können, ist, dass die
Natur vom Mechanismus der Wiedergeburt abhängt.

Die Entscheidung, zurückzukommen

Die Rishis erklärten jeden Aspekt des Nachlebens zu einer
Sache der eigenen Entscheidung. Was Sie auswählen, wird
wirklich, was Sie nicht aussuchen, wird unreal. Das klingt

verblüffend. Findet Reinkarnation nun statt oder nicht? Kinderpsychologen wissen, dass es eine kritische Zeitspanne gibt, üblicherweise zwischen dem Kleinkindalter und acht bis zehn Jahren, in der sich manche Kinder an frühere Leben zu erinnern scheinen. In einem kürzlich sehr publik gemachten Beispiel war ein kleiner Junge schon vom dritten Lebensjahr an ganz besessen von Kampfflugzeugen aus dem Zweiten Weltkrieg. Er wollte Militärflugplätze besuchen, um sie zu sehen, er schnitt sich Bilder aus, und als er ein Buch fand, das den Luftkampf bei Iwo Jima in den letzten Tagen des Pazifikkrieges beschrieb, teilte er seinen Eltern mit, dass er dort gestorben war.

Obwohl die Eltern sich über die absolut klare Aussage und feste Überzeugung ihres Jungen wunderten, nahmen sie an, dass er sich das alles nur bildhaft vorstellte – bis er sozusagen eine unsichtbare Schattenlinie überschritt und Namen und Daten nannte. Er erinnerte sich an seinen früheren Namen und an den Moment, als ein japanisches Maschinengewehr ihn abgeschossen hatte. Die Eltern recherchierten den Vorfall und entdeckten, dass tatsächlich ein amerikanischer Pilot dieses Namens auf die beschriebene Weise abgeschossen worden war. Überlebende aus der Luftwaffe bezeugten die Einzelheiten, an die sich ihr Sohn erinnerte.*

Solche Erinnerungen waren bisher eher aus Indien bekannt, wo eine allgemeine Überzeugung, dass es Reinkarnation gibt, den ersten Schock und den Unglauben gar nicht aufkommen lässt, der dazu führt, dass Menschen in anderen Kulturen solche Geschichten am liebsten für sich behalten, wenn sie denn schon auftauchen. Man liest in den Nachrichten von Kindern, die darauf bestehen, in das nächstgelegene Dorf gebracht zu werden, wo sie sich ganz lebendig an ihr letztes Zuhause erin-

---

* Mehr zum Fall dieses Jungen namens James Leininger (auf englisch) zum Beispiel bei: www.pittsburghlive.com/x/dailycourier/news/s _463166.html (Anm.d.Ü.)

nern. Wenn sie dann dorthin zurückkehren, passiert es öfters, dass das Kind mit Verwandten oder sogar mit den früheren Eltern wieder vereint wird.

Psychologen sagen uns, dass dieses starke Interesse an früheren Inkarnationen vorübergehender Natur ist; ab etwa zehn Jahren verblassen die alten Erinnerungen und verlieren ihre zwanghaften Eigenschaften. Es scheint, als ob manche Seelen etwas mehr Zeit brauchen, um sich an ihren neuen Ort in Zeit und Raum zu gewöhnen.

Die detaillierteste Untersuchung solcher Kinder, die mir bekannt ist, stammt vom Psychiater Ian Stevenson von der Universität von Virginia; diese Arbeit wird derzeit vom Psychiater Jim Tucker fortgeführt. Stevenson entdeckte, auf der Grundlage von mehr als 2.500 Fällen von Kindern, die sich lebhaft an frühere Leben erinnern (und die Zahl steigt weiter an), dass die verblüffendsten jene Fälle sind, bei denen sogar die körperlichen Merkmale von einem Leben in das nächste mitgenommen werden. Es gibt vierzehn Beispiele von Kindern, die sich daran erinnern, im letzten Leben erschossen worden zu sein und deren Körper eine Narbe aufweisen, als ob eine Kugel dort in ihren Körper eingetreten wäre, mit einer Narbe genau gegenüber liegend, wo die Kugel ausgetreten wäre. Ein Kind, das in der Türkei geboren wurde, hatte fast vom Moment, als es sprechen konnte, lebhafte Erinnerungen an einen notorischen Verbrecher, der von der Polizei eingekreist worden war und lieber Selbstmord verübt hatte, als sich festnehmen zu lassen. Der Verbrecher hatte sich unterhalb des Kinns selbst erschossen, und das Kind hatte genau an dieser Stelle eine runde Narbe. Stevenson war neugierig, ob es wohl auch eine Austrittsnarbe gäbe und fand, als er am Hinterkopf des Kindes dessen Haar teilte, eine runde, unbehaarte Narbe.

Kinder, die sich an frühere Leben erinnern, ähneln sich in ihrem Verhalten auf deutliche Weise, so Carol Bowman, eine weitere Wissenschaftlerin, die auf diesem Gebiet arbeitet. Sie sprechen von früh an über ihr vorheriges Leben, manchmal ab zwei Jahren, und es ist typisch für sie, dass sie mit rund sieben Jahren wieder aufhören, davon zu erzählen. Die Kinder sprechen ganz sachlich über das Sterben. Sie haben unter Umständen vor bestimmten Dingen Angst, die mit einem gewaltsamen Tod zu tun haben, aber das bringt üblicherweise keine weiteren emotionalen Belastungen mit sich. Sie klingen oft wie kleine Erwachsene und verfügen über ein Gedächtnis, in dem viele Einzelheiten abrufbar sind. Manchmal treffen sie die überraschendsten Aussagen, wie zum Beispiel die folgenden, die von Dr. Stevenson dokumentiert wurden:

– „Du bist nicht meine Mama, mein Papa."
– „Ich habe noch eine andere Mama, einen anderen Papa."
– „Als ich groß war, habe ich ... (blaue Augen gehabt, ein Auto, und so fort)."
– „Ich habe ... (eine Frau, einen Mann, Kinder, usw.)."
– „Ich habe früher ... (einen LKW gefahren, in einer anderen Stadt gewohnt, usw.)."
– „Ich bin ... (bei einem Unfall, als ich stürzte, usw.) gestorben."
– „Erinnerst du dich, als ich ... (in dem anderen Haus gelebt habe, dein Papa war, usw.)"

Solche Kinder sprechen ganz nüchtern über das Nachleben. Ungefähr die Hälfte der 220 Kinder, deren Fälle Stevenson untersucht hat, sagten, dass sie nicht direkt in den Himmel gegangen sind, sondern erst an einem anderen Platz warten mussten; das entspricht der weiter vorn im Buch beschriebenen Übergangsphase. Sie erzählen, dass sie Entscheidungen über ihr nächstes Leben trafen, sobald sie in den Himmel kamen, und dabei eine neue Familie und neue Aufgaben aussuchten. Ein Mädchen drückte sich so aus: „Im Himmel ist es gar nicht so leicht. Da musst du richtig arbeiten."

Da sie oft noch so jung sind, sind kleine Kinder, die über frühere Leben berichten, der stärkste Beweis dafür, dass Reinkarnation nicht nur eine kulturbedingte Vorstellung ist. Zusätzlich gibt es auch noch die überzeugende Tatsache einer Konvergenz zwischen drei Formen von solchen Erfahrungen des Nachlebens. Alle drei Gruppen von Zeugen, die davon erzählen – Kinder, die sich an frühere Leben erinnern, Menschen, die eine Nahtoderfahrung gemacht haben, und Leute, die ganz allgemein erleben, außerhalb ihres Körpers zu sein – stimmen darin überein, was im Nachleben geschieht.

Außerkörperliche Erfahrungen sind weitaus verbreiteter, als wir vielleicht meinen, und es gibt einige Menschen, die das so weit gemeistert haben, dass sie regelrechte „Astral-Touristen" sind. Einer der Forscher, die sich mit diesem Gebiet beschäftigen, ist F. Holmes Atwater vom Monroe-Institut. Menschen, die er untersucht hat, berichten davon, oft Erfahrungen zu machen, die sie in das Akasha-Feld hineinnehmen und auch in solche Bereiche, die wir mit dem Sterben assoziieren würden. Was sie dort sehen, stimmt völlig überein mit den Nahtodberichten und Kindern, die von früheren Leben erzählen. Ein Kind sagte seinen Eltern, dass Gott nicht mit Worten spricht oder eine Sprache benutzt wie Englisch oder Spanisch. Das entspricht der esoterischen Überzeugung, dass die Kommunikation auf den Astralebenen mittels Telepathie stattfindet. Auch Menschen, die aus Nahtoderlebnissen zurückkamen, sagen, dass das, was sie hörten oder lernten, nicht mit Hilfe von Sprache übermittelt wurde, sondern oft durch unmittelbare Einsicht oder Offenbarung.

Sind diese Kinder nun außergewöhnlich, weil sie sich an ein früheres Leben erinnern, oder sind wir nicht normal, weil wir uns nicht daran erinnern, wer wir früher waren? Ich glaube, dass keine dieser beiden Antworten ganz stimmt. Die Funktion des Gedächtnisses hängt sehr mit starken Gefühlen zusammen. Wenige Leute können sich noch daran erinnern, was sie an einem Dienstag im vorletzten Monat zu Abend gegessen haben, aber wenn das ein Abendessen war, an dem jemand Ihnen einen Heiratsantrag gemacht hat, dann werden Sie sich Jahre lang daran erinnern. Die Kinder mit Erinnerungen an frühere Leben sind offensichtlich aus ihrem alten Leben so abrupt herausgerissen worden, dass diese mächtige negative Erinnerung über die Grenzen des Todes in ein neues Leben mitgenommen wird. Dr. Stevenson hat einen Fall aufgezeichnet, bei dem ein Kind mit einer Menge roter Flecken auf seinem Brustkorb geboren wurde und sich erinnerte, mit einem Schrotgewehr tödlich verwundet worden zu sein.

Andererseits würden wir vermutlich emotional ganz „leer", wenn wir uns an alles erinnerten, was uns je geschah. Der sowjetische Neurologe Alexander Luria, ein Pionier auf seinem Gebiet, hatte es einmal mit einem solchen Patienten zu tun, einem Journalisten, den er S. nannte. Dieser besaß ein komplettes Erinnerungsvermögen. Er konnte in einer überfüllten Pressekonferenz sitzen und sich hinterher an jedes Wort erinnern, was von jedem Menschen im Saal gesprochen worden war. Emotional war S. jedoch wie leer, und er hatte nicht die Fähigkeit, Gedichte, Symbole und Metaphern zu verstehen. Für ihn war jedes Ereignis eine Tatsache, die er auf einem mentalen Tonband speicherte. (Als Luria ihn einmal fragte, ob ihm je irgendein Kummer schwer auf der Seele gelegen habe, antwortete S. ganz sachlich, dass Kummer kein Gewicht besitzt.)

Erinnerungen werden auf unterschiedliche Weise gelöscht. Am typischsten ist eine besondere Form von Gedächtnisverlust, die man retrograde Amnesie nennt. Dieses Phänomen beobachten wir bei Opfern von Autounfällen oder Kriegsereignissen. Ein Mensch verliert sein Bewusstsein, nachdem er von einem Auto angefahren oder von einer Kugel getroffen wird. Er kann sich an alles bis zu diesem Vorfall erinnern, aber danach an nichts mehr. Nachdem dieser Mensch im Krankenhaus aufwacht, wundert er sich: *Was ist nur mit mir passiert?* Der Patient bzw.

Soldat versucht nun, die Gedächtnislücke über die fehlende Zeit durch Vermutungen zu füllen: *Da ich im Krankenhaus bin und mein Arm gebrochen ist, muss ich von einem Auto angefahren worden sein.*

Reinkarnation führt zu einer ähnlichen Gedächtnislücke, außer bei den Leuten, die Erinnerungen ins nächste Leben mitnehmen. In der Zeit zwischen den Leben wird die Identität umgestaltet: Irgendwie verändern wir uns zwar komplett, bleiben aber dennoch auch derjenige, der wir sind. Das Nachleben ist also eine Art Verwandlungskammer. An einem kühlen Herbstag, wenn Sie spazieren gehen, sehen Sie vielleicht, wie eine Insektenpuppe von einem Zweig hängt. Das Lebewesen in dieser Verpuppung war einmal eine Raupe und wird nach einiger Zeit als ein Schmetterling reinkarnieren. Damit das erfolgen kann, muss jede einzelne Zelle der Raupe transformiert werden. Im Zustand ihrer Verpuppung ist das Insekt eine formlose organische Masse. Die Raupe „schmilzt" und formt sich zugleich in eine neue Gestalt. Ihre alte physische Identität wird vollkommen ausgelöscht. Alle Insekten, die sich aus Larven zu voll entwickelten Insekten entwickeln, vollziehen etwas Ähnliches. Wie Raupen Schmetterlingen praktisch überhaupt nicht ähnlich sehen, hat auch eine Libellennymphe, die am Grund eines Teiches herumstelzt und nach Elritzen sucht, keinerlei Ähnlichkeit mit der ausgewachsenen Libelle.

Für Insekten ist Reinkarnation ein kreativer Sprung, der nichts mit einer bewussten Entscheidung zu tun hat, da die in den Genen codierte Information eine Generation nach der anderen dieselbe Verwandlung ohne irgendeine Abweichung davon hervorruft. Unzählige Monarchfalter sind geklont Abkömmlinge des ursprünglichen Schmetterlings, den es vor Millionen von Jahren gegeben hat. Menschliche DNA-Geninformation erzeugt allerdings neue Menschen, von denen sich jeder einmalig fühlt. Die Einzigartigkeit der körperlichen Gestalt ist aber nur der Anfang. Wir kommen aus der Verwandlungskammer nicht nur ein bisschen einmalig hervor, wie sich vielleicht ein Schimpanse oder ein Dackel vom anderen unterscheidet, sondern mit der umfassenden Freiheit, uns von innen heraus selbst zu erschaffen, indem wir dazu Sehnsüchte, Hoffnungen, Träume, Glaubensmuster und Ziele benutzen, die alle Instrumente unseres Bewusstseins darstellen.

Die vedischen Rishis würden argumentieren, dass Bewusstsein diese gesamte Maschinerie regiert; Reinkarnation ist nur eine Variation des Themas Zeit und Ort, das neue Talente und Interessen erzeugt. Die Rishis betrachteten Reinkarnation als einen kreativen Sprung, der altes Karma, sowohl gutes wie schlechtes, auf einzigartige Weise neu kombiniert. Das neue und das alte Leben sind durch Millionen von karmischen Verbindungen unauflöslich zusammen geschweißt, und doch empfindet sich die wiedergeborene Person als etwas völlig Neues.

An dieser Stelle spielt der kreative Sprung eine Rolle. Denken Sie sich das so wie Geld, das auf der Bank liegt. Sie haben vielleicht nur 500 Euro auf dem Konto, das können Sie jedoch ausgeben, wie Sie wollen. Nach Begriffen von Karma führen Ursachen zu Wirkungen, und solange diese Kette hält, ist das Ereignis A an das Ereignis B geschmiedet. Ein Universum ohne Ursache und Wirkung wäre chaotisch. Wenn Sie einen Ball fallen lassen, dann lässt ihn die Schwerkraft nach unten auf die Erde fallen, und diese Folge ist eine so verlässliche Tatsache, dass sie zu einer praktisch fast immer geltenden Sicherheit erklärt werden kann. Wenn das Karma auch immer so sicher wäre, dann gäbe es keine Notwendigkeit für Reinkarnation, weil die karmische Balance am Ende eines Lebens so verlässlich wäre wie der Kokon, der einen Monarchfalter aus einer Larve erschafft, und nicht etwa Monarchfalter in einem Frühling und Schwalbenschwanz-Schmetterlinge im nächsten.

Karma ist jedoch nicht vorhersehbar. Die Leute führen alle möglichen Handlungen aus und ernten komplett unterschiedliche Resultate aus den Samen, die sie säen. Es ist wirklich desillusionierend, dass böse Taten unbestraft bleiben und tugendhaftes Verhalten übersehen wird, dass immer wieder guten Menschen schlimme Dinge passieren. Die Rishis haben das nun nicht etwa als Abweichungen einer launischen Vorhersehung verbucht. Karma ist nicht vorhersehbar, sagten sie, aus denselben Gründen, warum Bewusstsein nicht vorhersehbar ist:

– Kreativität ist angeboren.
– Unsicherheit erlaubt es neuen Formen, aufzutauchen.
– Das Unbekannte enthält unzählige Möglichkeiten, wovon nur ein Bruchteil in der bekannten Welt auftaucht.
– Natur ist ihrem Wesen nach Veränderung und Stabilität zugleich.

Das sind die Grundlagen von Karma. Ich empfinde es als höchst faszinierend, dass wir nicht von einer unausweichlichen Mechanik zusammengehalten werden, sondern von einer tiefgreifenden Entscheidung zur Unsicherheit und den kreativen Sprüngen, die sich daraus ergeben.

Reinkarnation ist die Art und Weise, wie Bewusstsein neu wird, auch wenn es Stoffe dabei verwendet, die weder je erzeugt noch zerstört werden können. Das ist wirklich erstaunlich. Unendliche Veränderung und unendliche Stabilität koexistieren – das ist auch das Geheimnis, das wir lösen müssen, bevor wir Reinkarnation ganz verstehen können.

Karma im Gehirn

Karma ist unter Umständen der Schlüssel dazu, das Gehirn an sich zu verstehen. Neurologen stehen vor dem Rätsel des so genannten „Bindeeffekts", einer mysteriösen Kraft, die verschiedene Gehirnareale miteinander verbindet. Neuere Gehirnbilddarstellungen zeigen, dass mehrere Gehirnregionen bei allen Gedanken, Gefühlen oder Empfindungen zusammenarbeiten müssen. Nehmen wir an, Sie gehen in ein Zimmer, sehen Ihre Mutter dort und fragen sie, ob sie sich noch an das Rezept für den Kuchen erinnert, den sie Ihnen zum zehnten Geburtstag gebacken hatte. Ihr Gehirn springt dabei nicht von einem Areal, das Ihre Mutter erkennt, zum nächsten, das eine Frage stellt, und zum dritten, das sich an Ihre früheren Geburtstage erinnert. Das Gehirn weist diese Aufgaben gleichzeitig verschiedenen Gehirnregionen zu, und das Rätsel besteht nun darin, wie sich das vollzieht.

Wenn das Gehirn eine Hochgeschwindigkeits-Telefonanlage ist, die Botschaften sendet, die von einem Ort an den anderen sausen, könnte man den Bindeeffekt als eine Reihe von einander folgender Kommandos erklären. Neuronen agieren jedoch gleichzeitig. Punkt A und Punkt B im Gehirn leuchten gleichzeitig auf, und es liegt gar kein Zeitintervall zwischen einem Signal hin und wieder zurück. Darüber hinaus ist das Gehirn zu unendlich vielen Kombinationen fähig, die wenig oder gar nichts miteinander zu tun haben.

Jeder Gedanke ist also eine Aktivität des gesamten Gehirns. Obwohl ein CAT-Scan, eine bildliche Darstellungsmethode, vielleicht genau den Neuronenhaufen im Gehirn zeigen kann, an dem in einem kriminellen Bewusstsein ein Mordgedanke auftaucht bzw. in einem spirituellen Bewusstsein ein gütiger Gedanke, ist es doch das gesamte Gehirn, das in seiner Ganzheit einen Verbrecher von einem Heiligen unterscheidet. Es bedarf des ganzen Gehirns, um die Koordination von hundert Milliarden von unabhängigen Neuronen anzuleiten, damit sie alle miteinander in einem unendlichen, fließenden Austausch verbunden werden. Wenn ich eine gute Tat vollbringen möchte, könnte mir mein Gehirn einen einfachen Gedanken anbieten, wie zum Beispiel *Ich sollte der Katastrophenhilfe spenden.* Dieser einzelne Gedanke macht Folgendes erforderlich:

– Ein moralisches Gespür für richtig und falsch.
– Erinnerungen daran, wie es ist, wenn man ein hilfloses Opfer ist.
– Empathie mit anderen, die leiden.
– Mitgefühl.
– Einen Sinn für Eigenverantwortung in der Gesellschaft.

Diese ineinander verschränkten Elemente befinden sich in verschiedenen Teilen des Gehirns und stellen jeweils ganz eigene Tätigkeitsmuster dar. Gleichzeitig muss sich mein Gehirn auf einer tiefer liegenden Ebene dessen bewusst bleiben, wer ich bin, und sich auch an meine Vergangenheit freundlicher und bösartiger Taten erinnern, unbewusste Schuldgefühle, an gütige Vorbilder, die ich schätze, und so fort. Es ist wirklich erstaunlich, wie es das Gehirn versteht, alle diese Bestandteile in einem Augenblick zu verknüpfen. Es greift sich nicht die falsche Erinnerung oder das Gefühl heraus. Es vergisst nicht, wer ich bin oder lenkt mich durch bizarre Dinge ab, es sei denn, dass ich mental krank und dann völlig haltlos wäre. Vielleicht würde ich mir dann sogar einbilden, dass meine Gedanken gar nicht meine eigenen sind, sondern dass Gott mir aufgetragen hat, für die Katastrophenhilfe zu spenden.

Ich bin mir vielleicht nur eines einzelnen Gedankens bewusst, aber was mein Gehirn dafür leisten muss, umspannt eine Vielzahl an Aktivitäten. Neurologen schätzen, dass ein Mensch rund 2.000 Bits an Informationen pro Minute wahrnimmt, die vom Gehirn verarbeitet werden. Das klingt eindrucksvoll, aber außerhalb dieser unserer Bewusstheit verarbeitet das Gehirn 400 Milliarden Bits an Informationen pro Minute. Wunderbarerweise bewahrt es über jedes einzelne Bit die Kontrolle und filtert alles bis auf einen kleinen Bruchteil aus unserer bewussten Wahrnehmung heraus, eben bis auf jenen Rest, den wir brauchen, um in der Welt zu funktionieren und unseren Gedanken und Wünschen zu folgen.

Ich bin hier ins Detail gegangen, denn wenn es des gesamten Gehirns bedarf, um einen einzelnen Gedanken zu erzeugen, dann braucht es auch das ganze Universum, um eine einzelne Handlung auszuführen. Wie Neuronen scheinen Elektronen und Atome unabhängig zu sein, und doch wird eine Veränderung im Spin eines Elektrons an einem Rand des Universums sofort und ohne irgendeine Übermittlung von Signalen, die

irgendwie gesendet würden, von einem Elektron wiederge-
spiegelt, das sich Milliarden von Lichtjahren entfernt an einem
anderen Rand des Universums befindet. Der „Bindeeffekt" ist
also nicht nur persönlich, sondern auch universell gültig; es
gibt ihn „hier drinnen" und „dort draußen". Das Ergebnis von
all dem ist, dass *Sie selbst* eine Tätigkeit des Universums sind.
Das ist eine Einsicht, die zunächst recht abstrakt klingt. Aber
so wie ein einziger Gedanke es erforderlich macht, dass Ihr Gehirn eine riesige Zahl von unsichtbaren Berechnungen vollziehen muss, so muss Karma eine Menge an unsichtbaren Berechnungen anstellen, um Sie hervorzubringen.

Wir können jetzt beweisen, dass Veränderung und Stabilität
im Gehirn koexistieren; ohne beide zusammen würde es nicht
funktionieren. Wenn Sie sich an einen alten Geburtstag erinnern, können Sie das „meinen" Gedanken nennen, aber Sie
spüren ja keine persönliche Beziehung zu den Synapsen und
Dendriten oder dem Feuersturm an Signalen, der durch Sie
rauscht. Gehirnzellen arbeiten mit Hilfe völlig vorhersehbarer
Mittel, wozu auch der Austausch von elektrischen Ladungen
zwischen Natrium- und Kaliumatomen zählt, sowie einfache
Oszillationen zwischen positiven und negativen elektrischen
Impulsen. Und irgendwie bringt nun diese mechanische Stabilität völlig freie, kreative und unvorhersehbare Gedankenformen zustande.

Dasselbe gilt für Karma, versicherten die Rishis. Es ist unendlich flexibel und unendlich starr, je nachdem, wie man es betrachtet. Unbekannte Kräfte sind frei, Sie umzubilden, ohne
dass Sie davon etwas wissen. Das tun sie die ganze Zeit, da
kein Mensch die geringste Ahnung hat, wie das Gehirn von Gedanke A zu Gedanke B gelangt. Die Neurologie stellt das
Geschehen fest, aber das ist weit davon entfernt zu wissen, wie
oder warum es passiert. Zwei Menschen können das Wort
„Apfel" aussprechen, und ihre Gehirne werden die gleichen
Gehirnwellenmuster aufweisen. Diese Muster, und seien Sie

noch so gut kartografiert, können jedoch nicht voraussagen, welches Wort dieser Mensch als Nächstes sagen wird – das Ereignis B kann jedes beliebige Wort, ein Klang oder eine Geste oder vielleicht auch nur Schweigen sein.

Das führt uns zur Frage, wie frei wir eigentlich in unserer Entscheidung über das nächste Leben sein mögen. Es hat nicht viel Sinn, einfach zu sagen, dass Karma flexibel und starr zugleich ist. Die Koexistenz von Gegensätzen ist ja für sich genommen ein Paradox, und bis wir das nicht verstehen, werden wir keine Herrschaft über das Nachleben haben. Wir sind solange einfach in dem Getriebe einer Maschine gefangen, die irgendein Ergebnis produzieren kann, wie es ihren Launen gerade entspricht.

Von dieser Lebenszeit in die nächste

Wir haben keine Kontrolle über das Nachleben, ebenso wenig wie wir Kontrolle über dieses Leben besitzen. Dazu haben wir einfach noch nicht genug Bewusstsein. Die Lücken aufgrund unseres Unwissens über unser volles Potenzial sind viel zu groß, und was in diese Zwischenräume fällt, verschwindet im Unbewussten. Im tibetischen Buddhismus ist eine Lebenszeit fest mit der nächsten verknüpft. Wenn ein Lama stirbt, geht man wie selbstverständlich davon aus, dass man seine Reinkarnation findet. Es werden Zeichen hinterlassen, welche diese beiden Inkarnationen verbinden. Bei seiner Rückkehr wird das Baby zum Beispiel seine alten Spielsachen erkennen, und die Erwachsenen in seiner Umgebung können zweifelsfrei feststellen, dass die Kette der Gestalten, in denen sich ein und dieselbe Identität zeigt, nicht zerbrochen wurde.

Das ist dasselbe wie festzustellen, dass die Tibeter nicht in den Zwischenraum der Unbewusstheit und des Unwissens fallen, wenn sie sterben. Ihre Kontinuität wird bewahrt. Das berühmte tibetische Totenbuch geht auf jede Einzelheit des bewussten Sterbens ein in der Überzeugung, dass eine sterbende Person mit dem nicht unterbrochenen Fluss der Bewusstheit so verbunden als möglich bleiben sollte. Für Leser aus dem Westen ist dieses Buch verblüffend; es beschreibt so viele Schattierungen des Bewusstseins, so viele mögliche Orte im Bardo, an die man gelangen kann, dass nur ein ganzes Leben, ausgefüllt mit buddhistischen Übungen, hinreichen würde, um alle diese Möglichkeiten kennenzulernen. Genau darum geht es jedoch: denn Tibeter möchten nicht außerhalb ihres Glaubenssystems herumirren; ihr System bestätigt sie darin, wer sie sind und wohin sie auf dem Weg zur Befreiung gehen.

Das ist ein Beispiel für eine Entscheidung, die sich an einem sehr strengen Muster orientiert. Im Vergleich dazu ist der westliche Mensch eine unbedachte Spielernatur. Wir versuchen üblicherweise nicht, an einem nicht unterbrochenem Bewusstsein festzuhalten, und manche hegen vielleicht den Wunsch, in ein ähnliches Leben zurückzukommen wie dem jetzigen, aber andere streben womöglich nach etwas völlig Neuem. Dessen ungeachtet gehen wir normalerweise nicht davon aus, dass es auf unseren Wunsch in dieser Angelegenheit überhaupt ankäme. Die ganze Sache rund um Himmel und Hölle wird sich schon von selbst ergeben, meinen die meisten unter uns. Ironischerweise bedeutet das, dass die Menschen im Westen sich sehr viel mehr mit dem Karma abgefunden haben als die meisten im Osten, die irgendwie im Hinterkopf die Vorstellung mit sich herumtragen, dass Karma einer Person von Leben zu Leben immer folgt. Für sie hat jede Handlung in diesem Leben Auswirkungen für das nächste, und anscheinend völlig zufällige Ereignisse im jetzigen Leben werden auf Entscheidungen oder Taten zurückgeführt, die in einem früheren Leben gemacht wurden.

Es gibt viele unterschiedliche Möglichkeiten, mit Karma umzugehen. Sie können sich entscheiden, so bewusst oder unbewusst zu sein, wie Sie mögen. Karma klebt die Ereignisse zusammen, was indes nicht bedeutet, fatalistisch zu sein. Dieser Aspekt wird im Osten oft übersehen bzw. missverstanden.

Die Menschen dort meinen oft, dass schlechte Handlungen wie Verbrechen sind, die Strafen nach sich ziehen, während gute Taten feste Belohnungen zur Folge haben. Das klingt zwar logisch, stellt jedoch die freie Willensentscheidung in Abrede.

„Ich habe immer gedacht, dass Karma mich zu einer Marionette machen würde", bemerkte ein Freund von mir einmal. „Nachdem ich Millionen von Entscheidungen in der Vergangenheit getroffen habe, die jede ihre eigene Folge nach sich zieht, wie sollte ich dann frei von ihnen sein können? Jede schlechte Wahl hat mich in eine Richtung gezerrt, jede gute in eine andere. Das Schicksal hält immer die Fäden in der Hand."

„Wie hast du dich von diesem Denken befreit?", fragte ich ihn.

„Das konnte ich nicht", sagte er. „Aber eines Tages kam es über mich. Was sollte es schon ausmachen, dass ich eine Marionette bin? Ich fühle die Fäden ja gar nicht. Ich sehe keinen, der daran zöge. Soweit ich es überblicke, ist jede Entscheidung meine eigene und nur meine. Vielleicht bin ich immer noch die Marionette des Schicksals, aber was soll's, solange ich das gar nicht merke?"

Gegen einen solchen Pragmatismus lässt sich nichts einwenden. Ich habe erst später über die Schwächen dieser Argumentation weiter nachgedacht. Wenn Karma ähnlich funktioniert wie die unsichtbaren Vorgänge unseres Gehirns, dann können wir es nicht einfach deshalb links liegen lassen, weil es unsichtbar ist. Unsere Gehirne produzieren alle möglichen verstörenden und verzerrten Gedanken. Sie können aus dem Gleichgewicht geraten und uns in Depressionen oder sogar Verrücktheit werfen. Sie können zu Opfern falscher Wahrnehmungen und Halluzinationen werden oder gar schlimmer Krankheiten, die man behandeln muss. Noch grundlegender ist, dass alles, was wir sagen und tun, das Gehirn verändert. Die „Verdrahtung" der Neuronen wird aufgrund von Erfahrung verändert. Das Gehirn eines Menschen, der ein fürchterliches Leid erlebt hat, sieht anders aus als das Gehirn eines Menschen, der das nicht erfahren hat. Positive und negative Erfahrungen konditionieren den Geist, die Welt auf eine bestimmte Art und Weise zu betrachten, und daran passt sich das Gehirn dann an.

Das wollen wir auf Reinkarnation beziehen. Beim Tod vermischen sich sichtbare und unsichtbare Aspekte von Karma miteinander. Die populäre Version, die man sich in Indien erzählt, geht so: Wenn Sie sterben, verlassen Sie Ihren Körper, bleiben sich aber dessen bewusst, wer Sie sind. Sie sehen vielleicht noch das Zimmer, in dem Sie gestorben sind, und Sie bewahren noch eine Zeit lang die Empfindung, einen physischen Körper zu haben. (Traditionell wird der Körper unmittelbar nach dem Tode nicht berührt, im Glauben, dass der Verstorbene weiterhin noch fühlt, was man mit dem Körper macht.)

Als nächstes entrollt sich das eigene Karma wie ein Faden, der von der Spule rollt, und die Ereignisse in diesem Leben sieht man Revue passieren über den geistigen Bildschirm. Das ähnelt den Berichten mancher Menschen, die fast ertrunken wären, dass ihr Leben wie in einem Kurzfilm vor ihrem geistigen Auge abgerollt wurde. Sie erleben wieder alle wesentlichen Augenblicke in Ihrem Leben seit der Geburt, nur jetzt mit einer Lebendigkeit und Klarheit, die Ihnen genau aufzeigt, was jedes Geschehen bedeutet hat. Auch richtig und falsch werden klar offenbart, ohne die Möglichkeit für Ausflüchte oder Rationalisierungen. Sie werden verantwortlich für alles, was Sie jemals getan haben.

Während diese Urteile gefällt werden – es sind alles Ihre eigenen Bewertungen, keine göttlichen Edikte –, befinden Sie sich in verschiedenen Lokas bzw. Welten, die jeweils die Art von Belohnung bzw. Bestrafung widerspiegeln, die Ihre Handlungen verdienen. Eine Seele wird nicht auf ewig in ein Loka geschickt, sondern bleibt dort nur so lange, wie es das Karma erfordert. Während dieses Übergangs, in dem es Welten der

Freude und des Leids gibt, lernen Sie mehr über sich selbst und gelangen zu Ihren eigenen Schlussfolgerungen. Keine äußere Macht sagt Ihnen, was Ihr Leben bedeutet hat oder wie Sie zum nächsten Schritt kommen. Sie können in einem höllischen Loka für eine Zeit leiden, die Ihnen wie eine Ewigkeit vorkommt, oder Sie können sich entscheiden, diese Welt sofort zu verlassen. Zeit ist rein subjektiv, und Sie erleben nichts anderes als Ihre eigene Bewusstheit, die Ihre Dilemmata und Konflikte verarbeitet. *Warum bin ich hier? Was lässt mich leiden? Verdiene ich es zu leiden? Gibt es einen Weg heraus?*

Menschen, die nicht mit sich selbst verbunden sind, werden vom Nachleben genauso verwirrt wie vom jetzigen. Für sie ist Ursache und Wirkung überhaupt nicht klar. Gefühle von Entfremdung, Einsamkeit und Opferrollen wechseln sich ab mit Empfindungen, vom Schicksal herumgestoßen zu werden, ohnmächtig zu sein oder herumkommandiert zu werden. In diesem Nebel an Verwirrtheiten können sie nicht die Verantwortung für ihre eigenen Antriebe und Sehnsüchte übernehmen, und das Nachleben macht ihnen dann entweder Angst, oder sie fühlen sich wie verirrt darin.

Nicht verbunden zu sein ist eine Illusion aus der Sicht der Seele, und wie lange es auch dauern mag, verlässt die Person schließlich die Region der Lokas auch wieder. Verstehen beginnt aufzudämmern, symbolisiert durch Licht. In aller Klarheit erkennt man das „Ich bin" als eigene Basis, nicht die Dinge, die man getan hat. Sie identifizieren Sie dann nicht mehr mit einer bestimmten Person, sondern damit, bewusst zu sein, und Ihr Geist wird von neuen Möglichkeiten erfüllt. Das Karma, das Sie in das letzte Leben mitgebracht haben, hat sich erschöpft, und neue Samen von Karma sind bereit, aufzukeimen.

Allmählich kommt der Impuls, wiedergeboren zu werden, in Ihren Geist. Eine lange Zeit hindurch (subjektiv gesehen), erleben Sie Glückseligkeit, Ananda. Sie haben das reine Sein erlangt, das seine eigene Erfüllung mit sich bringt, ungeachtet irgendeines guten oder schlechten Karmas. Sie befinden sich in derselben Lücke wie jener zwischen zwei Gedanken, nur sind Sie sich dieses Mal der unzähligen Möglichkeiten bewusst, unter denen Sie auswählen können. Wie wählen Sie Ihr nächstes Leben aus? Durch denselben Prozess, wie Sie den nächsten Gedanken aussuchen. Wir tun das die ganze Zeit, und doch wissen wir nicht wie. Der nächste Gedanke taucht aus der Lücke auf, aus dem, was gänzlich unbekannt ist.

Sie erleben mit, wie der Traum einer neuen Identität Sie zu bekleiden beginnt, und Sie werden in Ihr nächstes Leben in vollständiger Hingabe an vergangene Handlungen fallen, über die Sie fast überhaupt noch nichts wissen. Jeder von uns kann jedoch eine aktivere Rolle dabei spielen, wie wir reinkarnieren. In dem erwähnten Zwischenraum, wenn wir uns jeder Möglichkeit gegenüber sehen, können wir uns zwischen diesen Möglichkeiten entscheiden. Die sorgfältig ausgearbeiteten Rituale im tibetischen Totenbuch sind nicht dazu da, damit ein guter Mensch in den Himmel oder in ein besseres nächstes Leben kommt. Sie sind vielmehr entworfen worden, damit der freie Wille bei der Auswahl und Entscheidung über die vielen Möglichkeiten gestärkt wird, damit die Person ganz wach in die so genannte Lücke gelangt und dann Karma gestalten, beherrschen oder sogar vollständig auflösen kann.

Sich selbst befreien

Wie wird das sein, wenn Sie in dieser Lücke sind? Ich möchte das aus persönlicher Erfahrung beantworten. Vor einem Jahr saß ich in einem Flugzeug und war ziemlich verdutzt. Während eines Umsteigens im Mittleren Westen stellte ich fest, dass ich nichts zu lesen dabei hatte. Ich blickte mich am Kiosk auf dem Flughafen um, fand aber keine Lektüre, die mich ansprach. Als ich in meinen nächsten Flieger stieg und die Zeit dann eben mit Schreiben verbringen wollte, stellte ich fest, dass mein Laptop und mein Kleincomputer beide im Koffer steckten. Irgendetwas – Schicksal, Umstände, ein dummes Versehen – hatte dafür gesorgt, dass ich stundenlang ohne eine Beschäftigung herumsaß.

Ohne es anfänglich zu bemerken und ohne Auftrag begann eine feine mentale Stimme mich zu leiten. Das verschaffte mir einen Einblick, wie der Geist arbeitet, wenn es keine Ablenkungen gibt. Was ich sah, war sehr grundlegend. Erst kommt ein Gedanke, dann ein nächster und dann wieder einer und so fort. Gedanken können ergreifend sein oder unbemerkt vorüberziehen, sie können stark oder schwach sein, bedeutsam oder nebensächlich, frivol oder ernst. Darauf wies die innere Führungsstimme mich innerhalb weniger Sekunden hin.

Wie stellst du dich nun richtig auf deinen Geist ein, wie gehst du richtig mit ihm um?, fragte die Stimme. Sollten Sie immer tun, was eine solche feine innere Stimme sagt? Sicherlich nicht, denn wir haben ja alle möglichen Arten von Gedanken, die irrelevant oder fantastisch sind. Sollten wir ignorieren, was die Stimme sagt? Auch das nicht, weil der Geist uns all die Wünsche gibt, auf denen wir unser Leben aufbauen. *Es gibt keine einzig richtige Weise, sich auf den Geist einzustellen.* Sie können keine Haltung einnehmen, die ein für allemal funktioniert. Wenn Menschen sich willkürlich entschließen, Optimisten zu sein, dann liegen sie unter Umständen falsch, wenn ernste Krisen auftauchen, schlimme Dinge passieren, persönliche Konflikte entstehen oder wenn es Krieg gibt. Wenn sie sich willkürlich entscheiden, Pessimisten zu sein, dann werden sie viele Gelegenheiten verpassen, Freude, Erfüllung, Hoffnung und Glauben zu erfahren.

Das alles zeigte mir meine mentale Führung, und ich war fasziniert. Es könnte so scheinen, als ob es am besten wäre, wenn man immer eine spirituelle Haltung hätte, und doch gibt es Situationen, wenn spirituell zu sein – also tolerant, liebevoll, offen und gelöst von rein materiellen Überlegungen – überhaupt nicht funktioniert. Eltern können nicht einfach so offen sein zu akzeptieren, dass ihr geliebtes Kind Kokain nimmt. Dann müssen sie stattdessen aktiv intervenieren und etwas unternehmen. Tausende von Beispielen kommen einem in den Sinn. Liebe wird nicht Folter besiegen; Toleranz stoppt nicht die Exzesse von Fanatikern. Ein Mensch muss definitiv eine flexible Haltung haben im Umgang mit dem Geist, in der Beziehung zu seinem Geist, sonst geht etwas verloren. Die kostbarste Gabe unseres Geistes – seine totale Freiheit – ist die Quelle unserer Kreativität.

Jetzt schau dir die Welt an, sagte meine mentale Führung. Ist sie nicht dasselbe wie der Geist? Dort herrscht dieselbe Unvorhersehbarkeit, und deshalb kannst du keine starr fixierte Haltung gegenüber der Welt einnehmen. Menschen, die von Natur aus optimistisch in die Zukunft blicken, sind genauso kurzsichtig wie Menschen, die angeboren pessimistisch sind. Geh noch einen Schritt weiter. Auch Karma ist unvorhersehbar, und man kann damit auch nicht nur mit einer einzigen Einstellung dazu umgehen. Gegen das Karma anzukämpfen ist genauso frustrierend, wie das Karma einfach anzunehmen.

Inzwischen war die Sonne untergegangen, und die Flugzeugkabine war leer und dunkel. Ich sah den letzten Streifen des blau-orangefarbenen Lichtes am Horizont rundherum. Meine mentale Führung war kein Zufall oder Tagträumerei. Ich merkte, dass ich schon lange wissen wollte, *wie alles funktioniert.* Die Antwort ist, dass Geist, die Welt und Karma dasselbe sind, sie sind jeweils perfekte Spiegel füreinander. Ihre Komplexität ist unauslotbar. Ihre unendlichen Verknüpfungen können nie dargestellt werden, und selbst wenn das für eine Sekunde gelingen sollte, bringt das nächste Ticken der Uhr eine neue, genauso unendliche Anzahl von Möglichkeiten hervor.

Diese Erkenntnis war meine größte Annäherung an die Lücke, in der ein neues Leben ausgewählt wird. Manche Seelen möchten ganz ungebunden bleiben; sie entscheiden sich für Moksha, für die Befreiung von einem physischen Körper und das Karma, das damit ausgeübt wird. Andere Seelen schätzen Moksha sehr, möchten sie aber genießen, während sie einen Körper besitzen. Sie entscheiden sich, mit vollständiger Bewusstheit zu reinkarnieren; wir nennen sie dann Erleuchtete. Der Rest von uns fällt irgendwo dazwischen. Wir möchten gerne frei sein, aber wir streben auch nach neuen Erfahrungen. Also lassen wir das Karma uns eine neue Geschichte weben. Wir bewahren etwas an Selbstbewusstheit und opfern aber auch etwas davon. Wir stimmen einem Gedächtnisverlust über das „Ich bin" zu, im Austausch für das Drama, eine getrennte Person zu sein mit Vorlieben und Abneigungen, Herausforderungen und Gelegenheiten.

Das neue Leben, in das wir uns kleiden, wird sein ganz eigenes Maß an Verbundenheit und Mangel an Verbundenheit enthalten. Und das ist kaum die ideale Art und Weise, sich auf Geist, Karma und Welt zu beziehen. Der ideale Weg ist Freiheit. Auf unsere unvollkommene Weise werden wir jedoch zu einem Teil des Mysteriums. Wir akzeptieren eine Rolle in diesem faszinierenden Spiel von Licht und Dunkelheit, und die physische Welt wird damit wieder zu unserer Realität. Wir kehren zum Glauben zurück, dass der Tod etwas Schreckliches sei, dass es ohne Kampf nicht geht, dass wir Genuss anstreben und Leiden vermeiden sollten. Wir vergessen das Wissen, das unsere Seele bereits hat, oder auch jenes, das wir hatten, als wir uns in der Lücke, im Raum zwischen zwei Zuständen befanden. Wir behalten nur ein bisschen von der Wahrheit nahe bei uns, damit wir etwas haben, wonach wir streben können. Ich habe das Gefühl, dass wir auch ein gewisses Maß an Kummer und Sorgen in uns tragen aufgrund der Entscheidung, die wir getroffen haben, die ganze Wahrheit hinter uns zu lassen. Unsere Halbwahrheit hat jedoch einen Vorzug: Solange wir daran glauben, wird die Seele nie aufgeben, uns den Rest noch beizubringen. Aus diesem Grund geht der Traum weiter.

Teil 2

KANN MAN ES BEWEISEN?

BIS ZUM 20. JAHRHUNDERT war es Sache der Ungläubigen, spirituelle Dinge zu widerlegen. Die Religionen hatten die menschlichen Vorstellungen in ganzen Kulturen derart im Griff – man denke nur an das antike Ägypten oder das mittelalterliche Christentum –, dass die materielle Welt viel weniger real erschien als die Welt der Götter oder des einen Gottes. Diese Art von „idealistischer" Weltsicht kann ein moderner Mensch kaum nachvollziehen, da wir so in den Materialismus eingetaucht sind, wie es die Menschen damals in ihren Idealismus waren, nämlich dem Glauben, dass die Natur aus subtilen Reichen des Geistes, des Spirits, entsteht. In solchen Formen des religiösen Idealismus stellt die Erde eine niedrigere Welt dar, während der Himmel eine höhere Welt ist. Damit ist alles im irdischen Leben – seine Körperlichkeit, Vorlieben, der Geschlechtstrieb, Krankheit, Leiden und Alter – weiter von Gott und Spirit entfernt als eben der so genannte Himmel, die höhere Welt.

Die Naturwissenschaft hat diese Weltsicht nicht umgestoßen, indem sie sie widerlegt hätte. Der Idealismus wurde angesichts einer neuen Weltsicht, die sich als praktischer erwies – des Materialismus – einfach unmodern. Der Materialismus hat die Technologie hervorgebracht, und damit kamen auch deren Annehmlichkeiten, und er erklärte viele Phänomene, welche die Religion lieber als ein Mysterium bezeichnet hatte, das nur Gott kennen würde. Wie jede Weltsicht, die ihre Grenzen überschreitet, führte auch die Behauptung der alten religiösen Anschauung, Krankheiten seien von Gott geschickt, um Sünder zu bestrafen, dazu, dass sie sich selbst ad absurdum führte. Sobald Krankheitskeime, Bakterien, entdeckt wurden, erschien diese alte Erklärung sinnlos und letztlich irrational. Aber auch die neue Weltsicht hat heute ihre Grenzen überschritten, wenn die akademische Wissenschaft behauptet, dass wir angesichts des Fehlens eines physikalischen Beweises alle Ansichten über Gott, die Engel, Geister, Spirit und die Seele sowie das Nachleben an sich aufgeben und „abschaffen" müssten. So wie Religion keine Kompetenz in Fragen der Physik und Chemie besaß, besitzt Naturwissenschaft keine Kompetenz im Hinblick auf spirituelle Fragen.

Die Beweislast ist verschoben worden. Heutzutage sollen die Gläubigen beweisen, dass Gott und die Seele real sind. Nach Meinung mancher Leute ist der Triumph des Materialismus so komplett, dass bereits die Begründung, *warum* wir uns überhaupt um Gott und die Seele kümmern sollten, zu einer schwierigen Herausforderung wird.

Wenn der Skeptizismus in manchen intellektuellen Kreisen die Oberhand gewonnen hat, ist für die Volkskulturen dennoch klar, dass erst einmal bewiesen werden müsste, dass das Nachleben *nicht* existiert. Umfragen weisen immer wieder mit gleichbleibenden Ergebnissen darauf hin, dass 90 Prozent der Menschen an den Himmel glauben und fast ebenso viele daran glauben, dass sie selbst dorthin kommen. Der Glaube an die Hölle ist deutlich schwächer; nur 75 Prozent glauben an die Hölle und nur 68 Prozent an den Teufel. Damit befinden sich die meisten Menschen in einem Dilemma: Sie müssen ihre Loyalität zwischen dem Glauben aufteilen, wenn es sich um Spiritualität handelt, und Wissenschaft, wenn es um die materielle Welt geht. Kein Geringerer als Sir Isaac Newton war ein frommer Christ, der zeitlebens darum rang, wie er mit der Spaltung zwischen Wissenschaft und Metaphysik zurechtkommen sollte.

Es gibt jedoch eine Alternative. In diesem Buch habe ich versucht, eine Sicht des Nachlebens darzustellen, die auf Bewusstsein basiert. Themen, die Bewusstsein betreffen, können zumindest teilweise mit wissenschaftlichen Methoden geklärt werden. Wir suchen nicht nach Beweismaterial in Form von Fotografien übernatürlicher Erscheinungen (solche gibt es zuhauf, allerdings führen sie meistens zu noch mehr Skepsis). Es würde am meisten helfen, wenn wir die wesentlichen Behauptungen von Vedanta beweisen können, Behauptungen, die im Rahmen ihrer eigenen Definitionen konsistent sind. Die grundlegende Behauptung ist selbstverständlich, dass Realität aus Bewusstsein erschaffen wird. Wir werden unsere Beweise haben, wenn wir die folgenden Fragen beantworten können:

- Ist Akasha real?
- Reicht der Geist über das Gehirn hinaus?
- Ist das Universum bewusst?
- Besitzt Bewusstsein eine Grundlage außerhalb von Zeit und Raum?
- Kann unser Glauben die Realität gestalten?

Dies sind fundamentale Fragen, mit denen die Wissenschaft schon in Berührung gekommen ist, obwohl wenige der Forscher an das Nachleben dachten, als sie ihre Untersuchungen anstellten und ihre Ergebnisse mitteilten. Es ist sicher fair festzustellen, dass die Physik sich noch nie mit der Fragestellung befasst hat, ob es sich beweisen lässt, dass das Universum seiner selbst bewusst ist. So viele Rätsel bleiben indes ungelöst, falls das Universum *nicht* seiner selbst bewusst wäre, dass ganz neue „verwegene" Theorien beginnen, diese einst undenkbare Idee mit in ihre Überlegungen einzubeziehen.

Unsere größte Hoffnung, zu Antworten und Beweisen zu gelangen, besteht in der Tat darin, sich gerade mit den ungelösten Mysterien auseinander zu setzen, denn nur solche Dinge, welche die Wissenschaft nicht erklärt hat, bieten Raum für radikal neue Denkansätze. Derzeit weiß die Neurologie nicht,

wie das Gedächtnis funktioniert oder wie Gehirnzellen Rohdaten, nicht verarbeitete Informationen, in komplexes Denken
verwandeln, oder wo die Ich-Identität angesiedelt ist, wo sie
lokalisiert werden könnte. Wenn wir diese Dinge wüssten,
bräuchte man vielleicht nicht weiter darüber zu spekulieren, ob
der Geist über das Gehirn hinausreicht, also über die Ansicht,
dass Denken auch außerhalb des Gehirns geschehen kann. Ob
das nun ein glücklicher Umstand ist oder nicht: Wir haben es
mit einem Schatz an Rätseln zu tun, die genügend Raum für die
vedischen Rishis und ihr Verständnis von Bewusstsein bieten.
An der Grenze vieler Mysterien liegt die Antwort auf ein
Mysterium.

GIBT ES AKASHA WIRKLICH?

DER BEGRIFF „AKASHA" hat sich an den Rändern der Physik mindestens ein ganzes Jahrhundert herumgetrieben. Der Grund dafür: Ein antiker und vermeintlich altmodischer Glaube weigerte sich zu sterben, nämlich der Glaube, dass der leere Raum keineswegs leer ist. Akasha ist das Sanskrit-Wort für Raum; die Entsprechung dazu in westlichen Sprachen war Äther. Bis vor wenigen Generationen wurde den Schülern beigebracht, wenn sie danach fragten, was denn die unendliche Leere zwischen den Sternen ausfüllte, dass reine Leere gar nicht möglich ist. Diese Antwort wurde im antiken Griechenland, im mittelalterlichen Frankreich und in Harvard zur Zeit Abraham Lincolns gleichermaßen gegeben. Es hieß, dass ein unsichtbarer Äther, der weder gesehen noch gemessen werden kann, es dem Licht erlaubt, von den Sternen zu uns zu reisen, so wie Wasser kräuselnde Wellen sich ausbreiten lässt, wenn man einen Stein in einen Teich wirft. Ohne ein Medium, durch das es sich überträgt, können sich Lichtwellen nicht von Punkt A zu Punkt B bewegen.

Um 1880 erlitt die Äther-Theorie einen ernsthaften Rückschlag, als zwei amerikanische Wissenschaftler, Albert Michelson und Edward Morley, nachwiesen, dass Licht immer mit derselben Geschwindigkeit reist, gleich, in welche Richtung es geht. Das war deshalb wichtig, weil ein „Äther-Wind", von dem man annahm, dass er durch das Universum wehte, das Licht hätte verlangsamen sollen, wenn er gegen das Licht

wehte und im umgekehrten Fall hätte beschleunigen sollen. Als
Michelson und Morley bewiesen hatten, dass diese Annahme
falsch war, wurde sogar Einstein davon überzeugt, dass Raum
eine Leere ohne Tätigkeit sei; auch diese Annahme erwies sich
später als unrichtig. Physiker heute gehen davon aus, dass der
Raum voller Aktivität ist in Form unsichtbarer Fluktuationen
im Quantenfeld. Diese so genannten virtuellen Fluktuationen
sind die Grundlage für Materie und Energie und auch für die
Dehnungen und Krümmungen von Zeit und Raum. Auf eine
merkwürdige Weise ist die als falsch erwiesene Annahme eines
Äthers also indirekt wiederbelebt worden.

Auf der Suche nach einer Antwort, woher Materie und Energie
kommen, ist die Physik bei der Annahme angelangt, dass ein
universelles Feld nicht nur das umhüllt, was wir beobachten
können, sondern alles, was überhaupt nur möglicherweise existieren könnte. Der modernen Physik fällt es leicht, die materielle Welt im Nichts verschwinden zu lassen; das ist jedoch
zutiefst verstörend, fast so verstörend wie das Verschwinden
einer sterbenden Person. So funktioniert der Zauber des Verschwindens eines Felsen, eines Baums, eines Planeten oder
einer Milchstraße:

Zuerst verschwanden Felsen, Baum oder Planet aus dem
Blickfeld, als die Wissenschaftler erkannten, dass feste Materie
aus Atomen besteht, die man mit dem nackten Auge nicht
sehen kann.

Dann verschwanden auch die Atome, als man entdeckte,
dass sie aus Energie bestehen und nur Schwingungen in der
Leere sind.

Schließlich verschwand die Energie, als man herausfand,
dass Schwingungen vorübergehend Anregungen in einem Feld
sind, und dass das Feld selbst gar nicht schwingt, sondern
einen konstanten „Nullpunkt" beibehält.

Theoretisch könnte man den Nullpunkt in der Natur erreichen, wenn man leeren Raum auf die Temperatur von absolut

Null herunterkühlen könnte, weil dann sofort alles aufhören würde zu schwingen. Und doch gibt es den Nullpunkt auch hier und jetzt – er bietet uns den Startpunkt, aus dem alles im Universum entspringt. Da Materie und Energie ständig auftauchen und dann wieder in der Leere verschwinden, dient der Nullpunkt als Schaltstation zwischen Existenz und Nichts. Newton hat festgestellt, dass Materie und Energie nicht zerstört werden können, dass sie jedoch auf diese schattenhafte Weise hin und her oszillieren können, sich auf der subatomaren Ebene ineinander verwandeln können, solange sich die Summe von Materie und Energie nicht verändert.

Das Nullpunkt-Feld

Dieser Akt, alles verschwinden zu lassen, würde uns vielleicht kaltlassen, wenn er nur dann in Aussicht gestellt würde, wenn der Kosmos in Milliarden von Jahren sterben würde, weil seine Temperatur auf den absoluten Nullpunkt sinken würde. Es wäre auch nicht so irritierend, wenn die Materie nur rein theoretisch in die Leere zusammenfallen würde. Das ist jedoch nicht der Fall. Materie und Energie *müssen* verschwinden. Wenn sie stabil blieben, so, wie unser Auge Felsen, Bäume und Planeten wahrnimmt, würde das Chaos ausbrechen. Die Materie existierte dann nur als zufällig herumschwebende Partikel im interstellaren Raum. Teilchen, die bei der Explosion des Urknalls herausgeworfen wurden, würden mit Millionen Stundenkilometern Geschwindigkeit ohne jede Beziehung zueinander fortfliegen. Es gäbe keine Formen, keine Evolution, keine Ordnung – in anderen Worten: kein Universum, so wie wir es kennen. Bestenfalls könnte die Schwerkraft vielleicht dafür sorgen, dass größere Materieklumpen zusammengezogen würden, aber auch die Schwerkraft ist eine Wellenfunktion, die um den Nullpunkt fluktuiert.

Die Tatsache, dass nicht das Chaos total dominiert, bleibt ein riesiges Rätsel, das unter Umständen nur durch Akasha gelöst werden kann. Die Bedürfnisse der Physik und die Einsichten der vedischen Rishis beginnen hier, auf staunenswerte Weise aufeinander zuzugehen. Die Rishis waren ganz auf Bewusstsein als ein universelles Prinzip konzentriert. Um nun aber mit einem denkenden Universum umzugehen, mussten sie erklären, wie der universelle Geist funktioniert, wie er sich zusammenhält und sich in Gedanken ordnet. Falls das „geistige Feld" völlig stabil wäre, wäre es eine tote Zone, oder bestenfalls von einem konstanten, sinnlosen Summen erfüllt. Die Physik muss auch wissen, wie sich das Universum zusammenhält und sich in kohärenten Formen organisiert. Sonst hätte sich der unvorstellbare Feuerball, der im Moment des Urknalls erschien, selbst in die Luft gesprengt, wie Dynamit explodiert, und sich nicht darum gekümmert, während seiner Sprengung auch noch Formen zu schaffen.

Die Physik wurde Schritt für Schritt in die Leere, in das Vakuum gezogen, da nichts in der sichtbaren Welt ausreichte, um das zu erklären, was erklärt werden musste. Der Nullpunkt wurde zum alles umfassenden „Feld der Felder", in dem jedes unsichtbare oder virtuelle Teilchen des Universums enthalten ist. Man hat berechnet, dass der Nullpunkt 10^{40} mal mehr Energie enthält als das sichtbare Universum. Das ist eine Eins mit vierzig Nullen. Die Leere erwiese sich als ein Feld, in dem ein ständiger Fluss und Austausch von Energie stattfindet, nicht nur zwischen Photonen und Elektronen, sondern in Bezug auf jedes nur denkbare Quantenereignis. Plötzlich war das Unsichtbare unglaublich mächtiger als das Sichtbare geworden. In welcher Hinsicht ist nun dieses „Feld der Felder" wie der Geist, wie das, wonach die Rishis suchten?

Denken, die grundlegende Funktion des Geistes, ordnet die Wirklichkeit so, dass sie Sinn ergibt. Das Universum vollzieht das physikalisch. Es bildet komplexe Systeme. DNA ist ein Beispiel dafür, allerdings haben die Gene das Leben nicht einfach dadurch erzeugt, indem sie einfache Moleküle entlang einer Doppel-Helix aufreihten. Es gibt Zwischenräume zwischen allen genetischen Bits, und die Reihenfolge ist höchst bedeutsam. Eine Amöbe unterscheidet sich von einem menschlichen Wesen aufgrund der Aneinanderreihung und Reihenfolge von Kohlenstoff, Sauerstoff, Wasserstoff und Stickstoff entlang der Gene, nicht aufgrund der enthaltenen Atome an sich. Die Tatsache, dass leere Räume oder Lücken zwischen genetischem Material so wichtig sind, bringt uns zurück zur Leere, wo *irgendetwas* zufällige Ereignisse so ordnet, dass sie Bedeutung gewinnen.

Wenn eine Form einmal erschaffen wurde, muss sie ihre Ordnung beibehalten, um als Ganzes zusammenzubleiben. Das Universum erinnert sich daran, was es erzeugt hat und vermischt das mit älteren Systemen. Das Ökosystem der Erde ist ein gutes Beispiel dafür. Die Lebensformen auf der Erde sind ständig in einer exquisiten Balance aufeinander bezogen. Der Sauerstoff, den die Pflanzen im Verlauf ihrer Photosynthese abgeben, würde nach einer gewissen Zeit die gesamte Atmosphäre vergiften und die ganze Vegetation töten, die Kohlendioxid zum Leben benötigt, wenn sich keine Tiere entwickelt hätten, die Sauerstoff verbrauchen und im Gegenzug Kohlendioxid für die Pflanzen abgeben. Dieses extrem komplexe Gleichgewicht kann bis zur Leere zurückverfolgt werden, wo sich jede einzelne Fluktuation von virtueller Energie weiterüberträgt und von einem virtuellen Teilchen absorbiert wird, das Energie braucht. (Ein populärer Autor hat das einmal so ausgedrückt: Es ist, als ob der Kosmos einen Pfennig immer weiter reicht, so dass jedes Mal, wenn ein Teilchen um einen Pfennig ärmer ist, ein anderes Teilchen um einen Pfennig reicher wird.) Das Grundmuster ist sehr einfach, aber wenn es um Billionen von Ereignissen pro Sekunde geht, bei denen Energie ausgetauscht wird, wie es beim Leben auf der Erde ist, dann wird die Fähigkeit des Ökosystems völlig rätselhaft, eine Form von der anderen getrennt zu bewahren und doch in einer dynamischen Beziehung zueinander halten zu können.

Es gibt noch andere Dinge, die der Geist tun kann, die das Universum auch leistet. Der Geist kann zwei zeitlich getrennte Ereignisse unterscheiden und sich daran erinnern – so können wir zum Beispiel heute ein Gesicht erkennen und einordnen, das wir vor Jahren schon einmal gesehen haben. Auf ähnliche Weise registriert das Universum alle Elektronenpaare. Sie werden auf ewig als Paar bestehen bleiben, auch wenn sie Millionen von Lichtjahren voneinander getrennt wurden. Es ist regelrecht unheimlich: Wenn ein Elektron aus dem Elektronenpaar seine Position oder seinen Spin ändert, wird sich sein Zwillingselektron gleichzeitig entsprechend verändern, ohne dass irgendein Signal ausgesandt wurde, das durch den Raum reisen müsste. Das Nullpunkt-Feld kommuniziert ungeachtet von Zeit, Entfernung oder Lichtgeschwindigkeit.

Die Tatsache, dass wir den Begriff „kommunizieren" verwenden, zeigt, wie schwer es ist, keine Parallelen zwischen unserem Geist und Natur „da draußen" zu sehen. Das führt uns zu einer gefährlichen Falle. Geist und Materie bieten zwei unterschiedliche Methoden an, um dasselbe zu beschreiben, aber sie beide sind an sich nicht genau dasselbe. Falls man zeigen könnte, dass das Universum ein Gedächtnis hat, würde das noch keineswegs beweisen, dass es einen Geist hätte. Sich an ein Gesicht zu erinnern stellt einen mentalen Vorgang dar. Die Fähigkeit von zwei Elektronen, ihre jeweilige Drehung gegenseitig anzupassen, über eine riesige Entfernung hinweg, ist eine materielle Leistung. Dieselbe Falle funktioniert auch umgekehrt. Wenn man jede Schwingung eines Violinenbogens berechnen könnte, während jemand eine Sonate von Beethoven spielt, würde das noch längst nicht Musik an sich oder ihre Schönheit erklären. Das sind mentale Phänomene, nicht materielle. Wir können nicht mehr, als Parallelen zwischen zwei Modellen zu ziehen, während wir uns darum bemühen, sie beide in eine Realität zu stellen.

Ich habe mich bisher so ausgedrückt, als ob das Universum bewusst wüsste, was es tut, wenn eine bestimmte DNA zum Beispiel eine Amöbe erzeugt anstatt einen Schimpansen oder einen Menschen. Das würde implizieren, dass die Moleküle sich ihrer selbst bewusst wären, und das würde wiederum bedingen, dass das Nullpunkt-Feld wie ein Geist funktioniert und agiert, während es jede nur mögliche Fluktuation im Kosmos organisiert und ordnet. Gleich, wie eng man die Parallelen indes ziehen mag, diese stillschweigende Voraussetzung kann jedoch weder bewiesen noch widerlegt werden. Denn das Nullpunkt-Feld, das alles enthält, enthält auch uns. Wir können nicht irgendwie aus ihm heraustreten. Wir sind in derselben Lage wie ein Fisch, der versucht zu beweisen, dass das Meer nass ist. Überall um ihn herum ist Wasser, es sei denn, dass er aus dem Meer herausspringt. Für den Fisch gibt es normalerweise keinen Kontrast und deshalb keine Trockenheit, die Nässe möglich macht.

Wir können nicht beweisen, dass das Universum einen Geist besitzt, weil wir selbst nicht ohne Geist sind. Niemand hat jemals Geistlosigkeit erlebt; deshalb haben wir auch nichts, worauf wir es gründen können. Die vedischen Rishis hatten das Glück, dass sie von Anfang an daran glaubten, dass Bewusstsein real ist und keinerlei Beweis brauchte. Die Physik nimmt nicht an, dass Bewusstsein eine gegebene Tatsache wäre. Wenn man von einem seiner selbst bewussten Universum spricht, so stellt einen das in der Physik an die Ränder des spekulativen Denkens. Für unsere Absicht jedoch, nach Beweisen für das Nachleben zu suchen, ist es entscheidend zu zeigen, dass Bewusstsein überall ist – denn dann würde es nach dem Tode keinen Ort geben, an den wir gehen könnten, der *nicht* bewusst ist.

Geist über Materie

Was wäre, wenn unser Geist das Quantenfeld ändern könnte? Dann hätten wir eine Verbindung zwischen den beiden Modellen von Geist und Materie. Eine solche Verbindung hat der deutsche Wissenschaftler Dr. Helmut Schmidt gefunden, der für Boeing in Seattle geforscht hatte. In der Mitte der sechziger Jahre baute Schmidt Maschinen, die zufällige Signale aussandten. Die Absicht war zu erforschen, ob normale Leute diese Signale verändern könnten, nur unter Einsatz ihres Geistes. Die erste Maschine zeigte den radioaktiven Zerfall von Strontium 90 an; jedes Elektron, das abgestrahlt wurde, ließ entweder ein rotes, blaues, gelbes oder grünes Licht aufleuchten. Schmidt bat gewöhnliche Menschen vorherzusagen, durch Druck auf eine Taste, welches Licht wohl als nächstes aufleuchten würde.

Zuerst erzielten alle nur die zu erwartenden Zufallsergebnisse, nämlich eine Trefferquote von 25 Prozent, wenn sie sich für eine der farbigen Lämpchen entschieden. Dann kam Schmidt die Idee, dass er ausgebildete Medien als Versuchspersonen bitten sollte und seine ersten Ergebnisse ermutigten ihn: Die Medien sagten in 27 Prozent der Fälle das richtige Licht voraus. Er wusste jedoch nicht, ob dies eine Sache von Hellsichtigkeit war – dass sie also das Resultat sahen, bevor es geschah – oder etwas Aktiveres, nämlich dass diese Medien tatsächlich das Zufallsmuster veränderten, wie die Elektronen abgestrahlt wurden.

Schmidt baute also eine zweite Maschine, die nur zwei Signale gab, die man Plus und Minus nennen könnte. Er ordnete einen Kreis mit kleinen Lämpchen an, und jedes Mal, wenn ein Plus oder ein Minus erzeugt worden war, leuchtete ein Lämpchen auf. Wenn zwei mal hintereinander ein Plus erzeugt worden war, ging das nächste Lämpchen im Leuchtkreis im Uhrzeigersinn an. Zwei mal Minus hätte zwei Lämpchen in der umgekehrten Richtung aufleuchten lassen. Wenn man die Maschine allein vor sich hinarbeiten gelassen hätte, dann hätte sie eine gleiche Anzahl an Plus und Minus erbracht. Schmidt wollte von seinen Versuchspersonen nun, mit ihrem „Willen", also rein geistig, die Lichter im Uhrzeigersinn aufleuchten lassen.

Er stieß schließlich auf zwei Medien, die einen bemerkenswerten Erfolg dabei hatten. Eine Versuchsperson konnte die Lichter 52,5 Prozent der Zeit im Uhrzeigersinn aufleuchten lassen. Eine Steigerung um 2,5 Prozent klingt nicht dramatisch, aber Schmidt berechnete, dass die Chancen 10 Millionen : 1 stehen, dass ein solches Ergebnis nur zufällig wäre. Die andere Versuchsperson war genauso erfolgreich, aber merkwürdigerweise ließen ihre Bemühungen die Lichter sich gegen den Uhrzeigersinn bewegen, obwohl sie die andere Bewegung angestrebt hatte. Spätere Experimente hoben die Erfolgsrate auf 54 Prozent an, obwohl die seltsame Anomalie immer wieder einmal auftauchte, dass die Richtung genau umgekehrt wie beabsichtigt war. (Dafür wurde bisher keine Erklärung gefunden.)

Schmidt zeigte, dass ein Betrachter die Aktivität im Quantenfeld nur unter Verwendung seines Geistes verändern kann. Das stützt die Annahme, dass auf einer sehr tiefen Ebene Geist und Materie eins sind. Die Behauptung der Rishis, dass wir im Akasha-Feld eingebettet sind, erscheint glaubwürdiger; das macht es auch glaubhafter, dass wir dieses Feld nicht mit dem Tode verlassen. Wenn wir das doch täten, wären wir das einzige Ding in der Natur, das kein Teil des Feldes ist.

Der Ingenieur und Princeton-Professor Robert Jahn ließ sich von Schmidts Ergebnissen dazu inspirieren, noch sehr viel komplexere Versuchsanordnungen zu entwickeln. Er baute eine Maschine, die fünf mal pro Sekunde Nullen und Einsen erzeugen konnte. Beim Experiment in Princeton durchliefern alle Versuchspersonen drei Arten von Tests. Sie sollten mit dem geistigen Willen die Maschine dazu veranlassen, mehr Einsen als Nullen zu erzeugen, dann mehr Nullen als Einsen, und schließlich sollten sie vor der Maschine sitzen und sie gar nicht beeinflussen wollen. Jeder Test wurde so oft wiederholt, bis es zwischen 500.000 und einer Million Resultate gab. Das ist eine Zahl, die alle vorherigen Versuche von allen Parapsychologen zusammengenommen bei Weitem übertraf.

Nach zwölf Jahren der Untersuchungen und Testreihen fand man heraus, dass rund zwei Drittel gewöhnlicher Menschen das Ergebnis der Maschine beeinflussen konnte – anders als bei Schmidts Untersuchung. Diese normalen Leute bei Jahn konnten wie die Medien bei Schmidt mit ihrem geistigen Willen Veränderungen erzeugen, und zwar in 51 bis 52 Prozent der Fälle. Wiederum mag man das für eine sehr kleine Veränderung halten, aber statistisch gesehen stehen die Chancen 1 Billion : 1, dass dies ein Zufallsergebnis ist. Die Verlässlichkeit dieses Resultats ist deshalb besonders radikal, weil der Zufallsfaktor ein Eckpfeiler der Quantenphysik, der Darwinschen Evolutionslehre und vieler anderer Forschungsgebiete ist. (Etwa ein Dutzend später erfolgter Untersuchungen erbrachten ebenfalls Ergebnisse im Bereich zwischen 51 und 52 Prozent.)

Wenn wir akzeptieren, dass unser Geist in das Quantenfeld eingebettet ist und wir es verändern können: Wo stehen wir dann? Wir könnten das Feld ein kleines Bisschen beeinflussen, nicht mehr als eine Frage geringer Koinzidenzen, wie zum Beispiel an den Namen eines Freundes zu denken, der dann plötzlich anruft. Oder vielleicht, das wäre das andere Extrem, ist sogar all das, was wir Realität nennen, vom Bewusstsein manifestiert bzw. aus dem Feld durch absichtsvolle Ausrichtung hervorgerufen worden. Lynne McTaggart hat die bisherige Forschung im Detail in ihrem hervorragenden Buch „Das Nullpunkt-Feld. Auf der Suche nach der kosmischen Ur-Energie" untersucht, und sieht die Möglichkeit für eine komplette Revolution der Bewusstseinstheorie: „Auf der tiefsten Ebene zeigen die Studien, dass die Wirklichkeit von jedem von uns *nur durch unsere Aufmerksamkeit* erschaffen wird. Auf der niedrigsten Ebene von Geist und Materie erschafft jeder von uns die Welt."

Jahn und seine Kollegen blieben jedoch entschlossen technisch. Sie waren über ihre Resultate verblüfft, denn wenn gewöhnliche Leute eine Maschine beeinflussen konnten, auf welchen Teil der komplizierten Maschinerie wirkten sie dann ein? Müssten wir sagen, dass der Geist tatsächlich die Häufigkeitsrate verändert, mit der Elektronen abgestrahlt werden? Und genauso wichtig ist die Frage: „Na und?" Wenn normale Menschen es zustandebringen, dass eine Maschine mehr Nullen erzeugt als Einsen, hat das wirklich eine Folge für die großen Themen der Naturwissenschaft? Ja, das hat es, auf profunde Weise.

Erklärt Akasha alles?

Man kann Akasha als das Feld interpretieren, durch das der Geist wirkt. Ervin Laszlo, ein bekannter ungarischer Wissenschafts- und Bewusstseinstheoretiker, hat den mutigen Schritt nach vorn gemacht und Akasha als die vereinheitlichte Antwort auf alles eingeführt. Nachdem er sich vierzig Jahre lang mit den allerneuesten Theorien in Philosophie, Biologie, Kybernetik und Physik auseinandergesetzt hatte, stelt Laszlo fest, dass er der antiquierten und diskreditierten Idee zuneigte, die wir vorher besprochen haben: dem Äther. Die Physik hat nachgewiesen, dass Licht anders als Wellenbewegungen, die sich an der Wasseroberfläche eines Teiches fortsetzen, kein Medium brauchen, in dem bzw. durch welches es reist.

Wenn ein Photon am Punkt A anfängt und sich zum Punkt B bewegt, kann die Reise mit Hilfe des „Zaubertricks" des Verschwindens erfolgen, die wir weiter oben behandelt haben. Das erste Photon ist mit einem Blinken aus seiner Existenz verschwunden, verändert seinen Ort irgendwo in der virtuellen Realität (dem Nullpunkt-Feld) und taucht wieder völlig intakt am zweiten Ort auf. Es verlangsamt sich nicht aufgrund von Reibung, wie es ein Kieselstein tut, der über die Wasseroberfläche geworfen wird. Darüber hinaus kann das Photon von dem Moment an, in dem es verschwunden ist, mit jedem anderen Photon im Universum „sprechen" und seine Tätigkeit mit jeder Form in der Schöpfung koordinieren. Ich beschreibe das Szenario, ohne irgendeinen Fachjargon zu verwenden, damit man versteht, warum die Wissenschaft den Äther rausgeworfen hat – in den Quantenberechnungen brauchte man ihn einfach nicht mehr, zumindest ein halbes Jahrhundert lang oder mehr nicht, während die Physik enorme Fortschritte gemacht hatte.

Dann stieß die Physik, so Laszlo und andere Systemanalytiker, gegen eine Mauer. Sie konnte nicht erklären, *wie* das Universum es fertigbringt, derart wohlgeordnet und koordiniert zu sein. Wenn Materie und Energie in der virtuellen Realität verschwinden, wie sie es Tausende von Malen in jeder Sekunde tun, ereignen sich außerhalb unseres Blickfelds Dinge, die unheimlich sind. Die Zeit wird reguliert; Objekte im Raum kommunizieren über ihre Position, und scheinbar zufällig verteilte Materie bleibt mit ihnen in Verbindung. Der Urknall, der so viel Energie in einem Raum enthielt, der viele Millionen mal kleiner als ein einziges Atom ist, dass die Milliarden an Galaxien nicht mehr als 4 Prozent von dieser Energie ausdrücken, ereignete sich innerhalb eines winzigen Fensters, in dem er überhaupt möglich war. Wenn das expandierende Universum, das sich mit Millionen von Stundenkilometern ausbreitete, zeitlich auch nur den Bruchteil einer Sekunde falsch gelegen hätte, wäre die Bildung von Sternen und Milchstraßen unmöglich gewesen, weil die Bewegungskraft der Explosion die Fähigkeit der Schwerkraft, der schwächsten Naturkraft, diese Bewegung aufzuhalten, überstiegen hätte. Nur die subtilste Balance hielt den Druck und den Zug der beiden Kräfte so im Gleichgewicht, dass sie miteinander tanzen, anstatt sich voneinander loszureißen.

Zufälligkeit ist für eine solche Präzision eine sehr schwache Erklärung, meint Laszlo. (Bei den Experimenten in Princeton würde jeder, der sich nur auf den Zufall verließe, ein einziges Mal bei einer Billion von Versuchen richtigliegen.) Etwas, das so präzise organisiert ist, bedarf eines Prinzips, das es zusammenhält, und eines Mediums, eines Mittlers, wodurch

Information von einem Ende der Schöpfung an das andere übertragen wird. Die alte Auffassung von Äther genügt dafür nicht, aber Akasha sehr wohl.

In seinem Buch *Zuhause im Universum. Die neue Vision der Wirklichkeit** erklärt Laszlo, dass Akasha notwendig ist, nicht als Medium für das sichtbare Licht, sondern als Medium für das unsichtbare Licht und für unsichtbare Energie ganz allgemein. Stellen Sie sich ein Springseil vor, das an einem Ende an eine Wand genagelt ist. Während das Seil herumschwingt, folgen Sie ihm immer näher zur Wand hin. Jede Faser des Seils schwingt in einer immer kleineren Bandbreite, bis Sie dorthin kommen, wo das Seil angenagelt ist. Dieser Punkt bewegt sich überhaupt nicht; es ist der Nullpunkt, der Anfang und das Ende von Energie. Null ist allerdings nicht sehr zufriedenstellend, weil die Quantenberechnungen bereits zeigen, dass sogar leerer Raum mit einer unendlichen Menge an virtueller Energie vollgepackt ist, mit mehr pro Quadratzentimeter als in einem Stern.

Denken Sie also wieder an den Punkt, wo das Springseil an der Wand ist. Wenn Sie ein sehr empfindliches Stethoskop an die Wand halten, werden Sie feststellen, dass die Schwingung des Seils die gesamte Mauer bewegt, und die Mauer sendet umgekehrt etwas von dieser vom Seil aufgenommenen Schwingung auch wieder zurück. Das passiert, so meint Laszlo, auch am Nullpunkt. Jede Schwingung sendet Signale durch das Feld, und das Feld sendet Signale zurück. Das Universum, so stellt sich heraus, überprüft sich laufend selbst, indem es auf irgendeine Weise jede Schwingung, die sich im sichtbaren oder im unsichtbaren Bereich ereignet, mit allen anderen koordiniert.

Stellen Sie sich zwei Photonen vor, die durch den weiten interstellaren Raum schweben. Zufällig kollidieren sie miteinander und prallen auseinander. Ist dabei irgendetwas passiert,

---

* Erschienen im Allegria Verlag, Berlin 2005

was anders ist als wenn zwei Sandkörnchen aneinander stoßen, wenn die Brandung an den Strand schlägt? Laszlo sagt „Ja": Die Photonen tauschen Information aus und beginnen, sich aufeinander zu beziehen. Die Systemtheorie, wie Laszlo sie summarisch darstellt, hilft, diese Interaktion zu erklären. Wenn sich zwei Teilchen berühren, tragen sie Information mit sich, und während sie sich begegnen, „sprechen" sie miteinander: *Ich fliege gerade so schnell, ich wiege so viel, ich bin dort gewesen und gehe hier hin.*

Dieses Gespräch vollzieht sich nicht isoliert. Das Feld hört zu, und während es hört, was passiert, speichert es die Information zum Vergleich und zur Überprüfung, weil es jedes einzelne Bit braucht, um den Kosmos funktionieren zu lassen. „Bit" ist ein Fachbegriff aus der Informationstheorie und bezieht sich auf eine einzelne mathematische Einheit – entweder Null oder Eins –, mit deren Hilfe man jede Art von Information ausdrücken kann. Wenn sich die beiden Partikel wieder trennen, wird sich ihre Zukunft aufgrund der soeben ausgetauschten Information verändert haben.

Dieser Austausch lässt uns an die Möglichkeit denken, dass diese Photonen unter Umständen *wissen, was sie tun.* Die meisten spekulativen Denker, so auch Laszlo, können sich nicht dazu überwinden zu sagen, dass das Feld bewusst sei; er spricht stattdessen über „Wurzeln des Bewusstseins". Vom Standpunkt eines Physikers müssten Atome nicht denken können, und noch viel weniger müssten sie lebendig sein. Sie treffen aufeinander, sie interagieren, sie trennen sich wieder. Wenn es zu komplizierten Ereignissen kommt, dann können sie geheimnisvoll, unsichtbar und teuflisch schwer zu berechnen sein, und dann kann eine Computerkapazität notwendig werden, die größer ist, als alle derzeitigen existierenden Großrechner zusammen besitzen. Doch solange Zahlen erklären können, wie sich Materie verhält, gibt es keine Notwendigkeit, etwas so

Außerirdisches wie Bewusstsein in die Gleichung mit hineinzunehmen.

Nun gut, das klingt vielleicht verständlich, aber es funktioniert schlicht nicht, den Geist auszulassen, da Sie damit sich selbst auslassen. Stellen Sie sich vor, jemand möchte die Regeln vom American Football lernen und hätte nur ein Video mit Footballspielen darauf, aber ohne Ton. Wenn er keine Ahnung vom Spiel hat und sich aber genügend viele Spiele auf dem Video ansieht, könnte er durchaus zu zutreffenden Schlussfolgerungen darüber kommen, nach welchen Regeln das Spiel abläuft. Er müsste nur beobachten, wie der Ball hin und her fliegt und wie die Spieler sich gegenseitig anrennen bzw. ausweichen. Jedes Mal, wenn der Quarterback umgestoßen wird und den Ball noch in seinen Händen hält, nehmen beide Teams Aufstellung und beginnen ein neues Spiel. Ein Wissenschaftler würde nach etlichen Durchläufen des Videos zum Schluss gelangen, dass der Quarterback entweder den Ball fortwerfen oder mit ihm laufen muss.

Es wäre jedoch unmöglich, irgendeinen Sinn im Spiel auszumachen, wenn man annehmen würde, dass die Spieler geistlose, träge materielle Objekte wären. Sie sind dafür viel zu koordiniert in ihren Interaktionen, sie bilden zu viele komplexe Spielmuster und Spielzüge, sie erinnern sich daran und wiederholen diese Muster, und die Ergebnistafel macht Sinn – einer gewinnt, einer verliert. Um noch einen Schritt weiterzugehen: Es wäre ein Fehler, wenn Sie Ihrer Erkundung der Spielregeln zugrunde legten, dass Football an sich nicht auf der Existenz von Geist oder Bewusstsein beruhen kann. Sie würden mit allen möglichen wilden und falschen Schlussfolgerungen da stehen, wenn Sie darauf bestünden, dass – gleich, was das Video zeigt – Football kein Spiel sein kann, in dem Geist eine Rolle spielt, sondern ein zufälliges Zusammenstoßen von Objekten.

Wenn wir die anscheinend zufälligen Tätigkeiten im Quantenfeld versuchen zu erforschen, stellen wir fest, dass es dort ein unglaubliches Timing gibt, Koordination, Erinnerungsvermögen, Informationsaustausch und Eigen-Interaktion. Aber wozu ist das alles gut? Der Beobachter-Effekt bietet das fehlende Glied. Der Beobachter-Effekt hat mit einem der Eckpfeiler der Quantenphysik zu tun, der „Komplementarität"*. Sie besagt, dass es nicht möglich ist, alles über ein Quantenereignis zu wissen. Wenn ein Beobachter ein Elektron anblickt oder misst, bleibt immer begrenzt, was beobachtet werden kann. Jedes Elektron hat eine bestimmte Wahrscheinlichkeit, irgendwo im Universum aufzutauchen.

Nur während der Beobachtung springt ein Elektron aus der virtuellen Wirklichkeit in das sichtbare Universum, und sobald der Betrachter aufhört, hinzuschauen, fällt es in das Feld zurück. Der bedeutende Physiker Erwin Schrödinger entwickelte die so genannte Schrödinger-Gleichung, die ein Fundament der Quantentheorie darstellt. Sie lässt diese Wahrscheinlichkeiten präzise berechnen, und doch widerstrebt die Annahme, dass sich ein Elektron an einem beliebigen Ort aufhalten kann, bis es betrachtet wird, der normalen menschlichen Logik. Für die Leser, welche die Geschichte von Schrödingers Katze nicht kennen, hier eine Kurzfassung dieses berühmten Paradoxons, das sich aus dem Beobachter-Effekt ergibt.

Eine Katze wird in einen geschlossenen Kasten gesetzt, in dem sich eine tödliche Apparatur befindet. Dieser Apparat wird ein

---

* Unter Komplementarität versteht man in der Quantenmechanik die Eigenschaft, dass bei vollständiger Bekanntheit der ersten Größe über das Ergebnis einer Messung der zweiten Größe überhaupt nichts ausgesagt werden kann (alle möglichen Ergebnisse sind gleich wahrscheinlich). Komplementarität ist auch der „Welle-Teilchen-Dualismus", also die Eigenschaft von Elektronen, je nach Beobachtungsstandpunkt als Welle oder als Teilchen messbar zu sein. (Anm.d.Ü.)

Giftgas freisetzen, wenn ein Auslöser betätigt wird; der Auslöser besteht aus einer kleinen Menge radioaktivem Material. Wenn dieses radioaktive Material ein einziges Elektron freisetzt, wird das ausreichen, um den Apparat auszulösen, das Gift freizusetzen und die Katze zu töten.

Hier ist nun das Paradox: Der Quantenphysik zufolge besitzt ein Elektron keine sichtbare Realität, solange es nicht beobachtet wird. Es nimmt etwas ein, was man „Superposition" nennt; das heißt, es kann sich gleichzeitig an mehr als einem Ort aufhalten (diese Tatsache ist experimentell nachgewiesen worden mit Hilfe von subatomaren Teilchen, die in der Tat mehrere Orte gleichzeitig einnehmen). Da sie sich in einem geschlossenen Kasten befindet, ist die Katze außerhalb unserer Beobachtungsmöglichkeit; sie könnte tot oder lebendig sein – und nach der Quantenphysik müsste sie beides zugleich sein. Nur wenn man den Kasten öffnet und der Betrachter die Situation ansieht, werden wir wissen, welcher Zustand, tot oder lebendig, entschieden worden ist. Bis dahin müssen beide Möglichkeiten nebeneinander existieren.

Viele Physiker sind diesem Paradox ausgewichen, dass eine Katze gleichzeitig tot und lebendig ist, indem sie darauf verwiesen, dass die Gesetze, die für die Mikro-Ebene gelten, nicht für die Makro-Ebene zutreffen: Superposition gilt für Elektronen, nicht für alltägliche Dinge wie Katzen. Das ist jedoch durchaus fraglich, da der Beobachter-Effekt sehr wohl bei den Experimenten von Schmidt und Jahn auftaucht, in denen die bloße Aufmerksamkeit eines Beobachters sowohl das Quantenfeld, als auch zugleich die materielle Welt verändern konnte. Die Crux des Paradoxons ist, dass man in der Quantenwelt kein Ergebnis kennt, bevor man es beobachtet (das heißt, es ist unmöglich zu wissen, ob Schrödingers Katze tot oder lebendig ist, bis Sie nachsehen, und das Nachsehen an sich bewirkt erst das eine oder das andere Ergebnis).

Akasha löst dieses Problem, indem jedes Ereignis auf jeder Ebene einen partizipatorischen Charakter bekommt, also alles an allem teilhat. Alle Betrachter sind innerhalb des Akasha-Feldes, und was sie auch tun, hat Auswirkungen auf das Feld, das irgendwie darauf reagiert. Wir falsifizieren deshalb das Universum nicht, indem wir es so beschreiben, als ob es sich wie wir selbst verhielte. Das Vorhersehbare und das Unvorhersehbare koexistieren. Eine Katze kann zugleich tot und lebendig sein, ohne die übliche Art und Weise, wie die Welt funktioniert, auf den Kopf zu stellen. Wir erkennen uns selbst sogar durch das unvorhersehbare Universum, und umgekehrt. Die vedischen Rishis erkannten, dass Zeit und Ewigkeit verwandt sind und in Beziehung stehen, und ihre Schlussfolgerung war, dass die Zeit eine Illusion ist, während die Ewigkeit wirklich ist. Das stellt die Dinge für unsere fünf Sinne auf den Kopf, dass diese Sinne so funktionieren müssen, als ob die Zeit wirklich sei, da sich jedes Ereignis, an dem wir teilhaben, innerhalb der Raumzeit geschieht. Die Rishis erklären, dass das Sterben uns erlaubt, die ewige Wirklichkeit klar wahrzunehmen und voller daran teilzuhaben. In Laszlos Sichtweise leistet das Akasha-Feld dasselbe für alle Materie, Energie und Information. Ihre Interaktionen im sichtbaren Universum sind Reflektionen von weit wichtigeren unsichtbaren Beziehungen, die jenseits der Bühne der Welt stattfinden.

Dazu eine Analogie. Stellen Sie sich vor, dass Sie ein Wissenschaftler bzw. eine Wissenschaftlerin sind, der oder die winzige Lichtexplosionen in einem Feld messen soll; in diesem Fall handelt es sich um einen Fernsehbildschirm. Diese Explosionen finden auf der Ebene der Atome statt. Wenn Sie Ihre Untersuchung zunächst damit beginnen, sehr nahe dieser atomaren Ebene zu beobachten, werden sie mit Millionen von Photonen konfrontiert, die in zufälligen Mustern „feuern". Sie würden den Bildschirm als ein Feld beschreiben, in dem zufällige Erregungszustände herrschen, genau so, wie Physiker das elektromagnetische Feld beschreiben. Je weiter sie sich von der atomaren Ebene jedoch entfernen, desto mehr bemerken Sie, wie Flecken von Rot, Grün und Blau sich zu Klumpen zusammentun, sie fangen an, organisiert auszusehen. Wenn Sie sich noch weiter von der ursprünglichen atomaren Ebene entfernen, auf der die Lichtexplosionen ihren Ausgang nehmen, beginnen Sie, vage Schatten zu bemerken. Sie fühlen sich wie ein Astronom, der ein Radioteleskop benutzt, um festzustellen, ob es im Hintergrundgeräusch des Kosmos bestimmte Muster gibt. Muster sind mathematischer Natur, und es verlangt Intelligenz, um eine mathematische Kodierung vorzunehmen.

Sie fangen also an, eine mathematische Erklärung für die Muster zu formulieren, die Sie auf dem Bildschirm sehen. Wenn Sie sich nun noch weiter vom Bildschirm entfernen, sehen Sie schließlich, dass diese Muster Bilder vom menschlichen Leben sind, und dass das zufällige Abfeuern von Photonen einem Sinn diente. Das wäre überraschend genug, um Sie zu veranlassen, Ihre gesamte Theorie zu revidieren. Sie müssten nun davon ausgehen, dass Zufälligkeit eine Illusion war, die eine tiefere Wirklichkeit verdeckte, die nämlich das Bild aus dem menschlichen Leben ist. Nur Bewusstsein kann den Grund voll und ganz erklären, warum Rot, Grün und Blau in kleinen Lichtexplosionen ausgestrahlt werden.

Wir befinden uns heute an dem Punkt, an dem zahlreiche Erklärungen der Welt und des Lebens, die auf Zufälligkeit aufbauen, uns nicht mehr länger zufrieden stellen. Wir mussen einen Wandel zu einer bewussteren Erklärung vollziehen. Warum feuern Photonen im Fernseher? Weil sie sich in ein Bild verwandeln. Warum feuern Photonen im Kosmos? Aus demselben Grund. Die vedischen Rishis, die viele Jahrhunderte vor der Quantenphysik lebten, sagten, dass Zeit und Raum Projektionen auf dem leeren Bildschirm des Bewusstseins sind, dem Bildschirm von Akasha.

Anders ausgedrückt: Als Sie heute morgen aufgestanden sind, zur Arbeit fuhren, Ihren Tag im Büro verbrachten, *ist nichts wirklich so passiert,* wie Sie es erlebt haben. Die Zeit ist nicht verstrichen, und Sie haben sich auch nicht durch den Raum bewegt. Diese Schlussfolgerung verblüfft und verwirrt den gesunden Menschenverstand, wird jedoch in der Physik durch und durch anerkannt. Das möchte ich erklären.

Wenn Sie in der Nacht träumen, dass Sie nach Paris fliegen und durch die Straßen schlendern, ist nichts davon wirklich geschehen. Sie sind nicht nur nicht physisch nach Paris gekommen, sondern Ihr Gehirn hat noch nicht einmal Bilder produziert, die mit Paris korrespondieren. Der Traum entstand aufgrund von Gehirntätigkeit, die bis auf einzelne Bits an Information verfolgt werden kann: Winzige elektrische Schalter waren ein- oder ausgeschaltet, die Polarität bestimmter Moleküle war entweder positiv oder negativ. Ihr gesamter Traum und alles darin war nur ein Spiel von Nullen und Einsen.

Das gilt auch für die Menschen, die wir im Fernsehen anschauen. Eine Person scheint in einem Haus zu leben und gerade den Rasen zu mähen. Das Haus ist tatsächlich jedoch ein flaches Bild auf dem Schirm, und die Bewegungen der Menschen sind nichts mehr als Phosphormoleküle, die ein- und ausgeschaltet werden. Wiederum Nullen und Einsen. Nichts bewegt sich auf einem Fernsehbildschirm wirklich. Wenn jemand von rechts nach links zu laufen scheint, sind das nur bestimmte Muster von Lichtsignalen, die rechts aus- und weiter links eingeschaltet werden. Es ist dasselbe wie bei einem Weihnachtsbaum mit Blinklichtern rundherum, deren Lichter im Kreis aufleuchten; auch dort werden die Lämpchen einfach in einer bestimmten Reihenfolge ein- und ausgeschaltet, um die scheinbare Kreisbewegung zu erzielen.

Sie bewegen sich durch Zeit und Raum auf die gleiche Weise, wie es die Erde auf ihrer Umlaufbahn und die Sterne am

Himmel tun. Quantenimpulse schalten sich ein und aus und Ortswechsel erfolgen, weil die Energie ein bisschen mehr links oder rechts angeregt wird im Vergleich zur letzten Anregung. In Wahrheit verändert kein einziges Quark oder Elektron seine Position in der Raumzeit. Aber ist das nicht dasselbe? Wenn ein Objekt sich zu bewegen scheint, warum sollte man dann nicht sagen, dass es sich bewegt? Weil das nicht stimmt, weil wir das nicht aussagen können. Die Erde scheint sich um die Sonne zu bewegen, aber wenn das tatsächlich der Fall wäre, würde sie sich schließlich mit spiralförmigen Bewegungen auf die Sonne zu bewegen und zerstört werden. Faktum ist, dass unser Planet Erde, obwohl er auf seinem Umlauf Reibung erfährt, in Form von interstellarem Staub und dem so genannten Sonnenwind, der Sonne niemals näher kommt oder langsamer wird. Das verhält sich so, weil jedes Atom auf der Erde aus der sichtbaren Beobachtung heraus flimmert bzw. blinkt, und mit derselben Energie und Masse zurückkommt, die es immer gehabt hat. Der Nullpunkt projiziert, wie sich herausstellt, die Erde so zuverlässig wie ein Fernsehsender seine Bilder auf den Bildschirm projiziert. (Ein Skeptiker könnte fragen, wie sich denn dann irgendetwas ändert, wenn das Nullpunkt-Feld das sichtbare Universum ständig wieder erneuert. Das ist ein Rätsel, dessen Lösung vielleicht bei zwei Faktoren zu suchen wäre: dem langsamen Zerfall von Protonen, der Milliarden von Jahre dauert, und dem sich ausdehnenden Universum, das die Verteilung von Energie, die Entropie, weiterträgt, während sich die ursprüngliche Hitze des Urknalls zerstreut. Diese beiden Faktoren in die Quantentheorie einzufügen ist jedoch bei Weitem noch nicht gelungen.)

Was hat all das mit dem Nachleben zu tun? Stellen Sie sich eine einfache Frage. Wenn Sie fernsehen, was ist realer: das Bild, das Sie sehen, oder die Sendestation, welche die Signale ausstrahlt? Natürlich ist die Sendestation realer, das Bild ist nur ein optischer Eindruck. Gleichermaßen sagt Laszlo, dass das

Nullpunkt-Feld – Akasha – realer ist als das sichtbare Universum. Akasha organisiert und koordiniert alle Projektionen, die wir Zeit, Raum, Materie und Energie nennen. Wenn das zutrifft, haben wir damit ein Fundament für einige Schlüsselannahmen im Vedanta gelegt:

> Die materielle Welt wird von einer nichtmateriellen Quelle projiziert.
> Die unsichtbare Welt kommt zuerst. Sie enthält die Saat von Zeit und Raum.
> Die Realität nimmt zu, je näher man der Quelle kommt.

Um es in menschlichen Begriffen auszudrücken: Wir müssen den Tod nicht als einen Zaubertrick fürchten, bei dem wir verschwinden, da das Leben immer schon ein solcher Akt des Verschwindens gewesen ist. Was wir an uns am meisten schätzen – unsere Fähigkeiten zu denken und zu fühlen – hat sich nicht erst mit unserem Eintritt in die physische Welt eingestellt. Diese Fähigkeiten sind von einer Quelle aus, vom Nullpunkt-Feld, in die physische Welt projiziert worden. Dieses Nullpunkt-Feld ist die Wurzel des Bewusstseins und erstreckt sich Milliarden von Jahre zurück und auch in die vorhersehbare Zukunft voraus. Das ist keineswegs eine religiöse Anschauung, sondern dieses Modell erklärt das Universum besser als jedes andere Modell, und es gibt uns, was die Rishis und die modernen Physiker beide verlangen: eine Brücke zwischen Geist und Materie.

Denken jenseits des Gehirns

FALLS ICH STERBE und die Information in meinem Gehirn überlebt – heißt das dann, dass ich überleben werde? Überleben bedeutet das Intaktbleiben auf irgendeiner Ebene – als Geist, Persönlichkeit, Gedächtnis oder Seele – die „ich" bin. Für einen Materialisten stirbt die Person, sobald das Gehirn stirbt. Glücklicherweise haben in den zwei vergangenen Jahrzehnten einige geniale Experimente die Hoffnung geweckt, dass sich der Geist auch über das Gehirn hinaus erstreckt und dass Eigenschaften, die Sie und ich so schätzen, wie zum Beispiel Liebe und Wahrheit, im Feld dauerhaft eingebettet bleiben können.

Je mehr es uns gelingt nachzuweisen, dass das Feld intelligent ist, desto glaubwürdiger wird die Ansicht, dass unsere eigene Intelligenz nach dem Tode überleben kann. Ein Zugang zu diesem Thema mag merkwürdig erscheinen, hat sich jedoch als sehr fruchtbar erwiesen: die Erforschung von Telepathie bei Tieren. Viele Menschen, die Haustiere haben, werden bestätigen, dass ihr Hund oder ihre Katze die Fähigkeit besitzen zu wissen, was ihre Herrchen oder Frauchen denken. Einige Minuten, bevor sie sich zum Spaziergang bereit machen, wird ein Hund ganz aufgeregt und ruhelos; an dem Tag, an dem die Katze zum Tierarzt gebracht werden soll, verschwindet sie und man findet sie nirgendwo. Diese weit verbreiteten Erlebnisse veranlassten den britischen Forscher Rupert Sheldrake, einen akademischen Biologen, der inzwischen zu einem unkonventionellen Denker wurde, kontrollierte Studien durchzuführen, um herauszufinden, ob Hunde und Katze wirklich die Gedanken ihrer Herrchen und Frauchen lesen können.

Eine Untersuchung war sehr einfach: Sheldrake rief 65 Tierärzte in London und Umgebung an und fragte sie, ob es bei ihnen in der Praxis häufig vorkam, dass die Besitzer von Katzen ihre Termine absagten, weil ihre Katze genau am Tag des Termins verschwunden war. 64 Tierärzte antworteten, dass dies in der tat sehr häufig vorkam und der 65. machte keine Termine für Katzen mehr, weil sie zu häufig gerade an dem Tag nicht mehr auftauchten, an dem der Tierarzttermin vorgesehen war.

Sheldrake entschloss sich, ein Experiment mit Hunden durchzuführen. Die Tatsache, dass ein Hund ganz aufgeregt wird, wenn es Zeit ist, nach draußen zu gehen, bedeutet ja wenig, solange der Spaziergang routinemäßig immer zur selben Zeit am Tag erfolgt, oder wenn der Hund von Herrchen oder Frauchen ein sichtbares Zeichen bekommt, dass sie jetzt bald nach draußen gehen werden. Deshalb brachte Sheldrake Hunde in anderen Räumen außerhalb des Hauses ihrer Besitzer unter; diese bat er, zu zufällig ausgesuchten Zeiten daran zu denken, dass sie in ein paar Minuten mit ihrem Hund spazieren gehen würden. In der Zwischenzeit wurden Videoaufnahmen vom Hund gemacht. Sheldrake stellte fest, dass mehr als die Hälfte der Hunde, sobald ihre Besitzer daran dachten, mit ihnen nach draußen zu gehen, zur Tür liefen, mit ihrem Schwanz wedelten, sich unruhig im Kreise drehten, und dass sie dieses Verhalten beibehielten, bis ihre Herrchen oder Frauchen dann auch erschienen. Kein einziger Hund zeigt jedoch irgendein Signal von Vorfreude, wenn der Besitzer nicht daran dachte, mit ihm spazieren zu gehen.

Daraus ergibt sich etwas sehr Faszinierendes, nämlich dass die Bindung zwischen einem Haustier und seinem Besitzer eine subtile Verbindung auf der Ebene der Gedanken erzeugt. Umfragen haben ergeben, dass etwa 60 Prozent der Amerikaner glauben, dass sie schon einmal eine telepathische Erfahrung gemacht haben; dieses Ergebnis, was die Haustiere angeht, kommt also nicht völlig überraschend. Der nächste Sprung weiter ist jedoch verblüffend.

Nachdem er seine Untersuchungsergebnisse mit telepathischen Haustieren veröffentlicht hatte, erhielt Sheldrake von einer Frau in New York eine E-Mail, in der sie mitteilte, dass ihr grauer afrikanischer Papagei nicht nur ihre Gedanken lesen könnte, sondern darauf sogar mit gesprochenen Worten einging. Die Frau und ihr Mann saßen zum Beispiel in einem Zimmer, außerhalb des Blickfelds des Papageis, der N'kisi heißt. Wenn sich das Ehepaar nun zum Beispiel hungrig fühlte, sagte N'kisi plötzlich: „Ihr wollt etwas Leckeres." Wenn Mann und Frau darüber nachdachten, ob sie zum Essen ausgehen sollten, sagte N'kisi so etwas wie: „Ihr müsst raus, bis später."

Sheldrake war sehr daran interessiert, die Besitzerin des Papageis, eine Künstlerin namens Aimee Morgana, persönlich kennenzulernen. Er fand eine bemerkenswerte Situation vor. Afrikanische graue Papageien gehören zu den sprachlich begabtesten Vögeln; N'kisi besaß ein riesiges Vokabular von mehr als 700 Worten. Und noch erstaunlicher war, dass er sie wie menschliche Sprache benutzte, also nicht einfach irgendetwas nachplapperte, sondern Worte verwendete, wenn sie angebracht waren. Wenn er etwas Rotes sah, sagte er „rot"; wenn die Sache eine andere Farbe hatte, benutzte er das Wort dieser Farbe. Aimee konnte Sheldrake aber noch überraschendere Geschichten erzählen. Als sie sich einmal einen Film mit Jackie Chan im Fernsehen ansah, sagte N'kisi, während Chan gefährlich auf einem Träger hockte: „Fall nicht runter", obwohl sein Vogelkäfig hinter dem Fernseher stand und er das Bild gar nicht sehen konnte. Als während einer Reklameeinblendung ein Auto gezeigt wurde, sagte der Papagei: „Das ist mein Auto". Ein anderes Mal las Aimee in einem Buch die Zeile: „Je schwärzer die Beeren, desto süßer wird der Saft." Zugleich rief der Vogel aus dem anderen Zimmer herüber: „Die Farbe ist schwarz."

Sheldrake wollte sich von alledem selbst überzeugen. Bei seinem ersten Besuch gab ihm Aimee einen Vorgeschmack von N'kisis telepathischen Fähigkeiten. Sie sah ein Bild von einem Mädchen in einer Illustrierten an, und mit bemerkenswerter Klarheit sagte der Papagei aus dem nächsten Zimmer: „Das ist ein Mädchen." Der nächste Schritt bestand darin, ein kontrolliertes Experiment durchzuführen. Wenn N'kisi Wort verstand und dazu noch telepathische Fähigkeiten besaß, war die Frage, ob beides zusammen überprüft werden könnte. Sheldrake schlug vor, dass Aimee bestimmte Bilder ansehen sollte, die Begriffen entsprachen, die der Papagei bereits kannte. Sie sollte in einem Zimmer sitzen, während N'kisi in einem anderen Raum ganz für sich isoliert sein sollte. Der Papagei sollte zwei Minuten haben, um ein „Schlüsselwort" zu sagen, das dem jeweiligen Bild entsprach. Wenn er das Wort innerhalb dieser Zeit sagte, sollte das als „Treffer" gelten. Wenn er es nicht sagte oder mehr als zwei Minuten verstrichen, bevor er es sagte, sollte das dann als Misserfolg gewertet werden.

Um ganz neutral zu sein, sollte nicht Aimee, sondern jemand anderes sowohl die Bilder als auch die Schlüsselworte auswählen, die zueinander gehörten. (Das erwies sich als ziemlich unfair für den Vogel, weil die neutrale Person, welche die Auswahl traf, manche Worte wie „TV" wählte, die N'kisi nur ein oder zwei Male je gesagt hatte. Der Papagei sagte diese Worte kein einziges Mal innerhalb der zwei Minuten des Experiments, noch sagte er sie während dieser Zeit überhaupt.) Nachdem alle Versuche vorbei waren, wurden die Tonaufzeichnungen dessen, was N'kisi gesagt hatte, drei „Richtern" vorgespielt, die notierten, was sie gehört hatten. Wenn nicht alle drei Richter einstimmig das richtige Wort notiert hatten, zählte ein richtiges Wort dennoch nicht als Treffer. Die Ergebnisse überstiegen alle Erwartungen. Als Aimee zum Beispiel ein Bild anblickte, das einige sehr spärlich bekleidete Frauen am Strand zeigte, murmelte N'kisi erst mal etwas herum und sagte dann so, dass alle drei Richter ihn einstimmig so verstanden: „Seht mal meinen hübschen nackten Körper an." Dazwischen sagte er keine anderen irrelevanten Worte; der Vogel pfiff nur und brachte die Töne hervor. Als Aimee sich ein Bild von jemandem ansah, der telefonierte, sagte N'kisi: „Was machst du denn am Telefon?" Eine der faszinierendsten Antworten kam, als Aimee sich auf ein Bild mit Blumen konzentrierte. Anstatt einfach das Schlüsselwort „Blumen" zu sagen, sagte N'kisi: „Das ist ein Bild mit Blumen."

Wie war das Endresultat? Bei 71 Versuchen erzielte N'kisi 23 Treffer; im Vergleich dazu wären 7,4 Treffer der statistische Zufallswert gewesen. Sheldrake weist darauf hin, dass dies ein höchst signifikantes Ergebnis darstellt, weil N'kisi ja noch nicht einmal wusste, dass er getestet wurde. Und oft sagte der Papagei das richtige Schlüsselwort, nachdem die zwei Minuten vorbei waren.

In einer kleinen Wohnung in Manhattan wurden diese Beweise zusammengetragen, dass der Geist nicht nur eine rein menschliche Eigenschaft ist, und dass er tatsächlich auch außerhalb des Gehirns existieren kann. Kommunikation zwischen dem Tierreich und Menschen mag merkwürdig erscheinen, aber Haustiere können nicht betrügen, und sie haben gar kein Motiv, warum sie glauben sollten beweisen zu müssen, dass sie besondere Fähigkeiten besitzen. Die vedischen Rishis haben schon vor langer Zeit gesagt, dass das ganze Universum intelligent ist, weil es von Bewusstsein durchdrungen wird. Wir wollen überlegen, wie wir diese Aussage in modernen Begriffen zum Ausdruck bringen können.

Im Feld des Geistes

Bewusstsein ist Jahrhunderte hindurch ein metaphysisches Geheimnis geblieben, weil es die physische Welt fast wie ein Geist bewohnt. Das ist jedoch eine typisch westliche Perspektive, die auf unserem Vorurteil zugunsten fester, greifbarer Dinge

beruht. Wir bestehen darauf, dass das Gehirn die Quelle des
Geistes sein müsse, da das Gehirn ein sichtbares Objekt ist.
Das ist so, als ob wir sagen würden, dass ein Radio die Quelle
von Musik sein müsse, weil es das sichtbare Objekt ist, aus
dem die Musik hervorkommt. Die vedischen Rishis nahmen
eine entgegengesetzte Sichtweise ein. Sie bestanden darauf,
dass das sichtbare Objekte nicht die Quelle des Geistes sein
konnten da die physische Ebene die am wenigsten bewusste
Welt ist. Es mag bedeutsam erscheinen, dass das Gehirn während des Vorgangs des Denkens aktiv ist, aber auch ein Radio
ist während einer Musikübertragung eingeschaltet, und es
besteht kein Zweifel daran, das N'kisi (um hier gar nicht über
menschliche Telepathen zu sprechen) einen Gedanken auf-
nahm, der ausgestrahlt wurde.

Unser westliches Vorurteil gegen alles Unsichtbare ist nicht
leicht zu überwinden. Die Existenz von Geist außerhalb des
Gehirns wird sich nur dann beweisen lassen, wenn sie irgendwelche Fußspuren hinterlässt, irgendein sichtbares Zeichen: ein
sichtbares Zeichen, das so überzeugend ist wie ein Magnet-
resonanzbild, welches den konkreten Nachweis für neurale
Tätigkeit führt. Eine solche Fußspur ist Information, worüber
wir soeben gesprochen haben. Wenn Information das gesamte
Quantenfeld durchdringt, dann kann sie Geist und Materie auf
eine Weise miteinander verbinden, welche für den Materialisten annehmbarer ist. Es gibt keinen Wissenschaftler, der Probleme damit hätte zu glauben, dass Materie und Energie weder
erschaffen noch zerstört werden kann. Die moderne Physik
beschäftigt sich mit der Annahme, dass auch Information
weder erschaffen noch zerstört werden kann. Wir erleben im
Universum eine ständige Transformation. Helium-Atome, welche der Sonne als Brennstoff dienen, lassen Hitze zur Erde
strahlen, die mittels Photosynthese in Pflanzen und allen anderen Lebensformen umgewandelt wird. Es ist deshalb durchaus
richtig festzustellen, dass Leben darin besteht, dass Atome von

der Sonne Information mit Atomen auf der Erde austauschen. (Energie ist Information in dem Sinn, dass alle chemischen oder elektrischen Ladungen als Plus oder Minus, als Positiv oder Negativ, als Null oder Eins ausgedrückt werden können.) Es spielt dann auch keine Rolle, dass Ihr Körper nicht wie ein glühender Stern aussieht. Dennoch sind beide Teil desselben Informationsfeldes, das endlose Transformationen von sich und in sich erfährt. Oder wie es Lord Krishna in der Bhagavad Gita sagt: „Indem ich mich in mich selbst einfalte und wieder ausfalte, erschaffe ich immer wieder neu."

Amit Goswami, ein bekannter Physiker, der viel über das seiner selbst bewusste Universum schreibt, sagt, dass Kreativität einfach nur die andere Seite der Transformation sei. „Das Universum füllt ständig neuen Wein in alte Schläuche oder neuen Wein in neue Schläuche." Dieselben Energiepakete, welche dieselbe Information enthalten, werden ständig im Nullpunkt-Feld durcheinander gemischt. Goswami betrachtet Reinkarnation auch in diesem Rahmen. Identitäten gehen durch das Informationsfeld und tauschen dabei Daten mit neuen Identitäten aus, die sich wie ein neues „Ich" anfühlen, die jedoch tatsächlich nichts anderes als Transmutationen unzerstörbarer Nullen und Einsen sind, die in langen Ketten von Ideen und Erfahrungen verknüpft sind.

Sie selbst sind gerade jetzt ein Bündel an Information auf der geistigen und der körperlichen Ebene. Sie besitzen einzigartige Erinnerungen; Ihre Zellen haben chemische Veränderungen mitgemacht, die sonst kein Lebewesen in der Welt erfahren hat. Wenn Sie sterben, wird nichts von all diesen Informationen verschwinden, weil das gar nicht geschehen kann. Es gibt keinen Ort, an den Plus und Minus, Positiv und Negativ sonst gehen könnten, da das Feld nichts anderes als Information enthält. Ihre einzige Alternative besteht darin, sich in neuen Kombinationen zusammenzufinden. Wie machen sie das aber?

Die Antwort liegt in der Wurzel des Wortes Information, die „formen" ist. Wir bewohnen nach Ervin Laszlo ein „informiertes, ein in Form gebrachtes Universum", das Atome entlang der Doppelhelix von DNA aufreiht, also Bits an Informationen in physikalischer Gestalt, genau so wie dieses „in Form gebrachte Universum" auch Informationen in nicht physischer Gestalt als Ideen aneinander reiht. Das bringt uns der atemberaubenden Ansicht einen Schritt näher, dass sogar das gesamte Universum der Geist Gottes ist, also ein dynamisches Feld unendlicher Information, die unendlichen Transformationen unterzogen wird. Diesen großen Schritt können wir allerdings nicht machen, solange wir nicht wissen, wie kleine Ideen überleben, geschweige denn kosmische.

Die Rishis lehrten, dass Ideen im Akasha-Feld als Erinnerungen überleben. Sie und ich greifen ständig auf das Akasha-Gedächtnis zu, während wir annehmen, dass wir Zugang zu unserem Gehirn erlangen. In esoterischen Kreisen dient das Akasha-Gedächtnis dazu, uns Informationen von bzw. über verstorbene Spirits und frühere Leben zu übermitteln. In der jungianischen Psychologie dient dasselbe Gedächtnis dazu, dass verschiedene Kulturen dieselben Mythen und Archetypen kennen. Venus und Mars sind unsichtbare Wesen, doch sind sie sehr gegenwärtig und lebendig. Akasha erinnert sich an jeden Gott, den Menschen erschaffen haben, an jeden epischen Kampf, jede große Liebe, jede tiefe Suche. Wir zapfen laufend und immer wieder dieses Akasha-Gedächtnis an, während sich die Geschichte der Menschheit von Zeitalter zu Zeitalter fortsetzt.

Das Gehirn besitzt ein lokalisierbares Gedächtniszentrum, aber der Geist beschränkt sich nicht auf das Gehirn. Nehmen Sie ein sehr bedeutsames Ereignis in Ihrem Leben – den ersten Kuss oder das letzte Mal, als Sie Ihre geliebte Großmutter sahen. Diese Erinnerung ist die bleibende Spur eines Ereignisses, das sich in Zeit und Raum abgespielt hat. Die damalige Erfahrung kann in Ihrem Gehirn wieder aktiviert werden; das bedeutet, dass Millionen von Molekülen, die sonst zufällig durch Ihre Neuronen fliegen, jetzt *wissen,* dass sie zusammenbleiben müssen, damit Ihre Erinnerung aufrechtbleibt, und zwar Jahr für Jahr, ohne dass sie vergeht. Wie sollten die Moleküle dies wissen können, da Moleküle doch nicht intelligent sind? Die physische Grundlage für das Gedächtnis bleibt den Neurologen völlig unbekannt, so dass wir nur spekulieren können.

Irgendwie besitzt Ihr erster Kuss ein Nachleben. Dieses Nachleben ist nicht physisch, denn es gibt absolut keinen Unterschied zwischen Wasserstoff, Sauerstoff, Stickstoff und Kohlenstoff in einem Neuron und denselben Elementen in einem Baum, einem verwelkten Blatt oder verwitterter Erde. Neuronen sind nicht unsterblich. Sie sterben wie der Rest des Körpers auch, und Atome fliegen in jeder Sekunde in sie hinein und aus ihnen heraus. Wie aber wird dann eine Erinnerung auf ein neues Atom übertragen oder auf ein neues Neuron, wenn das alte vergeht? Bislang ist kein physikalischer Vorgang festgestellt worden; es kann also sein, dass Gedächtnis gar nicht auf einer physischen Ebene, sondern nur auf einer unkörperlichen und unstofflichen, eben geistigen Ebene existiert. Manche Neurologen würden vielleicht bis zum letzten Atemzug die entgegengesetzte Vorstellung verteidigen wollen, nämlich dass Geist nur im Gehirn entsteht, und sie würden Gehirn-Scans und Magnetresonanz-Bilder einsetzen, um das zu beweisen. Diese Bilddarstellungen sind jedoch nichts anderes als Landkarten. Sie zeigen das Terrain des Gehirns, während eine Idee oder ein Gefühl hindurchgeht; diese Landkarten beweisen nicht, dass das Gehirn der Geist *ist,* und zwar ebenso wenig wie eine Fußspur im Sand dasselbe wie der Fuß ist, der sie hinterlassen hat.

Stellen Sie sich vor, Sie könnten jede Schwingung an den winzigen Nervenenden des Innenohrs wie auf einer Karte darstellen. Auf dem Papier würden sich für jedes Wort und jeden Satz, der im Ohr ankommt, ungeheuer komplexe Muster ergeben, und doch sind diese Muster nur Karten eines Wortes, nicht das Territorium an sich. Ein machtvoller Satz wie „Ich liebe dich" ist mehr als die grafische Darstellung seiner Schwingungen, da auch die perfekteste Karte nicht die Macht der Liebe festhalten und darstellen kann, nicht ihre Bedeutung und Absicht.

Gedächtnis und Erinnerungen scheinen ein „Feldeffekt" zu sein, sie scheinen Wirkungen im Feld zu sein. Damit Sie das Wort „Rhinozeros" denken und ein Bild dieses Tieres vor Ihrem geistigen Auge sehen können, müssen Millionen von Gehirnzellen gleichzeitig tätig werden. (Wir lassen einmal die schwierigere Frage beiseite, warum Sie unter allen Worten, die Sie hätten wählen können, ausgerechnet „Rhinozeros" ausgesucht haben, da jede Wortwahl auf Vernunft, Verstand, Emotion, Nonsens oder persönlichen Assoziationen im Gedächtnis beruhen kann. Man kann einen Computer programmieren, jedes beliebige Wort auszuwählen, er besitzt jedoch keinen eigenen freien Willen und hat deshalb auch keinen besonderen Grund für seine Wortwahl – Sie jedoch haben einen Grund.) Die Neuronen, die daran beteiligt sind, das Wort „Rhinozeros" auszusuchen, gehen nicht das Alphabet von vorn bis hinten durch, bis sie beim „R" ankommen; sie probieren auch nicht aus, eine Silbe nach der anderen anklingen zu lassen; und sie blättern schließlich auch keinen Zoobildband durch, bis sie zur Entsprechung des richtigen Bildes zu diesem Wort gelangen. Das Gehirn agiert wie ein Feld, das verschiedene Ereignisse gleichzeitig koordiniert; dabei wissen wir jedoch, dass das Gehirn kein Feld im wörtlichen Sinne ist, sondern ein Objekt, das aus anscheinend leblosen Chemikalien besteht.

Eine Kompassnadel bewegt sich, weil sie auf das Magnetfeld der Erde reagiert. Was wäre, wenn das auch für die Gehirntätigkeit zuträfe? Was wäre, wenn das Feld des Geistes Signale sendet und Milliarden von Gehirnzellen Muster als Antwort darauf arrangieren, was dieses Feld sagt?

Eine Gruppe innovativer Naturwissenschaftler hat genau das als Hypothese vorgeschlagen. Henry Stapp, ein theoretischer Physiker aus Berkeley, Jeffrey Schwartz, ein Neuropsychiater von der UCLA, und Mario Beauregard, ein Psychologe von der Universität von Montreal haben ihre Fachgebiete gekreuzt, um eine brauchbare Theorie des „Quanten-Geistes" zu formulieren, welche die Art und Weise revolutionieren kann, wie wir meinen, dass Bewusstsein und Gehirn zusammenwirken. Im Kern ihrer Theorie steht etwas, was sie „Neuroplastizität" nennen, die Annahme, dass Gehirnzellen offen für Veränderung sind und flexibel auf Wille und Absicht reagieren.

Sie nehmen zunächst die übliche naturwissenschaftliche Erklärung zur Kenntnis, dass der „Geist das ist, was das Gehirn tut," weisen jedoch auf die zahlreichen Mängel einer solchen Erklärung hin. Sie schlagen dann vor, genau das Gegenteil als zutreffend anzunehmen. Das Bewusstsein, der Geist kontrolliert das Gehirn. Ihrer Ansicht nach ist der Geist wie eine Elektronenwolke, die den Kern eines Atoms umringt. Solange kein Betrachter auftaucht, haben die Elektronen keine physikalische Identität in der Welt; es gibt nur diese amorphe Wolke. Stellen wir uns auf die gleiche Weise vor, dass es in jedem Augenblick für das Gehirn eine Wolke von Möglichkeiten gibt (die aus Worten, Erinnerungen, Ideen und Bildern besteht, aus denen es auswählen kann). Wenn das Bewusstsein ein Signal gibt, konkretisiert sich eine dieser Möglichkeiten aus der Wolke und wird zu einem Gedanken im Gehirn, gerade so, wie Energiewellen in ein Elektron kollabieren. Wie das Quantenfeld reale Teilchen aus virtuellen erzeugt, so erzeugt der Geist reale Gehirntätigkeit aus virtueller Tätigkeit.

Diese Umkehr ist zu wesentlich, weil sie den Tatsachen entspricht. Neurologen haben nachgewiesen, dass bereits eine schiere Absicht oder ein Willensentschluss das Gehirn verändern. Menschen, die einen Schlaganfall erlitten haben, können sich beispielsweise dazu zwingen, mit der Hilfe eines Therapeuten, nur ihre rechte Hand zu benutzen, auch wenn die Läh-

mung auf der rechten Seite stattgefunden hat. Indem sie Tag
für Tag immer wieder aufs Neue sich willentlich dafür entscheiden, den betroffenen Körperteil zu begünstigen, können
sie allmählich die geschädigten Gehirnareale heilen. Ähnliche
Ergebnisse wurden in Bezug auf das Altern festgestellt. Ältere
Menschen, bei denen Anzeichen seniler Demenz auftreten wie
Gedächtnisverlust, können ihre Symptome verlangsamen oder
sogar umkehren, indem sie ihr Gehirn trainieren (ein Softwa-
rehersteller hat inzwischen ein „Gehirn-Fitnessstudio" heraus-
gebracht, ein Programm, das wie ein Videospiel aussieht, aber
tatsächlich ganz gezielt bestimmte Gehirnregionen stärkt).

Bei Kindern, die mit gehirnbedingten spastischen Behinde-
rungen geboren sind, hat man festgestellt, dass sie mit Hilfe
ähnlicher Therapieverfahren ihr Gehirn selbst heilen konnten.
Wenn zum Beispiel ein Arm wie gelähmt war und zunächst
nicht bewegt werden konnte, so wurde der gesunde und aktive
Arm in eine Armschlinge gegeben, damit die Kinder sich bemühen mussten, den anscheinend gelähmten Arm doch zu bewegen. Das führte nach und nach tatsächlich zum Erfolg und
zeigte auf, dass es so etwas wie Neuroplastizität tatsächlich
gibt.

Den Geist bzw. das Bewusstsein vor das Gehirn zu stellen kann
für manche medizinischen Verfahren weitreichende Folgen mit
sich bringen. Patienten, die unter Zwangsstörungen leiden,
werden (in den USA) oft mit psychotropen Drogen wie Prozac
behandelt. Die Symptome werden gelindert, und man kann mit
Gehirn-Scans feststellen, dass eine physische Veränderung
erfolgt ist; die Gehirnareale, die bei solchen Leiden zu
Fehlfunktionen neigen, funktionieren vermittels des Medika-
ments wieder normaler. Patienten mit Zwangsstörungen suchen jedoch manchmal auch Linderung durch Gesprächstherapie. Diesen Patienten geht es damit oft deutlich besser, aber
erst vor kurzem kam jemand auf die Idee, ihr Gehirn mit Scans
zu untersuchen. Dabei stellte sich etwas sehr Verblüffendes

heraus: dieselben Gehirnregionen, die vorher geschädigt sind und sich mit Hilfe von Prozac wieder normalisieren, werden auch durch Gesprächstherapie geheilt. (Jeffrey Schwartz ist ein Experte für Zwangsstörungen und hat die neue Theorie teilweise auf solche Gehirn-Scanergebnisse aufgebaut.)

Anders gesagt: Der Prozess des Nachdenkens und der Einsicht im Verlaufe von Gesprächstherapie hat die Gehirnzellen der Patienten verändert. Das ist genau das Resultat, welches die neue Theorie des Quanten-Geistes vorausgesagt hatte. Die Antwort war allerdings die ganze Zeit schon vorhanden. Bewusstsein hat schon immer das Gehirn verändern können. Wenn jemand plötzlich einen geliebten Menschen verliert oder sein Job gekündigt wird, führt das häufig zu einer schweren Depression. Depression geht auf eine abnormale Aufnahme der Gehirnchemikalie Serotonin zurück. Dieses physische Ungleichgewicht wird üblicherweise mit antidepressiv wirkenden Medikamenten korrigiert. Aber ist es nicht offensichtlich, dass das chemische Ungleichgewicht der schlimmen Nachricht erst folgte, nachdem der Mensch vom Tod einer lieben Person oder vom Verlust seines Arbeitsplatzes gehört hat? Es ist ein mentaler Vorgang, auf schlechte Nachrichten zu reagieren. Die ganze Welt um uns herum, die voller Worte und Gedanken ist, erzeugt in allen von uns in jedem Augenblick unendliche, viele Veränderungen im Gehirn.

Wenn der Geist vor dem Gehirn kommt, was wäre, wenn dieser Geist uns allen gehörte? Ich kann zwar sagen „mein Gehirn", aber ich kann nicht sagen „mein Quantenfeld". Die Nachweise dafür wachsen, dass wir tatsächlich teilhaben an ein und demselben Bewusstseinsfeld. Das hilft entscheidend weiter, um die Existenz von Himmeln und Höllen, von Bardo-Welten und einem Akasha-Gedächtnis zu stützen, die alle weit über das Gehirn hinausreichen. Fangen wir damit an, die Art von Ideen zu untersuchen, die Menschen als Gruppe gemein haben. Das Gehirn gehört „mir", wenn jedoch Ideen „uns" ge-

hören, dann haben wir Anteil an einem Feld – und das manchmal auf recht mysteriöse Art und Weise.

Das Gehirn jenseits von Grenzen

Das menschliche Gehirn verarbeitet nur einen Bruchteil der
verfügbaren Information. Manche Schätzungen besagen, dass
das Gehirn sechs Milliarden Datenbits pro Sekunde empfängt
(zum Beispiel Klangschwingungen, Photonen, Röntgen- und
Gammastrahlen, elektrostatische Ladung und unterschiedliche
chemische und elektrische Signale aus der unmittelbaren Umgebung). Diese wahre Flut wird in das Tröpfeln von Erfahrung
komprimiert, die wir tatsächlich wahrnehmen und auf die wir
reagieren. Was wir bemerken ist indes nicht dasselbe wie das,
was wir wissen. Zum Beispiel können extrem einseitig begabte
Menschen mit einem eigentlich sehr niedrigen Intelligenz-
quotienten aus dem Kopf unglaublich lange Zahlreihen berechnen oder den Wochentag benennen, auf den ein bestimmtes
Datum weit in der Zukunft fällt, oder sich an jede Einzelheit
von früher erinnern oder schwierige Fremdsprachen mit unglaublicher Geläufigkeit sprechen lernen. (Ein solcher Mann
meisterte Finnisch, Arabisch und Mandarin-Chinesisch in jungen Jahren, und erst später bemerkten die Menschen, die ihn
versorgten, dass er diese Sprachen gelernt hatte, obwohl er die
Bücher verkehrt herum gehalten hatte.) Solchen Menschen
fehlen in anderen Lebensbereichen oft die grundlegendsten Fähigkeiten. Ein gut dokumentierter Typus für solch einseitige
Begabungen sind Menschen, die außerordentlich leicht Musik
spielen oder Bilder malen können, aber nicht ausrechnen können, wie viel Wechselgeld sie zurück bekommen, wenn sie ein-
kaufen gehen, oder die ihre Schnürsenkel nicht allein zubinden
können.

Als bei einer kleinen Zahl von normalen Personen, die einen
Gehirntumor hatten oder unter anderen neurologischen Stö-
rungen litten, plötzlich künstlerische Fähigkeiten auftauchten,

untersuchten und verglichen Forscher die Gehirne dieser Menschen mit denen extrem einseitig begabter Menschen und entdeckten, dass es hier ebenfalls abweichende Gehirnmuster gab, besonders im rechten Schläfenlappen. Es scheint, dass eine Schädigung im Filtersystem des Gehirns dazu führt, dass sich die Realität in einigen Arealen ausdehnt, während sie sich in anderen zusammenzieht. Joseph Chilton Pearce schreibt darüber in seinem Buch „Biologie der Transzendenz"*. Er trifft dort etliche eindrucksvolle Feststellungen. Er betont, dass die meisten Kinder mit extrem einseitigen Begabungen nicht von sich aus etwas „leisten", sondern nur darauf reagieren, dass sie etwas gefragt werden. Zudem haben sie kein besonderes weiter gehendes Interesse an ihrer außergewöhnlichen Fähigkeit. Wenn man sich hinsetzt und einen solchen Menschen fragt, auf welchen Wochentag der 12. März 2163 fällt, dann ist es, als ob man mit einer Maschine spräche. Das Kind geht kurz nach innen und kommt dann mit der Antwort heraus; zugleich zeigt es aber an einfachen Rechenaufgaben vielleicht gar kein Interesse. Ein Kalender-Genie kann unter Umständen nicht 12 mit 12 multiplizieren.

Das normale Gehirn filtert aus guten Gründen Information aus, denn es bedient sich eng begrenzter Erfahrungen, um ein Selbst zu bilden, eine getrennte Person mit begrenzten Glaubensmustern, Zielen, Erinnerungen, Vorlieben und Abneigungen. Wir weisen absichtlich riesige Mengen an Information zurück, ein geschädigtes Gehirn wird jedoch allen Informationen ausgesetzt, weil es nicht über die Fähigkeit verfügt, auszuwählen und zu filtern. Pearce war besonders fasziniert von einem Mann, der mit einem Blick auf einen Parkplatz alle Automarken, Modelle und Jahrgänge aller Autos, die dort standen, mitteilen konnte – er konnte jedoch nicht lesen. Wie kann er das fertigbringen, ohne Automagazine zu lesen, in denen die

---

* Erschienen im Arbor Verlag 2004.

neuesten Modelle abgebildet sind, einschließlich solcher Autos
aus Europa, welche in den Vereinigten Staaten noch gar nicht
publik gemacht wurden? Es scheint, dass er und andere Leute
mit diesen ungewöhnlichen Fähigkeiten das Bewusstseinsfeld
„anzapfen".

Genie ist eine andere Möglichkeit, um einen Zugang zum Feld
des Geistes zu gewinnen, der weit über die durchschnittlichen
Fähigkeiten hinausreicht. Wunderkinder der Musik wie beispielsweise Mozart sehen ganze Symphoniepartituren in ihrem
Kopf. Ein solches Wunderkind wurde kürzlich am renommier-
ten Juillard-Programm für Komponisten eingeschrieben, das in
der Lage ist, seit frühester Kindheit zwischen vier „Musikka-
nälen" beliebig hin und her zu schalten. Als dieses Wunderkind
gebeten wurde, eine neue Sonate für Violine zu schreiben,
stellte es sich einfach auf den entsprechenden „Musikkanal"
ein und ließ sich „von innen" die Partitur diktieren. Somit
scheint es möglich zu sein, eine direkte Verbindung zum Informationsfeld aufzunehmen, und wir nähern uns damit auch der
Möglichkeit, dass das Gehirn der Empfänger des Geistes ist,
nicht sein Erzeuger.

Das ist für das Nachleben von Bedeutung, weil wir mit dem
Sterben kein Gehirn mehr haben, aber den Wunsch, unser
Bewusstsein zu bewahren. Wenn die vedischen Seher recht haben, verbindet uns das menschliche Gehirn mit dem unendlichen Bewusstsein. Der Umstand, dass wir einen so großen
Teil des geistigen Feldes ausschalten, heißt nicht, dass wir das
müssen. Naturvölker benutzen keine höhere Mathematik, wissenschaftliche Beweisführung oder komplexe musikalische
Harmonien; wenn man jedoch ein Kleinkind aus einem Stamm
aus Neu Guinea nehmen und in die entsprechende Lernumge-
bung versetzen würde, würde sich erweisen, dass sein Bewusstsein das Potenzial besitzt, um alle diese Fähigkeiten zu erwerben. In unserem Jahrzehnt ziehen bestimmte Stämme aus dem
Dschungel Neu Guineas in die Städte, und während sie das

tun, vollziehen sie den Übergang von einer Kultur, welche Metallbearbeitung nie entdeckt und benutzt hatte, zu einer Kultur, in der sie lernen, ein Auto zu fahren.

Wie kommt es, dass wir selbst den Zugang zum Feld des Geistes nicht noch sehr viel stärker nutzen? Das Gehirn stellt sich aufgrund des Willens auf das Feld ein. Wenn Sie sich entschließen, chinesische Schriftzeichen zu erlernen, von denen es Tausende gibt, können Sie beginnen, sich dem Erlernen zu widmen. Allmählich werden aus einer Fülle scheinbar sinnloser Tintenstriche ein sinnvolles Wissensgebiet. Wenn Sie diese Schriftzeichen einmal gemeistert haben, wird die chinesische Sprache ein Teil von Ihnen; sie wird Ihnen zur zweiten Natur, und Sie können weitergehen, indem Sie diese Zeichen nun für kreative Zwecke nutzen. Sie haben damit Zugang zum Bewusstseinsfeld gewonnen und willentlich Ihre eigene Evolution vorangebracht. Sie haben einen Sprung gemacht, der fast genauso wesentlich ist wie jener, als der Mensch der paläolithischen Zeit entdeckte, dass sinnlose Laute in eine gesprochene Sprache verwandelt werden können.

Intelligenz und Sinn gibt es nicht nur „hier drinnen" als eine subjektive Reaktion des Gehirns oder „dort draußen" als ein Objekt, das für sich getrennt existiert. Das Geben und Nehmen, vermittels dessen das Gehirn Sinn erschafft, ist derselbe Weg, wie es die Welt erschafft und sich selbst. Alle diese Vorgänge gehören zu einem einzigen Prozess: zum Selbst, das „sich in sich selbst krümmt, um wieder und wieder neu zu erschaffen", wie Lord Krishna es sagt. Das Feld ist von sich aus kreativ. Es hat ein menschliches Gehirn gebildet, das so empfänglich ist, dass es den nächsten Sprung unternahm und lernte, ganz allein eigene neue Gedanken, Fähigkeiten und Erinnerungen zu kreieren. Unsere Gehirne führen immer noch die totale Tätigkeit des Kosmos aus, aber wir meinen behaupten zu sollen, dass „ich denke", wenn es genauso zutreffend wäre zu sagen, „das geistige Feld denkt durch mich."

Meme* und das Verhalten von Glaubensmustern

Es gibt eine andere Art von Filter, der begrenzt, wie viel aus dem geistigen Feld wir wahrnehmen können. Dieser Filter hat damit zu tun, dass wir Glaubensmuster erzeugen und sie dann als wirklich akzeptieren. Ein Glaubensmuster ist eine Idee, an der wir festhalten. Wenn Sie zum Beispiel glauben, dass Gott gut ist, Frauen geheimnisvoll oder dass das Leben unfair ist, dann haben Sie die gesammelten Erfahrungen von Generationen genommen und sie auf eine jeweils einzige Schlussfolgerung reduziert. Diese Folgerung kann richtig oder falsch sein; darauf soll es uns im Moment nicht ankommen. Glaubensmuster halten uns als Gesellschaft zusammen. Solche gemeinsamen Überzeugungen geben uns einen Hinweis darauf, wie es möglich sein könnte, dass Bewusstsein auch außerhalb des Körpers existiert.

Wir alle tragen in unserem Bewusstsein eine riesige Datensammlung an Informationen, die wir für grundlegend halten. Diese Datensammlung enthält alles Wichtige, was wir von der Welt glauben. Wir sind mit unserem Überleben sogar nur für kurze Zeit davon abhängig. Glaubensmuster entwickeln sich in Jahrhunderten, und deshalb betrachten manche Forscher diese tief sitzenden Überzeugungen als etwas wie „virtuelle Gene", die zu festen Eigenschaften des Gehirns geworden sind. Diese mentalen Gene wurden vom britischen Evolutionstheoretiker Richard Dawkins als „Meme" bezeichnet. Er hatte quasi über Nacht ein neues Forschungsgebiet begründet, das sich seither stark vergrößert hat.

Ein Mem wird häufig mit einem Virus verglichen, der sich von Mensch zu Mensch verbreitet, bis eine ganze Gesellschaft infi-

---

* Mem: in der „Memetik" eine Idee oder ein Gedanke, eine Einheit von kultureller Information oder Evolution; wird analog zum Gen in der Genetik als Element betrachtet, das sich fortpflanzen und verbreiten kann. (Anm.d.Ü.)

ziert worden ist. Falls wir tatsächlich für alle neuen Ideen offen wären, könnten wir kein kohärentes, kein in sich geschlossenes Weltbild aufrechterhalten. Stellen Sie sich vor, dass Sie Ihre Betrachtung des anderen Geschlechts jedes Mal verändern würden, wenn Sie einem neuen Menschen begegnen. Um sich evolutionär zu entwickeln, mussten menschliche Wesen sicher stellen, dass sie nur „gute" Meme akzeptierten – Ideen, die eine stimmig geschlossene und verlässliche Weltsicht förderten – und „schlechte" Meme zurückwiesen, Ideen also, die den Geist in die entgegengesetzte Richtung schoben.

Die Tatsache, dass wir die Verbreitung von Überzeugungen verfolgen können, wie wir die Verbreitung der Vogelgrippe aufspüren können, bietet uns einen weiteren Hinweis in Bezug auf die Natur des Bewusstseinsfeldes: Es ist dynamisch, jeder hat daran Anteil, es entwickelt sich, und es ist mächtig. Dieses Feld kann uns mit guten oder schlechten Glaubensmustern „infizieren", ohne dass deshalb ein Individuum irgendeine wirkliche Erfahrung durchleben müsste. So kommt es dazu, dass Gesellschaften einen Gott verteidigen und für ihn sterben, den sehr wenige Menschen dieser Gesellschaft tatsächlich persönlich erlebt hätten. Nietzsche hat womöglich eine Vorahnung von Memen gehabt, als er sagte, dass eine missverstandene Idee „von Generation zu Generation anwächst, einfach weil Menschen daran glauben, bis die Idee allmählich zu einem Teil einer Sache geworden ist und sie in ihren eigenen Körper verwandelt. Was zunächst eine Erscheinung war, wird unweigerlich am Ende zur Essenz, und als diese wirkt sie auch."

Wie eine Weltsicht entsteht

Die vedischen Rishis sagten, dass alles, was wir im Akasha-Feld erfahren, von unserem eigenen Bewusstsein erschaffen worden ist. Meme geben dafür Beweise, indem wir mit ihrer Hilfe eine Weltsicht erzeugen, an die wir dann selbst glauben. Es mag keinen großen Anreiz geben, von sich aus neue Ideen aufzunehmen, wenn zwei Weltsichten allerdings aufeinander-

prallen, wie in unserer Zeit die westliche Kultur mit dem radikalen Islam zusammenstößt, dann wird der Druck unausweichlich, sich der einen oder anderen Weltsicht zu verpflichten
und daran festzuhalten. Angeblich hängt unser Überleben davon ab. (Ich denke an ein Interview auf dem Sender CNN mit
einem Vertreter eines rechtsgerichteten christlichen Fundamentalismus, der sagte: „Solange Liberale und Atheisten uns verachten, solange werden wir nicht verschwinden.")

Zwei Menschen mit unterschiedlichen Weltanschauungen
können dieselbe Tatsache sehen und sie dennoch völlig abweichend deuten, da keine Tatsache und kein Ereignis isoliert für
sich wahrgenommen wird. Ich gehe vielleicht die Straße entlang und komme an einer Frau vorbei, die einen knallroten
Lippenstift aufgetragen hat, eine kleine Weinfahne vom Essen
im Restaurant umweht sie, und sie trägt keinen Hut. In meiner
Sicht der Welt lösen diese Tatsachen kein spezielles Gefühl oder
Urteil aus, so dass dies für mich eine kurze neutrale Begegnung
darstellt, die ich kaum registriere. Deshalb könnte man annehmen, dass in meinem Gehirn nichts passiert sei. Die Theorie
der Memetik zeigt jedoch auf, dass stillschweigend eine ganze
Menge passiert ist. Der Anblick dieser Frau ist in mein Gehirn
als „Rohdaten" entlang des Sehnervs eingetreten, doch konnte
ich die Frau nicht wirklich „sehen", bevor diese Daten durch
meine Weltsicht gefiltert wurden. Stellen Sie sich eine Reihe
von Filtern vor, die „Gedächtnis" heißen, „Glaubensmuster",
„Assoziationen" und „Urteile". Jeder dieser Filter, durch den
die Rohdaten laufen müssen, verändert sie ein wenig, auf unsichtbare und unmittelbare Weise.

Wenn ein Mensch mit einer anderen Weltsicht dieselbe Frau
sieht, würde er sie durch seine Filter „sehen". Wenn es sich bei
diesem Menschen um einen traditionellen Muslim handelt oder
einen Menschen aus der viktorianischen Ära oder um einen
mittelalterlichen Mönch, könnten all diese harmlosen Eigenschaften, die in mein Gehirn gelangt waren – der Lippenstift,
der Geruch von Alkohol, die Abwesenheit eines Hutes – im

Gehirn dieses anderen Menschen eine gewalttätige Reaktion auslösen und beachtlichen Stress erzeugen.

Eine festgelegte Betrachtungsweise der Welt bietet vorfixierte Geleise, entlang derer wir uns verhalten; das ist leider meistens sehr gefährlich. Eigenschaften wie Rassismus und Kriegstreiberei bestehen als automatische Reflexe. Anatomisch gesehen ist das menschliche Nervensystem in zwei Teile getrennt: das somatische und das autonome Nervensystem. Alle Informationen im Körper, derer Sie sich bewusst sind, kommen aus dem somatischen Nervensystem; alle Informationen, die Sie nicht bewusst bemerken, stammen aus dem autonomen Nervensystem. Meme besetzen einen faszinierenden Mittelbereich, ein Schattenland. Wenn Sie einen Ohrwurm einfach nicht mehr aus Ihrem Kopf bekommen – das ist ein klassisches Beispiel für ein „memetisches" Verhalten –, dann sind Sie sich völlig des Liedes bewusst, aber nicht, warum Sie es nicht loswerden.

Genau das meint die Bhagavad Gita mit der Bindewirkung von Karma. Sie wissen vielleicht sehr bewusst, dass Sie bestimmte Charakterzüge tragen, zum Beispiel geizig zu sein oder häufig erregbar, dass man Ihnen leicht schmeicheln kann oder dass Sie sich selbst wichtig nehmen – aber Sie können nicht sagen, warum diese Eigenschaften an Ihnen haften, so sehr Sie selbst sie ablehnen mögen.

Weltanschauungen werden durch Symbole aufgebaut, die ein Bedürfnis erfüllen. Nehmen wir ein charmantes Beispiel aus der Gegenwart, zum Beispiel die verstorbene Prinzessin Diana. Da sie Ihnen länger als nur ein paar Augenblicke im Sinn bleibt, muss sie auf irgendeine Weise wichtig für Sie sein. Das heißt, dass sie ein Zeichen für etwas ist, das Sie erkennen, und vermutlich auch für etwas, das Sie schätzen und wonach Sie streben. Auf der globalen Ebene symbolisierte Prinzessin Diana Schönheit, Unschuld, Verletzlichkeit, Mutterschaft, Prestige, Sexualität und mehr. Wie alle besten Meme war auch ihre negative Seite auf mächtige Weise tief symbolisch. In verschiedenen Lebensstadien verkörperte sie Unfähigkeit, Krankheit, gesellschaftliche Bürde, Suchtverhalten, Naivität, Lüsternheit, Untreue und Masochismus.

Wie wir sie auch benennen mögen: Meme sind die Art und Weise, wie wir Erfahrungen Bedeutung verleihen. Meme packen Sinn in die Bausteine der Wirklichkeit. Soweit wir Realität selbst erzeugen, verwenden wir diese symbolischen Bausteine als unser Rohmaterial. Ich finde, dass das gesamte Feld der Theorie der Meme sehr spannend ist, weil unter jenen Wissenschaftlern, die Probleme damit haben, ein allem innewohnendes Bewusstsein anzunehmen und zu verdauen, die parallele Annahme von Memen eine beachtliche Glaubwürdigkeit gewinnt. Damit schließt sich eine Lücke.

Die vedischen Rishis hatten ihr eigenes Modell für das, was im geistigen Feld passiert. Gedankenformen, die uns ergreifen und besetzen, sind *Samskaras*. Das sind Eindrücke und Prägungen des Nervensystems aus früheren Erfahrungen. Ein kleines Kind, das sich fürchtet, wenn seine Mutter es in einem Kaufhaus irgendwo vergessen hat, kann diesen Eindruck, dieses Samskara, ein ganzes Leben lang mit sich herumschleppen. Solche Prägungen müssen nicht immer negativ sein – der erste Kuss kann ein Samskara bilden und tut das meistens auch. Das Konzept von Samskara geht über Meme hinaus, da es sich auf alle geistigen Erfahrungen bezieht. Ob es nun Sinnesempfindungen sind, Wünsche oder Ideen: Solche Prägungen können so tief ins das Feld hineinreichen, dass sie die Seele berühren. Sie bilden die Eigenschaften des Selbst, die jedem von uns jene Identität verleihen, die wir als „ich" erkennen.

Samskaras können nur dann aufgelöst oder verändert werden, wenn man auf der entsprechenden geistigen Ebene einwirkt. Eine Veränderung auf der subtilsten, feinstofflichsten Ebene ist am wirkungsvollsten. J. Krishnamurti drückte das wunderschön aus, als er sagte: „Die höchste Form der menschlichen Intelligenz ist, sich selbst zu betrachten, ohne zu urteilen." Wenn Sie außerhalb des Verhaltens und der Reaktionen aufgrund Ihrer Glaubensmuster stehen können, wenn Sie sich von unterschiedlichen Impulsen von Wünschen oder Ablehnung frei machen, wenn Sie sich nicht durch das „gespeicherte Bewusstsein" des Gedächtnisses dazu verleiten lassen, die Welt auf eine bestimmte vorgezeichnete Weise zu sehen – dann können Sie das Feld selbst wahrnehmen, dann werden Sie zum Zeugen der Existenz des Feldes. Das ist wahre Erleuchtung. In vielen spirituellen Traditionen, beispielsweise im Buddhismus, scheint Stille der Schlüssel zu sein, die Lösung vom ständigen inneren Dialog, dessen Strom von Ideen und Impulsen aus der Vergangenheit stammen. Zum Zeugen zu werden erlaubt uns, eine Intelligenz zu sehen und zu verstehen, die holistisch ist, ganzheitlich, in der es keine Ausrichtung auf entweder Gewinn oder Verlust hin gibt. Diese Haltung eines betrachtenden, aber nicht beurteilenden Zeugen öffnet uns eine Chance, das Bewusstseinsfeld zu erfahren; das ist es, was man gemeinhin „einen offenen Geist haben" nennt.

Können wir den Geist weiter öffnen?

Am Ende wird das Sterben jeden von uns in das Bewusstseinsfeld des Geistes tragen, das wir dann unmittelbar erleben. Dabei werden uns unsere Überzeugungen und Glaubensmuster, die gespeichertes Bewusstsein sind, allerdings dahin folgen. Die Frage nach einem offenen Geist hat direkt damit zu tun, wie viel Gepäck wir noch mit uns herumschleppen müssen. Das erinnert mich an eine Frage, die Krishnamurti einmal stellte. Als jemand bemerkte, dass es gut sei, einen offenen Geist zu haben, fragte er zurück: „Gibt es so etwas wie einen offenen Geist überhaupt?" Das war eine typisch mehrdeutige Antwort, denn wenn der Geist entweder von Memen oder von Samskaras gefangen ist, kann er nicht offen sein, eben wegen der damit verbundenen Überzeugungen aus zweiter Hand, wegen der Meinungen, Urteile und anderer „mentaler Viren". Oder gibt es doch irgendeine Art von neuer Erfahrung, die möglich wird

ganz jenseits des Reiches eingeprägter Glaubensmuster und
karmischer Eindrücke?

Der profundeste Widerspruch, auf den wir hier stoßen, ist
die Annahme, dass sich Erleuchtung, die ja frei von früheren
Prägungen ist, gar nicht anders als durch die Benutzung Ihres
Gehirns erreicht werden kann; und das Gehirn ist nun einmal
ganz gefangen in seiner Gewohnheit des Filterns, Wählens,
Vorziehens und Ablehnens, und so fort. Krishnamurti hat dies
glänzend ausgedrückt, als er fragte: „Kann ein in Fragmente
zersplitterter Geiste Ganzheit erfahren?" Die Antwort lautet,
dass er das nicht kann, aber wir alle haben ja nichts anderes als
einen zersplitterten Geist zur Verfügung. Bewusstsein wird von
Memen und Samskaras gebildet. Es klingt ganz vernünftig,
wenn Sie sagen, dass Sie einen offenen Geist bewahren, während jemand anders sich verschlossen hat, oder dass Sie die
Wirklichkeit anstatt einer Illusion erleben. Nach Krishnamur-
tis Begriffen – die reines Vedanta sind – ist es jedoch unmöglich, Dinge zu tun wie „zu versuchen, offener zu sein" oder
„realer zu werden". Sie kämpfen dabei einfach nur gegen ihr
gespaltenes Selbst an.

Was wäre also ein Ausweg aus diesem Paradox? Es gibt eine
Möglichkeit, diese schwierige Herausforderung zu meistern,
Ihr Bewusstsein auszudehnen.

1. Erkennen Sie, dass Sie sich in jedem Stadium Ihrer Per-
   sönlichkeitsentwicklung mit Ihrer Weltsicht identifizieren werden.

2. Akzeptieren Sie, dass diese Identifizierungen vergänglich
   sind. Sie werden nie ganz Sie selbst sein, bevor Sie Einheit
   erreichen.

3. Seien Sie bereit, Ihre Identität jeden Tag erneut zu wandeln. Nehmen Sie eine flexible Haltung ein. Verteidigen
   Sie kein „Ich", von dem Sie wissen, dass es nur von zeitlich vorübergehender Natur ist.

4. Erlauben Sie sich, dass Ihre Fähigkeit zur stillen Beob-

achtung ohne zu urteilen die eingeprägten Ideen ersetzt, nach denen Sie sonst quasi automatisch greifen.

5. Wenn Sie den Impuls spüren zu kämpfen, dann sehen Sie diesen Impuls als ein Signal an, sofort loszulassen. Öffnen Sie einen Raum, in dem sich eine andere, neue Antwort von selbst entfalten kann.

6. Wenn Sie nicht loslassen können, dann vergeben Sie sich selbst, und gehen Sie weiter im Leben.

7. Nutzen Sie jede nur mögliche Gelegenheit, um sich selbst klar zu machen, dass alle Standpunkte gültig sind, dass jede Erfahrung wertvoll ist und dass jede Einsicht einen Moment der Freiheit bedeutet.

Diese Schritte kultivieren einen offenen Geist, indem Sie sich für das Bewusstseinsfeld öffnen, indem Sie betrachten, ohne zu urteilen. Diese Schritte richten Sie auf die Möglichkeit aus, dass Sie ständig neu definiert werden können. Anders gesagt verbünden Sie sich mit der laufend fortgeführten Transformation, anstatt den Staus quo zu verteidigen. Dann sind Sie bereit, Ihre Weltsicht auseinander zu nehmen. Sie sind bereit aufzuhören, in eine Welt „zu investieren", die durch die engen Grenzen von Ich, mir und mein beschränkt ist. Die Weltsicht, welche das Ego verteidigt und die Sie auseinander nehmen möchten, ist in drei Schichten organisiert:

1. Energie
2. Glaubensmuster
3. Struktur

Diese drei Schichten beziehen sich sowohl auf das Ganze als auf seine Teile. Sie sind unauflösbar miteinander verflochten, weil das Feld an sich alle drei enthält. Das heißt, dass ein Baum oder eine Wolke nichts anderes als Energie, Information und Struktur ist. Ihre Persönlichkeit wird von denselben drei Elementen gebildet, und das trifft auch für jede Erfahrung in Ihrer Weltsicht zu.

Energie: Wenn eine Erfahrung in Ihrem Kopf feststeckt, halten Sie an ihrer Energie fest. Jede Erfahrung besitzt ein eigenes Energiemuster, das sich im Gehirn in einer Erinnerung, einer Emotion oder einer Empfindung und so fort widerspiegelt. Wenn Sie sich entschließen, sich etwas aus Ihrer Kindheit in Erinnerung zu rufen, was kommt Ihnen dann in den Sinn? Visuelle Bilder, Namen und Gesichter, alle möglichen Gefühle, körperliche Einzelheiten, Assoziationen, verschiedene Empfindungen? Sie alle existieren auf der Ebene von Energie. Ohne das elektromagnetische Feld, das auf eine bestimmte Weise schwingt, könnten spezifische Erfahrungen nicht existieren.

Diese blockierte Energie kann man mit unterschiedlichen Methoden lösen: durch Träume, Erkenntnis, Vorstellungskraft, emotionale Klärung, tiefgründige Wieder-Erinnerung, Beichte, Gebet, Buße, Meditation, Liebe und so weiter.

Glaubensmuster: Solche Überzeugungen führen uns auf eine feinere Ebene des Bewusstseins. Glaubensmuster gestatten eine Erfahrung, verbieten jedoch eine andere. Sie fungieren wie Richter, die entscheiden, ob eine Erfahrung positiv oder negativ ist, richtig oder falsch, ob sie wünschenswert ist oder abzulehnen sei. Das Universum veranstaltet einen kontinuierlich anhaltenden Tanz mit Ihren Glaubensüberzeugungen. Was Sie glauben, wird durch das bestärkt, was Sie erfahren, aber was Sie erleben verändert auch das, was Sie glauben. Jeder, der schon einmal mit der Frage gerungen hat: „Liebt er bzw. sie mich oder nicht?" weiß, wie es sich anfühlt, wenn man kleinste Dinge erlebt wie einen bestimmten Blick oder ein scheinbar nebensächlich gesprochenes Wort oder eine Nachricht auf dem Anrufbeantworter, auf die nicht reagiert wird, und wie das den Glauben daran, geliebt zu werden, bestätigen oder zerstören kann.

Glaubensmuster können geklärt und aufgelöst werden, wenn man sich der „klebrigen" Eigenschaften bewusst wird, die sie besitzen.

Solche Überzeugungen sind nicht statisch, sondern sie führen zu bestimmten Verhaltensweisen. Wenn Sie Ihr Verhalten betrachten, sehen Sie, welche Rolle Ihre Glaubensmuster dabei spielen. Wenn ein armer schwarzer Obdachloser Sie am Abend um eine milde Gabe bittet und Ihre Reaktion darin besteht, nichts zu sagen und weiterzugehen, überlegen Sie, welche Überzeugungen am Werk sein könnten:

„Schwarz ist gefährlich; die Nacht steckt voller Risiken; Fremden kann man nicht trauen; jede Art von Reaktion wird mich in etwas verwickeln; arme Leute sind faul oder verrückt oder schwach; wenn ich mich auf so jemanden einlasse, werde ich eines Tages auch einer von ihnen sein." Wenn Sie aufhören, die Verhaltensweisen zu verteidigen, die aus Ihren Glaubensmustern resultieren, dann werden diese weniger klebrig. Sie gewinnen damit wieder Ihre Freiheit zurück, auf neue Weise zu denken und zu glauben.

Struktur: Das ist das Fundament der Persönlichkeit. Dazu zählen Ihre Vision des Lebens, Ihr Sinn und Zweck, warum Sie hier sind, Ihre höchsten Ziele, Ihre Sicht der körperlichen Existenz und Ihre Einstellung zu Freude und Leid. Diese grundlegenden Dinge werden gern übersehen, weil die Menschen zu sehr überwältigt werden und zu überzeugt von ihren Glaubensmustern und Energien sind. Erst wenn Sie begonnen haben, Energie und Glaubensmuster zu klären und zu lösen, können Sie sich mit dem „Warum?" beschäftigen, das Ihrer Teilnahme an Maya bzw. an den äußerlichen Erscheinungsformen zugrunde liegt. Warum sind Sie lebendig? Was ist der allumfassende Sinn? Welchen höheren Zielen haben Sie sich zugewandt? Das sind strukturelle Fragen, und wenn Sie diese klar erkennen, bringen Sie auch Ihre eigenen Antworten hervor.

Struktur wird nicht so gelöst wie blockierte Energie, und man kann sie auch nicht so herausfordern und überprüfen wie Glaubensmuster. Struktur ist Ihr Vehikel für diese Lebenszeit. Sie ist das Boot, das Sie benutzen, um über das Meer von

Raum und Zeit zu fahren. Ohne Struktur besäßen Sie überhaupt keine Identität; Sie wären dann nur eine Wolke von Energie ohne eine Mitte. Alles, was Sie mit Struktur anfangen können, ist, sie zu betrachten, „zum Zeugen" der Struktur zu werden. In diesem Augenblick der Betrachtung reduzieren Sie das „Ich" auf seine primären Prinzipien. Sie stehen dann, anders gesagt, an der Schwelle, an der die Person der Seele begegnet. Das ist ein enorm befreiender Moment des Wiedererkennens.

Wenn Sie in Ihrem Bewusstsein irgendeine neue Struktur aufbauen – zum Beispiel sich entschließen, Ihr Leben spirituell zu betrachten oder Ihre Elternrolle zu erlernen, nachdem Ihr Kind geboren ist, oder eine Opferrolle zu ersetzen durch eine Haltung der Eigenkontrolle – entscheiden Sie sich dafür, sich weiterzuentwickeln. Sie nutzen dann gewisse subtile Eigenschaften, die mit den mentalen Strukturen zusammenhängen. Die Rishis haben uns das auf folgende Weise geoffenbart:

- Strukturen im Bewusstsein organisieren Energie so, dass sie dem höchsten Ziel dient.
- Strukturen bilden das „Interface", die Schnittstelle zwischen diesem Leben und der universellen Erfahrung.
- Sie öffnen Sie für das höhere Selbst und seine Mitteilungen oder Durchgaben.
- Strukturen setzen Sie der Kraft der Evolution, der Macht von Entwicklung aus.

In dem Maße, in dem Sie auf den drei Ebenen von Energie, Glaubensüberzeugungen und Struktur arbeiten, verbinden Sie sich unmittelbar und bewusst mit dem Feld; das ist der Weg, wie man einen offenen Geist erreicht. Wie können Sie nun feststellen, dass sich Ihr Einsatz gelohnt hat und dass Sie einen offenen Geist erlangt haben? Sie erkennen sich selbst ein für alle Mal als Ganzheit.

DER MECHANISMUS
DER SCHÖPFUNG

So SEHR WIR uns auch mühen, es zu erklären, bleibt es doch ein Wunder, was geschieht, wenn wir sterben. Wir gehen von einer Welt in eine andere, wir streifen unsere alte Identität ab, um das „Ich bin" zu erfahren, die Identität der Seele, und wir sammeln Bestandteile für ein völlig einmaliges neues Leben in unserem nächsten Körper zusammen. Die Naturwissenschaft stützt die Behauptung, dass das Feld zu kreativen Sprüngen und endloser Transformation fähig ist. Ein Sauerstoffatom würde, wenn es seine eigene Geschichte erzählen könnte, davon sprechen, wie es ein Wunder erlebt, wenn es sich mit einem Wasserstoffatom verbindet, um Wasser zu bilden. Seine alte Identität war gasförmig, seine neue ist flüssig. Seine alte Welt war die Atmosphäre, seine neue ist in den Meeren, Flüssen und Wolken. Und was ist erst, wenn das Wassermolekül zu einem Teil des menschlichen Gehirns wird? Würde der Sauerstoff dann plötzlich erfahren, was es heißt, bewusst zu sein?

Diese Frage ist der letzte, höchst mysteriöse Sprung, den wir erklären müssen. Sauerstoff hat wie jedes andere Atom im Gehirn Anteil am Bewusstsein, während es durch jedes Neuron passiert. Allerdings ginge es zu weit zu sagen, dass Sauerstoff selbst Bewusstsein besitzt. Wie also ist das Bewusstsein irgendwo zwischen den Sauerstoffatomen und dem zerebralen Kortex hereingekrochen? Das ist entscheidend, wenn wir versuchen festzustellen, ob Bewusstsein den Tod überlebt oder nicht. Ich

habe schon argumentiert, dass die Antwort nicht im Gehirn
liegt. Das Gehirn ist ein träges Objekt, das aus organischen
Chemikalien gebildet wird. Diese chemischen Stoffe können in
noch grundlegendere Moleküle und Atome aufgespalten werden. Diese Atome können nun weiter in subatomare Teilchen
aufgespalten werden, die wiederum auf Energiewellen zurück-
zuführen sind, welche ihre Quelle in einem unsichtbaren Feld
haben.

Wenn wir Schritt für Schritt so weiter vorgehen, *entfernen*
wir uns mehr vom Bewusstsein, als dass wir näher kämen. Das
Gehirn ist bewusst, aber wir können nicht sagen, dass Energiewellen bewusst sind, obwohl das Gehirn letztendlich nichts
anderes als Energie ist. Um dieses Rätsel zu lösen argumentieren Materialisten, dass Bewusstsein gar keine Realität in sich
hätte; es wäre nur ein Trick des Gehirns sozusagen. Sollte das
heißen, dass wir Leben nach dem Tod erreichen könnten, wenn
wir das vollständige Gedächtnis einer Person in einen Super-
computer herunterladen könnten? Würde das lebendige Selbst
sich dann weiterhin intakt fühlen und die Welt so wie vorher
erfahren, aber nun nicht mehr durch einen Menschen, sondern
von innerhalb einer Maschine aus?

Das ist ein perfektes Beispiel dafür, wie leicht wir Opfer unserer eigenen Erklärungen werden können. Bewusstheit findet
sich nicht in Information. Die Tatsache, dass eine Milliarde
von Nullen und Einsen in einen Computer geladen werden,
macht ihn nicht bewusst, es sei denn, dass jede Null und jede
Eins bereits bewusst wäre, und das würde uns zu der absurden
Schlussfolgerung bringen, dass die Ziffern, die in einem Ma-
thematikschulbuch abgedruckt sind, über sich selbst nachdenken.

Sie können Bewusstsein nicht auf irgendeiner Ebene der
Natur erklären, ohne in immer denselben Widerspruch zu laufen. Müssen wir also aufgeben, nach wissenschaftlichen Erklärungen zu suchen, oder ist die Wissenschaft offen für Einsichten, die sie dazu zwingen, die Natur anders zu erklären?

Schöpferische Sprünge

Die Fähigkeit, etwas Neues zu erschaffen, ist eine Eigenschaft, die wir an uns besonders schätzen. Wir haben sie uns rechtschaffen erworben. Das Erscheinen von Leben auf der Erde hing von der plötzlichen Fähigkeit eines Moleküls ab, der DNA, sich selbst zu reproduzieren. Kein Molekül hat das zuvor je getan. Wir können die Evolution des gesamten Universums ganz in Begriffen solch kreativer Sprünge erklären, solch „hervortretender Eigenschaften". Bevor Sauerstoff und Wasserstoff entdecken konnten, wie man zu Wasser wird, musste der Kosmos Atome erschaffen, die es beim Urknall nicht gab, und Atome mussten sich in Gase wandeln, in feste Stoffe, in Metalle, organische Moleküle, und so weiter. Keines dieser Ereignisse waren einfache Vorgänge und Kombinationen, wie wenn man Zucker in Wasser gießt. Der Zucker mag verschwinden, aber wenn Sie das Wasser verdampfen, werden Sie feststellen, dass der Zucker intakt geblieben ist. Im Zuckerwasser gibt es keine neue Eigenschaft, die nicht schon in den beiden Komponenten vorhanden war, als sie noch getrennt waren.

Eine neu hervortretende Eigenschaft ist dagegen ein kreativer Sprung, der Etwas aus Nichts produziert. Spirituell betrachtet ist der Zyklus von Geburt und Wiedergeburt eine Werkstatt, um kreative Sprünge der Seele herzustellen. Das Natürliche und das Übernatürliche machen keine jeweils anderen Dinge, sondern Sie sind nur auf anderen Ebenen mit Transformation beschäftigt. Im Augenblick des Todes verschwinden die Bestandteile Ihres alten Körpers und Ihrer alten Identität. Ihre DNA und alles, was sie geschaffen hat, lösen sich wieder in ihre einzelnen Bestandteile auf. Ihre Erinnerungen lösen sich zu Rohinformationen auf. Nichts von diesen „Rohstoffen" wird einfach wieder irgendwie neu kombiniert und zusammengesetzt, um eine leicht veränderte neue Person zu erschaffen. Um einen neuen Körper zu erzeugen, der neue Erinnerungen erzeugen kann, muss die dazugehörige Person ganz neu auftauchen. Sie brauchen keine neue Seele zu erwerben, da die Seele keine

Inhalte besitzt. Die Seele ist nicht „Sie", sondern die Mitte, welcher „Sie" sich anlagern und womit „Sie" sich verbinden, immer wieder aufs Neue. Die Seele ist Ihr Nullpunkt.

Kürzlich wurde ich daran erinnert, wie unheimlich diese Transformation ist. Ich kenne ein Ehepaar aus Italien, das eine schreckliche Tragödie erlitt, als sich Enrico, ihr Sohn im Teenageralter, selbst tötete. Er hatte sich mit Freunden betrunken, als einer von ihnen mit der Pistole des Vaters zu spielen begann. Die Pistole war geladen, sie ging los, und Enrico wurde getötet. Seine Familie war niedergeschmettert, und das umso mehr, als im Raume stand, obwohl es nie nachgewiesen werden konnte, dass ihr Sohn Russisches Roulette gespielt und sich dabei selbst erschossen hätte.

Eine Woche, nachdem er gestorben war, ging seine Mutter in sein Schlafzimmer. Sie spürte den Impuls, für ihn zu beten, und als sie sich neben seinem Bett hinkniete, hörte sie ein Geräusch. Ein ferngesteuertes Spielzeugauto von Enrico war aus dem Regal gefallen, ohne jeden ersichtlichen Grund. Es fing an, auf dem Boden herumzufahren, so dass die Mutter die Batterien herausnahm. Es fuhr aber weiter herum. Dieses seltsame Phänomen hielt drei Tage lang an, sagte sie mir. Die gesamte Familie wurde Zeuge dieser Erscheinung, und Enricos ältere Schwester, die ihm am nächsten stand, bestand darauf, dass ihr Bruder das Auto bediente. Sie stellte Fragen, und das Auto reagierte, ähnlich wie ein Ouija-Brett*, und fuhr nach links oder rechts, um Ja oder Nein zu signalisieren.

Monate später hielt sich Enricos Vater in Indien auf, und er suchte einen *Jyotishi* auf, einen Astrologen. Manche Jyotishis erstellen nicht Ihr Horoskop neu, sondern sie konsultieren be-

---

* Ouija-Brett: Ein Brett mit dem Alphabet, das bei manchen spiritistischen Sitzungen Verwendung findet, um den Stift des Mediums mal zu diesem, mal zu jenem Buchstaben gleiten zu lassen, woraus sich oft verständliche und aussagekräftige Worte oder ganze Sätze bilden. (Anm.d.Ü.)

reits früher niedergelegte Horoskope, von denen manche viele Jahrhunderte zurückreichen, und die für eine Person zutreffend ist, die sie aufsucht. (Die Entscheidung hängt von der Zeit ab, wenn eine Person kommt und indem bestimmte persönliche Informationen mit Horoskopen verglichen werden, die der Astrologe schon zur Hand hat.) Dieser Fall traf für meinen Freund zu, dem die folgende Geschichte erzählt wurde:

In seinem früheren Leben hatte er an der Westküste Indiens gelebt. Er wollte unbedingt einen Sohn haben, aber seine Frau war leider unfruchtbar. Das Ehepaar adoptierte einen kleinen Jungen, als sie plötzlich schwanger wurde und nach einer Zeit ihren eigenen Sohn zur Welt brachte. Nach der Geburt seines eigenen Sohnes begann der Vater, den adoptierten Sohn zu vernachlässigen und schlecht zu behandeln. Der Junge litt darunter sehr und verübte Selbstmord in genau dem Alter, in dem Enrico starb. Der Astrologe sagte meinem Freund, dass hier eine Verbindung bestünde. Der frühere Sohn wurde als Enrico wiedergeboren und verübte wiederum Selbstmord, um seinem Vater zu zeigen, was es bedeutete, einen eigenen Sohn zu verlieren. Natürlich war mein Freund ganz erschüttert, das zu hören, aber als er mich einige Monate später traf, sagte er, dass er dadurch doch zu einem Gefühl des Friedens gefunden hätte. Er hatte Enricos tragischen Tod verarbeitet und verstand nun das Karma dahinter.

Ich habe keine Idee, wie viele Leser diese Geschichte einfach als lächerlich abtun mögen und wie viele sie zwar für unheimlich, aber möglicherweise doch eben auch wahr halten werden. Für mich besitzt sie eine große Aussagekraft darüber, wie mysteriös Leben und Tod ineinander verwoben sind. Sie sind zwei Aspekte ein und desselben schöpferischen Aktes. Unsere Gehirne sind so gemacht, dass sie in und mit Zeit und Raum funktionieren. Wir werden nicht Zeuge des Mechanismus' der Schöpfung außerhalb dieses Rahmens von Zeit und Raum. Das Leben jedoch, das Sie jetzt erfahren, das Leben davor und das

Leben danach – keines dieser Leben ist aus dem Nirgendwo und Nichts entstanden. Sie sind die Folge eines sich kontinuierlich entwickelnden Bewusstseins. Es gibt eine Lücke zwischen den Lebenszeiten, die wir nicht beobachten können, und doch bleibt Ihre Seele ihnen auf der Spur, während Sie in diese Lücke eintreten und wenn Sie wieder daraus hervorkommen. Das Bewusstseins verliert nicht seine eigenen Spuren; der Nullpunkt der Seele ist genauso fähig, Ereignisse über Zeit und Raum hinweg zu korrelieren, wie es das Nullpunkt-Feld ist.

In dieser Geschichte blieben Vater und Sohn über die Lücke zwischen Geburt und Tod hinweg miteinander verbunden. Sie erkannten sich unbewusst gegenseitig wieder, sie lebten einen gemeinsamen Zweck aus, sie trugen zusammen ihr Karma ab – alle diese Dinge trotzten dem Tod. Gleichzeitig waren ihre physischen Körper, ihre persönlichen Erinnerungen und ihr Gefühl der eigenen Identität nicht von Bestand – diese überlebten den Tod nicht. Die Natur ist aus denselben eng miteinander verwobenen Beziehungen aufgebaut. Die Sauerstoffatome, die in ein Wassermolekül oder in Ihrem Gehirn fest eingeklinkt sind, bleiben sie selbst, aber sie haben gelernt, sich auf völlig neue Weise zu verhalten. Es sieht dann so aus, als ob jedes einzelne Atom verschwunden sei – das heißt, als ob es gestorben sei. Ich kann nicht genug betonen, dass solange die Wissenschaft das Auftreten von Feuchtigkeit aus Trockenheit nicht erklären kann, sie auch nicht das Auftauchen von Bewusstsein im Gehirn erklären kann. Echte kreative Sprünge sind immer unerklärlich und deshalb als Wunder anzusehen.

Die Quelle von allem

Die Wissenschaft sollte dieses Wunder unter ein Mikroskop legen, um dem Ort näher zu kommen, wo die Schöpfung stattfindet. Es geht darum, sehr schwache physische Spuren zu verfolgen, bis sie auf eine sehr subtile Ebene führen. Seit langem ist bekannt, dass das Gehirn und auch der Körper als Ganzes von einem sehr schwachen elektromagnetischen Feld umgeben wird. Auf einer entsprechenden photographischen Emulsion leuchtet dieses Feld. Auch die winzige elektrische Ladung, die von den Neuronen abgegeben wird, wenn sie „feuern", ist messbar. Wenn die Tatsache, dass man bewusst ist, ein Energiefeld erzeugt, kann dann ein Energiefeld auch Bewusstsein aufzeigen? Man würde denken, da das Gehirn ja von elektrischen Signalen abhängt, dass es auch von der trüben Suppe an Radio-, Fernseh-, Mikrowelle- und vielen anderen Strahlungen, die uns umgibt, irgendwie beeinflusst würde. Das trifft allerdings anscheinend nicht zu. Experten der Parapsychologie sind soweit gegangen, Menschen mit medialen Fähigkeiten in Faradayschen Käfigen zu isolieren, die jedwede elektromagnetische Energie abblocken, ohne dass diese medial begabten Personen in ihren Fähigkeiten beeinträchtigt wurden, hellzusehen oder andere mediale Fähigkeiten zu zeigen. Der Fall des „Sehens in die Ferne" ist besonders faszinierend, weil auf diesem Feld viel glaubwürdige Forschungsarbeit geleistet wurde.

Auf dem Gebiet des „Sehens in die Ferne", das man normalerweise Hellsehen nennt, sind viele Experimente durchgeführt worden. Eines der bemerkenswertesten Experimente gab es an der Stanford Universität, wo Wissenschaftler eine Maschine gebaut haben, die sie SQUID nannten – das steht für *superconducting quantum interference device,* supraleitendes Quanteninterferenz-Gerät. Für uns reicht es aus zu wissen, dass dieses Gerät, welches das Verhalten von subatomaren Teilchen misst, vor allem von Quarks, sehr gut vor allen äußeren magnetischen Kräften abgeschirmt ist. Dieser Schutzschirm beginnt mit einer Schicht von Kupfer und Aluminium, aber um ganz sicher zu sein, dass keine äußere Kraft den Mechanismus beeinflussen kann, umhüllen exotische Metalle den inneren Kern.

1972 wurde ein SQUID im Keller eines Labors in Stanford installiert, der anscheinend nichts anderes machte, als immer dieselben Berge und Täler einer S-Kurve auf ein Millimeterpapier aufzuzeichnen. Diese Kurve stellte das konstante Mag-

netfeld der Erde dar; wenn ein Quark durch das Feld hindurch
ging, registrierte die Maschine das, indem es Veränderungen im
aufgezeichneten Muster gab. Ein junger Laser-Physiker namens
Hal Puthoff (der später zu einem bedeutenden Quantentheoretiker wurde) meint, dass der SQUID neben seiner Hauptfunktion auch ein perfektes Testinstrument für mediale Kräfte darstellen müsste. Sehr wenige Menschen kannten die innere
Funktionsweise dieser Maschine, auch sehr wenige Wissenschaftler in Stanford.

Puthoff schrieb, dass er ein Medium suchte, das bereit wäre, eine Herausforderung anzunehmen. Ingo Swann, ein New
Yorker Künstler mit medialen Fähigkeiten, meldete sich. Er
wurde nach Kalifornien eingeflogen, ohne vorher etwas über
den Test oder den SQUID zu wissen. Als er die Maschine zum
ersten Mal sah, war er ein bisschen schockiert. Er war jedoch
bereit, „in die Maschine hineinzusehen", und während er dies
tat, veränderte die S-Kurve auf dem Millimeterpapier ihr Muster – etwas, was sonst fast nie passierte, außer wenn ein Quark
auftauchte –, und sie fiel in ihr altes Muster erst zurück, als
Swann aufhörte, sich auf sie zu konzentrieren.

Ein überraschter Puthoff bat Swann, das zu wiederholen;
also konzentrierte sich das Medium erneut auf das Innere der
Maschine, etwa 45 Sekunden lang, und genau in dieser Zeit
zeichnete das Anzeigegerät auf dem Papier ein neues Muster,
ein langes Plateau anstatt der Berge und Täler. Swann machte
dann eine Skizze von dem, was er im Inneren der Maschine
funktionieren „sah", und als diese Skizze von einem Experten
mit der tatsächlichen Konstruktionszeichnung verglichen wurde, entsprach sie ihr genau. Swann war unklar im Hinblick
darauf, wie er den magnetischen Input verändert hatte, den die
Maschine ihrem Aufbau nach ja messen sollte. Es stellte sich
heraus, dass allein der Gedanke an den SQUID, auch wenn er
sich gar nicht darum bemühte, die Maschine zu beeinflussen,
dazu führte, dass das Aufzeichnungsgerät Veränderungen im
magnetischen Feld anzeigte, von dem es umgeben wurde.

MENSCHEN, DIE SKEPTISCH im Bezug auf mediale Fähigkeiten sind, ignorieren zahllose Studien, die demonstrieren, dass Denken tatsächlich die Welt beeinflussen kann. Das ist von besonderer Bedeutung, wenn der Geist ein Feld ist. Ich habe einmal an einem kontrollierten Experiment teilgenommen, in dem eine Versuchsperson in einem isolierten Raum saß (sie war der „Sender"), und mit Unterbrechungen ein Bild ansah. Ich (ich war in diesem Versuch der „Empfänger") drückte immer dann einen Knopf, wenn ich spürte, dass der Sender jetzt gerade das Bild ansah. Meine Trefferquote lag, wie die der meisten Versuchsteilnehmer, weit über dem statistischen Mittel. (Der britische Biologe Rupert Sheldrake, der vielleicht mehr als jeder andere versucht hat zu erklären, wie sich der Geist über den Körper hinaus erstreckt, hat ähnliche Experimente durchgeführt. Er hat zum Beispiel untersucht, ob wir tatsächlich fühlen können, wenn jemand hinter unserem Rücken uns anstarrt. Auch diese Versuche haben Ergebnisse über dem statistischen Mittel erbracht.)

In einer langen Versuchsreihe in den sechziger Jahren hat ein FBI-Spezialist namens Cleve Backster Pflanzen an Polygraphen angeschlossen, da er wusste, dass Lügendetektoren die Veränderungen von Feuchtigkeit auf der Hautoberfläche messen. Was geschah, hat er selbst so beschrieben:

> Nach dreizehn Minuten und fünfundfünfzig Sekunden, entsprechend der Zeitmessung der Aufzeichnung, stieg in mir ein Bild auf, dass ich das Blatt, das ich testete, verbrennen würde. Ich habe das nicht ausgesprochen, ich habe die Pflanze auch nicht berührt und ebenso wenig den Testapparat. Lediglich mein mentales Bild konnte die Pflanze in irgendeiner Weise beeinflussen. Und sie wurde wie wild. Der Ausschlag der Aufzeichnung ging über den Testpapierstreifen weit hinaus.

Diese erste überraschende Beobachtung im Februar 1966 führte zu einer Fülle an Folgeuntersuchungen, in denen Backster
die Reaktionen der Pflanzen auf Zigarettenrauch, negative Gedanken und starke Gefühle maß. Es stellte sich heraus, dass
Hauspflanzen registrieren, wie sich die Menschen um sie herum fühlen. Besonders bemerkenswert war, dass wenn Backster
zwei Pflanzen in zwei getrennten Räumen an die Messung an-
schloss und eine Pflanze in einem Raum verletzte, die andere
Pflanze im anderen Raum dieselbe Störung in ihrem elektrischen Feld aufwies, als ob sie selbst verletzt worden wäre. Die
Polygraphennadel sprang hoch, obwohl die beiden Pflanzen
keinerlei physische Verbindung hatten, und sie sprang auch
dann bei der zweiten Pflanze hoch, wenn die beiden durch eine
noch größere Distanz voneinander entfernt wurden. Man muss
dabei unwillkürlich an die verschiedenen Studien denken, bei
denen eineiige Zwillinge spürten, was mit dem anderen geschieht, obwohl sie sich weit entfernt voneinander aufhielten.
Es gibt sogar einen Fall, dass ein Zwilling spürte, dass seinem
Bruder etwas zugestoßen war, als dieser beim Aufstieg an
einem Telefonmasten einen elektrischen Schlag erhielt und der
weit entfernte Zwillingsbruder aussagte, dass er genau in diesem Moment selbst den gleichen Schmerz gefühlt hatte. Sind
menschliche Zwillinge etwa durch dieselbe Komplementarität
als Paare verbunden, die Elektronen im Weltraum aneinander
binden?

Die Aussage, dass Bewusstsein ein Feld ist, liefert erst den
Umriss eines Beweises. Niemand hat die Lücke erklären können, und ohne eine Erklärung dafür bleibt Bewusstsein völlig
geheimnisvoll; das gilt übrigens auch für Felder. Die Lücke ist
der leere Raum zwischen Ereignissen; sie enthält nichts außer
ihrer selbst, und ihr scheint alles zu entspringen. Wenn wir uns
DNA ansehen, dann sagen uns die Genforscher, dass das Leben
nicht aus den Informations-Bits der Aminosäuren auftaucht,
die in einer Doppelhelix verschlungen sind, sondern aus den

Lücken, den Zwischenräumen. Diese Zwischenräume werden bislang wenig verstanden, aber sie spielen eine mysteriöse Rolle für die Abfolge der Gene. Physikalisch-chemisch betrachtet unterscheiden sich die Gene von Gorillas und Menschen in weniger als 1 Prozent; die Lücken bzw. Zwischenräume zwischen der sichtbaren Materie der DNA erzeugen die unüberbrückbare Kluft von Gorillas und Menschen. In der Lücke muss die Quelle des Bewusstseins offenbar werden.

Sat Chit Ananda

Die vedischen Rishis folgten dem Geist in die „Lücke" hinein und erklärten, dass es drei grundlegende Eigenschaften gäbe, welche das Fundament des Seins darstellten: Sat Chit Ananda. Diese drei werden meistens als ein einziger Ausdruck übersetzt: „Ewiges Seligkeits-Bewusstsein". Oder man überträgt Wort für Wort, und dann heißt dieser Begriff Sat = Existenz, Wahrheit, Wirklichkeit, Chit = Geist, Bewusstheit, und Ananda = Seligkeit. Diese Definitionen helfen uns jedoch nicht sehr viel weiter, da sie voraussetzen, dass wir wissen, was wir in den westlichen Sprachen mit Wirklichkeit, Wahrheit, Seligkeit und Sein meinen. Das ist jedoch keineswegs eindeutig. Wenn Sie sagen: „Wir waren ganz selig, über Weihnachten nach Aruba zu fahren. Das hat mein ganzes Sein verändert", dann bedeuten Ihre Worte etwas Bestimmtes für den Alltag des Lebens, aber sie haben nicht Sat Chit Ananda umschrieben.

Wenn wir uns tiefer darauf einlassen, was die Rishis meinten, so gelangen wir zur Einsicht, dass sie sich auf eine Erfahrung bezogen, die sich so zusammenfassen lässt: Jeder Gedanke, den Sie haben, ist wie auch jedes Objekt in der Welt, das Sie sehen, eine Schwingung des Universums; der Sanskrit-Begriff dafür ist Shabda. Shabda erschafft Licht, Klang, Berührung, Geschmack und jede andere Eigenschaft. In Ihren Träumen sehen, hören, berühren, schmecken und riechen Sie ebenfalls, aber diese Schwingungen sind sehr viel feiner. Sie fühlen sich nicht exakt

so an wie die konkrete Wirklichkeit. Wenn Sie über die subtilen Eigenschaften des Geistes hinausgehen, wird Shabda so
zart und fein und schwach, dass der Verstand alle Erfahrungen
einer äußeren Realität verliert, sogar das schattenhafte Flüstern
aus dem Gedächtnis. Schließlich erfährt und erlebt sich Shabda
nur noch selbst, und dann gibt es überhaupt keine Schwingungen mehr. Sie selbst sind die Quelle.

Die Schwelle zur Quelle ist Schweigen. Über diese Schwelle
müssen Sie jedoch in den Raum eintreten, in dem die Realität
geboren wird. Dort stellt sich heraus, dass es dreifältige „Roh-
stoffe" gibt. Die Schöpfung entspringt aus Sein (Sat), Bewusstsein (Chit) und dem Potenzial, dass Schwingungen auftauchen
(Ananda). Diese drei sind die realsten Dinge im Universum, da
alles andere, was wir real nennen, aus diesen stammt.

Es ist die Erfahrung dieser Quelle, eines Zustands jenseits
von Schweigen, den die vedischen Rishis als das Feld aller Felder betrachtet haben – was die Physiker den Grundzustand
oder das Vakuum nennen. Der Zustand des Vakuums ist, obwohl er mit jedem nur möglichen Funken von Energie im Universum schwanger geht, dennoch nicht Sat Chit Ananda. Dieser Zustand des Vakuums besitzt keinen Geist, keine Seligkeit.
Man kann ihn nicht subjektiv erfahren. Indem diese Faktoren
unbeachtet bleiben, lässt die Physik den Physiker aus, der so
tut, als ob er kein Teil des Gesamtfeldes sei. John Wheeler, ein
herausragender Physiker aus Princeton, hat auf diesen Mangel
schon vor Jahrzehnten hingewiesen. Wenn wir uns Modelle des
Universums schaffen, sagte er, dann handeln wir wie jemand,
dessen Nase an die Schaufensterscheibe einer Bäckerei gepresst
ist und der sich von außen her alles ansieht, was in der Auslage
ist. Allerdings gibt es im Universum kein Fenster, das den
Betrachter vom Universum trennt; wir sind nicht außerhalb
dessen, was wir sehen.

Wheelers Vorschlag, dass wir eine Wissenschaft entwickeln, die Subjektivität und Objektivität verbindet, ist nur sehr spärlich aufgegriffen worden, weil die Naturwissenschaft stur objektiv bleiben will, und das kann sie sich ja auch leisten, solange sie nur isolierte Experimente durchführt. Letztlich gibt es jedoch eine Grenze dafür, die wir nicht überschreiten können, und dieser Grenze sind wir jetzt sehr nahe. Wir können die Grenzen unseres Wissens in einem einfachen Problem wie dem Gebet beobachten.

Inzwischen ist die Öffentlichkeit darüber gut informiert, dass die wissenschaftliche Erforschung von Gebeten nachgewiesen hat, dass sie wirken. Bei typischen Experimenten werden Freiwillige, üblicherweise aus Kirchengruppen, gebeten, für Kranke im Krankenhaus zu beten. Sie besuchen jedoch die Menschen nicht persönlich und bekommen oft sogar nur eine Nummer statt eines Namens für die Person, für die sie beten sollen. Das Gebet ist nicht auf eine bestimmte Krankheit oder andere Einzelheiten ausgerichtet, sondern sie bitten nur um Gottes Hilfe. Die Ergebnisse solcher Versuchsreihen sind auf überraschende Weise positiv gewesen. Im bestbekannten Experiment, das an der Duke Universität in Nord-Carolina durchgeführt wurde, wurden die Patienten, für die gebetet worden war, schneller gesund, und es gab weniger Rückfälle und Komplikationen als bei den Patienten, für die nicht gebetet worden war. Hier haben wir es mit einer weiteren Demonstration dafür zu tun, dass wir alle durch dasselbe Bewusstseinsfeld miteinander verbunden sind. Die Eigenschaften des Feldes wirken hier und jetzt:

Das Feld funktioniert als eine Ganzheit.
Es korreliert weit voneinander entfernte Ereignisse unmittelbar.
Es erinnert sich an alle Ereignisse.
Es existiert jenseits von Zeit und Raum.

Es erschafft gänzlich innerhalb seiner selbst.
Seine Schöpfung wächst und dehnt sich in eine evolutionäre
    Richtung aus.
Es ist bewusst.

Die vedischen Rishis begannen mit diesen Eigenschaften als
ihren ersten Prinzipien. In dieser Hinsicht waren sie weiser als
wir es sind, wenn man an unsere Zögerlichkeit denkt, Bewusstsein als Grundtatsache überhaupt anzuerkennen, es sei denn,
dass wir an den weit entfernten Grenzen eines schwierigen wissenschaftlichen Problems dazu gezwungen werden. Das Be-
wusstseins-Feld ist die primäre Grundlage für alle Phänomene
in der Natur, aufgrund der Lücke, die zwischen jedem Elektron, jedem Gedanken und jedem Augenblick existiert. Diese
Lücke ist der Bezugspunkt, die Stille im Herzen der Schöpfung,
wo das Universum alle Ereignisse aufeinander bezieht.

Ist es wissenschaftlich erwiesen, dass die Rishis recht hatten? Ich glaube, das meiste, was wir sagen können – und das
ist schon eine Menge – ist, dass Naturwissenschaft und Rishis
sich entsprechen und konsistent untereinander sind. Sie kommen aus verschiedenen Welten, aber sehen mit demselben
Blick, mit derselben Vision – zumindest fast. Die Wissenschaft
wird immer noch vom spirituellen Materialismus belastet, vom
Glauben, dass jede Erklärung Gottes, der Seele oder des Nachlebens nur dann als gültig angesehen werden darf, wenn die
Materie der Träger der Antwort bzw. des Geheimnisses ist. Das
entspricht jedoch der Behauptung, dass wir Jazz nur dann verstehen können, wenn wir die Atome in der Trompete von Louis
Armstrong in einem Diagramm aufzeigen könnten.

Am Ende kann uns kein Buch über das Nachleben mit der Un-
ausweichlichkeit des Todes voll und ganz versöhnen. Es kann
lediglich den Weg aufzeigen, damit Sie selbst Ihren eigenen persönlichen Trost finden. Sie und ich sind einzigartige Menschen
und deshalb sehr unterschiedlich. Ich fühle mich unter Um-

ständen von einer Vision der Ewigkeit getröstet, die Ihnen ganz fremd vorkommt oder Sie sogar erschreckt. Vielleicht betrauere ich meinen alternden Körper mehr als Sie oder auch weniger. Wir haben unsere eigene, sehr persönliche Sicht von Gott. Und doch sind wir durch das Feld des Bewusstseins miteinander verbunden, und wir tun hier dieselbe Arbeit.

Wir müssen erkennen, dass wir alle in derselben Realität verwickelt sind. Isolierung ist an jeder Front des Lebens unmodern geworden, von der Ökologie bis zum Internet. Wir müssen uns an unsere gemeinsame Quelle erinnern. Der menschliche Geist wird herabgewürdigt, wenn wir uns auf die Spanne eines einzigen Lebens begrenzen und uns auf den Gedanken beschränken, dass er in einen physischen Körper eingeschlossen sein. Wir sind zuallererst Geist und Spirit, und das stellt unser Heim jenseits der Sterne.

Das Wissen, dass ich eines Tages in das Feld zurückkehre, um meine Quelle zu finden, erfüllt mich mit einem maßlosen Vertrauen in den Sinn des Lebens. So glühend überzeugt wie sonst jeder fromme Gläubige ist, habe ich den Glauben an diese Vision. Mein Glauben wird jedes Mal erneuert, wenn ich einen Augenblick erlebe, in dem ich das Schweigen meines eigenen Seins berühren und erfahren kann. Dann verliere ich jede Angst vor dem Tod – und nun berühre ich den Tod sogar gerade jetzt, voller Freude. Tagore hat es in so bewegenden Worten ausgedrückt:

Als ich geboren wurde und das Licht sah,
war ich kein Fremder in dieser Welt.
Etwas Unauslotbares, Formloses und Wortloses
Erschien in der Gestalt meiner Mutter.

Wenn ich nun eines Tages sterbe,
wird dasselbe Unbekannte wieder erscheinen,
und mir so vertraut sein wie immer.

Und weil ich dieses Leben liebe,
werde ich auch den Tod lieben.

Ohne Tod kann es keinen Augenblick in dieser Gegenwart geben, denn der letzte Moment zuvor muss sterben, um den nächsten möglich zu machen und ihm Raum zu geben. Ohne Tod kann es keine jetzt gegenwärtige Liebe geben, da die letzte Emotion sterben muss, um eine neue möglich zu machen. Es kann ohne Tod kein Leben in der Gegenwart geben, weil die alten Zellen in meinem Körper sterben müssen, um neuem Gewebe Raum zu geben. Das ist das Wunder der Schöpfung, die in jeder Sekunde eines ist: Leben und Tod, in einem ewigen Tanz verbunden. Es wäre eine Katastrophe, den Tod aus diesem Tanz auszuschließen. Das wäre ein Universum ohne jede Chance auf Erneuerung. Glücklicherweise ist die Schöpfung so nicht entworfen worden. Wir leben in einem endlos neu erschaffenem Universum. Auf der anderen Seite unserer Ängste und Zweifel sollten unsere tiefsten Gebete nicht auf das Leben gerichtet sein, das wir ja in Überfülle bereits haben. Vielmehr sollten es Gebete darum sein, den kosmischen Tanz anzuführen, denn dann haben auch die Engel und Götter jemanden, dem sie sich anschließen können.

MAHA SAMADHI

DER MONSUNREGEN FEGTE über Nacht vom Berg herab. Ramana konnte ihn im Schlaf wie einen warmen, dumpfen Donner auf dem Dach hören oder wie das Anklopfen der Götter. Das Geräusch war laut genug, um ihn unruhig werden zu lassen, aber nicht laut genug, um ihn ganz aufzuwecken. Er dachte wie entfernt daran, das Fenster bei seinem Bett zu schließen. Er erinnerte sich an das kleine Loch im Dach, unter das man einen Eimer stellen musste, um das Heruntertröpfeln aufzufangen. Und doch konnte er nicht spüren, dass der Regen vom Fenstersims spritzte, und er hörte auch kein Tröpfeln.

Merkwürdig, dachte er benommen.

Der dumpfe Donner hielt an, Stunde um Stunde. Zu viele Stunden hindurch. Ramana öffnete seine Augen, warf seinen Blick auf das Fensterbrett und die Stelle unter dem Loch im Dach. Beide waren trocken. Wo war das Wasser? Warum donnerte es immer noch?

Dann wusste er es. Die Götter klopften tatsächlich an. Der Tod war wie der Monsunregen gekommen, in der Jahreszeit, die Ramana am meisten liebte. Er war nicht überrascht, dass er immer noch seinen Körper fühlen oder sehen konnte, dass es den Raum noch gab. Sein alter Meister, der sechzig Jahre zuvor gestorben war, hatte ihm gesagt, wie das sein würde. Sechzig Jahre? Konnte das stimmen? Plötzlich konnte sich Ramana nicht mehr daran erinnern, wie alt er selbst war. Fünfundsiebzig, achtzig? Diese Verwirrung löste eine Veränderung aus.

Sein Körper fing an, sich leichter zu fühlen, als ob das Alter von ihm abglitt. Er stieg empor, der ganze Raum stieg sogar mit ihm empor, und der dumpfe Donner begann zu verebben.

Ramana fragte sich, ob er wohl dabei war zu verschwinden, aber die Welt nahm ihm die Antwort darauf ab, indem sie zuerst verschwand. Er hatte nie sehr stark an die Welt geglaubt, also überraschte ihn das nicht sonderlich. Einen letzten Augenblick war er noch still auf dem Bett und blickte zum Fenster auf einen Himmel hinaus, der sich von Blau zu einem weichen Weiß verwandelt hatte, und dann gab es mit einem Mal nur noch Weiß und kein Zimmer mehr. Er blickte nach unten, und auch sein Körper war weg. Er war so leicht von ihm abgeglitten, dass er sich daran erinnerte, wie sein Meister ihm einmal gesagt hatte: „Der Körper ist wie ein Mantel. Für erleuchtete Menschen ist Sterben, als ob man seinen Mantel einfach zu Boden fallen lässt. Für unerleuchtete Menschen ist es, als ob ein Mantel fortgerissen würde, der am Körper angenäht ist."

Was würde wohl als Nächstes fortgleiten? Ramana konnte noch mentale Fragen stellen; sein Geist hatte ihn also noch nicht verlassen. Er sah sich als kleinen Jungen mit zwölf Jahren, als er seinem Meister zum ersten Mal begegnete, der in derselben Waldklause lebte, die später seine wurde, nachdem sein Meister gestorben war. Der alte Mann, der im Lotussitz auf einem abgewetzten Hirschfell saß, hatte ihn gefragt: „Möchtest du von mir lernen?" Der Junge hatte genickt. „Ist das so, weil deine Eltern meinen, dass sei eine gute Sache?" Der Junge hatte wieder genickt. Dann wedelte der Meister mit seiner Hand und schickte Ramanas Eltern aus dem Raum.

Als sie allein waren, sagte der Meister: „Komm zu mir, wenn es dein Wunsch ist, nicht der deiner Eltern."

„Warum?", hatte Ramana gefragt. „Meine Eltern wollen nur das, was gut für mich ist."

„Das ist nicht genug", hatte der Meister geantwortet. „Du kannst nicht bei mir sein und wie die gewöhnlichen Leute bleiben. Gewöhnliche Menschen brauchen die Unterstützung ihrer

Familie, sonst würden sie vor Einsamkeit sterben. Sie brauchen die Unterstützung der Gesellschaft, sonst würden sie keine Freunde oder Ehepartner finden. Sie brauchen die Unterstützung ihres Körpers, sonst würden sie verhungern. Und vor allem brauchen sie die Unterstützung ihres Verstandes, sonst würden sie verrückt."

„Ich verstehe nicht, warum du mir das alles sagst", hatte der Junge geantwortet.

„Wenn du Familie, Freunde, deinen Körper und dein Denkvermögen verlierst – und das musst du eines Tages – möchte ich nicht, dass du stirbst, sondern ich möchte, dass du frei bist."

Der Junge war zehn Jahre lang nicht zurückgekommen, und selbst dann hatte der Meister gelacht und gemeint, dass er doch recht rasch wieder bei ihm sei. „Nach dem, was ich dir gesagt hatte, wären die meisten Menschen nie zurückgekommen."

Während seiner Zeit als Schüler hatte Ramana die Lehren als schwierig empfunden. Er stolperte oft, fiel jedoch nie ganz hin. Alles, was sein Meister ihm vorausgesagt hatte, wurde Wirklichkeit. Es kam die Zeit, als der Schüler die Unterstützung durch die Familie nicht mehr brauchte. Das bedeutete allerdings keinen Verlust für Ramana, sondern er sah sie nun voller Mitgefühl. Er brauchte auch die Unterstützung durch die Gesellschaft nicht mehr, aber auch das war kein Verlust, da er sich selbst als Teil der gesamten Menschheit betrachtete. Er brauchte nicht mehr die Unterstützung durch seinen physischen Körper, und selbst das bedeutete keinen Verlust, weil sein Körper sich besser um sich selbst kümmerte, als er aufgehört hatte, sich Sorgen um ihn zu machen.

Etwas, was Ramana nie aufgab, war die Unterstützung durch seinen Verstand. „Ah, du hast Angst, dass du ohne den Verstand sterben würdest", hatte sein Meister geduldig bemerkt. Ramana eignete sich dieselbe Geduld an. Er hatte dann gelernt, sich nach innen zu wenden und in Samadhi zu gehen, um Stille zu erfahren. Das war nach Jahren zu seinem Heim geworden, zu einem Platz, der frei von der ständigen Geschäftigkeit des Verstandes war.

Am Tag, als sein Meister starb, hatte Ramana an seinem Bett gekniet und geweint. „Du meinst also, ich verließe dich", flüsterte sein Meister. „Dein Verstand hat dich immer noch in seinem Griff." Er hatte dies voller Zuneigung gesagt, nicht als Vorwurf, und das hatte Ramana getröstet. Eine Stunde später war sein Meister in die tiefste Stille, das tiefste Schweigen hinübergegangen, in *Maha Samadhi*.

Ramana konnte sich nun, da er selbst gestorben war, an alle diese Dinge erinnern. Er sah sich um. Es gab keinen, der ihn begrüßt hätte, keine Familie, noch nicht einmal sein Meister. Eine Sekunde lang ergriff ihn ein Angstschauer, der dann wieder verschwand, und mit ihm verschwand auch das Denkvermögen. Ramana konnte noch nicht einmal denken: *Jetzt vergeht mein Verstand.* Er glitt mühelos dorthin, wo der Verstand nicht mehr gebraucht wurde. Um ihn herum gab es kein Weiß mehr, aber auch diese Wahrnehmung dauerte nur einen kurzen Augenblick, da es auch keine Dunkelheit gab. Als sein Verstand entglitten war, nahm dieser hell und dunkel mit sich fort.

Nun wurde er von einem Schweigen eingehüllt, das als eine unbeschreibliche Erleichterung kam. Wie Diebe in der Nacht wollten ganze Welten in ihn eindringen und seine Stille fortnehmen. Aber sie vermochten nicht mehr, als an ihn so leicht anzustoßen, wie Federn an einen Felsen stoßen und weiter nach unten fallen. Er war nun undurchdringlich. Es gab kein Universum und keinen Gott, keine göttliche Gegenwart, keine Liebe.

Er verbrachte einige Zeit im Schoß der Zeitlosigkeit. Dann spürte Ramana einen zarten Atem, der ihn einlud, zurückzukommen. Etwas in ihm rührte sich, um wieder zu leben. Nicht, weil er auf der Erde leben wollte; das wäre nur ein

Gedanke gewesen. Der Atem war sich selbst Grund genug. Es gab einen Sekundenbruchteil, in dem er sich entscheiden konnte, nicht zurückzukehren. Ewiger Frieden war genauso möglich wie eine neue Lebenszeit.

Erst dann erkannte er, dass er endlich frei war. Er konnte wieder ein menschliches Leben annehmen, aber dann würde er auch ewigen Frieden haben, beides zusammen. Ramana lächelte vor sich hin, falls man davon sprechen kann, dass der Kosmos lächelt. Die Atmung wurde lauter. Er entspannte sich und ließ sich zurück nach unten auf die Erde tragen. Ein Atemzug, dann noch einer, immer lauter, bis der Atem wie der Monsun wurde, der an den Bergen hinabfällt, oder wie das Anklopfen der Götter. Er konnte nicht sehen, in welche Familie er hineingeboren werden würde, aber Ramana erkannte seinen neuen Lebenszweck: diesen träumenden Menschen, die er so liebte, zu zeigen wie, man aufwacht.

ANHANG

DANK

Meinem langjährigen Lektor Peter Guzzardi sei ein herzlicher Dank gesagt. Er gab die Anregung, über den Tod und das Sterben zu schreiben, und das hat zu diesem Buch geführt. Seine Intuition war wie immer treffsicher, und er war mir bei jedem Schritt auf dem Weg ein Begleiter von unschätzbarem Wert.

Dank an David, Carolyn, Felicia und den gesamten Stab im Chopra-Zentrum. Jeden Tag erlebe ich eure Hingabe und Freundschaft für mich. Danke!

Dank an meine Familie, die mir mehr Liebe schenkt, als ich in einem ganzen Leben je zurückgeben könnte.

ANMERKUNGEN

Es wird nie ein endgültiges Buch über das Leben nach dem Tode geben. Ich finde das gut, weil kein einzelnes Buch alle Skeptiker je überzeugen oder alle Trauernden je würde trösten, die sich fragen, was wohl nach dem Tode passiert. Was Angst und Zweifel in der Gesellschaft vielleicht verändern könnten, ist eine steigende Flut von Nachweisen. Ich habe im folgenden Text die Bücher und Webseiten aufgeführt, die mir geholfen haben, dieses Buch zu schreiben. Sie stellen einen Berg an Nachweisen dafür dar, dass das Leben nach dem Tode weitergeht. Noch wichtiger: Jeder einzelne Nachweis ist ein Anzeichen dafür, dass unser Bewusstsein anwächst. Der Tod ist zu lange ein geheimnisumwobenes Thema gewesen. Meine größte Hoffnung ist, dass ich in dieses Dunkel ein bisschen Licht habe bringen können; das wäre jedoch nicht ohne die zahllosen anderen Menschen gelungen, die sich ebenfalls darum bemühen, Licht in diese Sache zu bringen.

1. DER TOD VOR DER TÜR

Wir sind in eine neue Ära der Forschung eingetreten, in welcher Internetverweise genauso wertvoll geworden sind wie die früher allgemein üblichen Zitate aus Büchern. Man kann über Google www.google.com jedes allgemeine Thema recherchieren (z.B. Geister, Nahtoderlebnisse, Himmel), oder direkt zur Online-Enzyklopädie Wikipedia gehen unter www.wikipedia.com.

Der einzige Nachteil bei Webzitaten ist, dass sie von ihrer Anzahl her einen zwar eher schier überwältigen, aber oft doch nicht wirklich tiefgründig sind. Der große Vorzug von Online-Verweisen besteht jedoch darin, dass der Leser bei irgendeinem Thema mit einem einzigen Tastendruck weiter bzw. tiefer als der Autor gelangen kann.

Ich bin nur kurz auf die körperlichen Veränderungen eingegangen, die durch Sterben und Tod bewirkt werden. Sherwin B. Nuland hat einen nationalen Preis mit seinem Buch zu diesem Thema gewonnen: „Wie wir sterben. Ein Ende in Würde?" (Droemer-Knaur Verlag, 2007). Nuland ist ein Arzt an der Yale Universität und beschreibt in seinem Buch „Die Biologie des Sterbevorgangs" in allen klinischen Einzelheiten; dabei geht er auch auf Herzkrankheiten, Krebs, Alzheimer und Aids ein. Er beschreibt, wie der Tod jedes einzelnen Menschen genauso einzigartig ist wie dessen Leben.

Spirituelle Erfahrungen bewirken ebenfalls körperliche Veränderungen und machen sie (falls Sie ein Materialist sein sollten) genauso real wie die durch Sterben und Tod verursachten Veränderungen. Ein früher einmal sehr populäres Buch zum Thema stammt von Nona Coxhead, *Mindpower* (Penguin Verlag, 1976; Geisteskraft, nicht auf Deutsch erschienen). Darin behandelt die Autorin Forschungsergebnisse über extrasensorische Wahrnehmung und andere Bereiche der Parapsychologie. Um mich über zeitgenössische Untersuchungen der Gehirnforschung zu informieren, habe ich das Buch „Biologie der Transzendenz" von Joseph Chilton Pearce zu Rate gezogen (Arbor-Verlag, 2004). Es hat einen sehr erfrischenden Ansatz und umfasst große Wissensbereiche. Pearce schreibt für ein Allgemeinpublikum und macht Neurologie mit spannenden Anekdoten interessanter.

Ich habe mich darum bemüht, so allgemein verständlich wie möglich das riesige philosophische System des Vedanta darzustellen. Leser, die zur Quelle gehen wollen, sollten das Buch von Swami Venkatesanada lesen: *The Concise Yoga*

Vasishta (State University of New York Press, 1984; nicht auf Deutsch erhältlich). Dieses großartige Werk bietet eine klare und lesbare Übersetzung des Sanskrit-Textes und beschreibt die Ausbildung von Lord Rama, einer göttlichen Inkarnation in einer menschlichen Form, zu Füßen des unsterblichen Rishis und Weisen Vasishta. Er bringt seinem jungen Schüler alles Wissen des Vedanta über Tod, Reinkarnation und die Projektion aller Welten aus dem Selbst heraus bei. Dieses Buch hat mich viele Jahre hindurch begleitet.

Moderne Versuche, die Seele zum Zeitpunkt des Todes zu wiegen, werden auf dieser Webseite diskutiert: www.snopes.com/religion/soulweight.asp

2. DAS STERBEN KURIEREN

Die Geschichte der tibetischen Delog Dawa Drolma wird von ihrem Sohn erzählt; nachzulesen ist das in der Einleitung zu ihrem Buch *Delog: Journey into Realms Beyond Death* (Padma Publishing, 1995; nicht auf Deutsch erschienen, Titel etwa „Delog: Reise in die Reiche jenseits des Todes"). Das ist nach meiner Kenntnis der beste Einstieg in persönliche Erlebnisse in der Bardo-Ebene. Das klassische Werk über Tod und Sterben in der tibetischen Tradition ist das inzwischen ja weithin berühmte Tibetanische Totenbuch. Für Menschen im Westen mag es sehr exotisch erscheinen und mit Einzelheiten buddhistischer Rituale befrachtet, welche das Ergebnis von vielen Jahrhunderten religiöser Praktiken sind. Einen einfacheren Zugang bietet „Das tibetische Buch vom Leben und vom Sterben" von Sogyal Rinpoche (O.W.Barth Verlag, 2003), welches dieselbe Thematik behandelt.

Nahtoderfahrungen wurden in den 70er-Jahren durch einige Bestseller bekannt; einer darunter war „Das Leben nach dem Tod" (Rowohlt Verlag, 2001) von Raymond Moody. Ein gut zu lesendes Buch, noch erfüllt von der Faszination eines Arztes, der gerade ein bemerkenswertes Phänomen entdeckt hatte. Seither ist die Literatur über Nahtoderfahrungen enorm gewachsen. Auf der Webseite www.near-death.com findet man sehr vieles darüber. Diese Webseite beschreibt die wichtigsten veröffentlichten Nahtoderfahrungen, behandelt jedoch auch fast jeden anderen Aspekt von Tod und Nachleben.

Besonders interessant sind die Nahtoderfahrungen von Kindern, weil man Kinder als unschuldige und unvoreingenommene Zeugen betrachtet. Unter den verschiedenen Büchern zu diesem Thema sprach mich besonders das Buch des Arztes Melvin Morse an: „Zum Licht. Was wir von Kindern lernen können, die dem Tod nahe waren" (Goldmann Verlag, 1994). Dr. Morse hat mehrere Bücher über diese Thematik geschrieben. Eine weitere bemerkenswerte Autorin ist P.M.H. Atwater; ich habe von ihr *Beyond the Light: The Mysteries and Revelations of Near-Death Experiences* gelesen (Avon Books, 1994; „Die Geheimnisse und Offenbarungen von Nahtoderfahrungen", noch nicht auf Deutsch erschienen). Der Kern dieser Bücher, von denen es Dutzende gibt, sind wahre Geschichten aus dem Leben, die aus erster Hand sozusagen von Menschen berichtet werden, die aus einem Zustand des klinischen Todes zurück ins Leben kamen.

Die beste klinische Studie über Nahtoderfahrungen wurde in Holland von Dr. Pim van Lommel durchgeführt. Sie wird im Buch von Mary Roach beschrieben, aus der Sicht einer nachdenklichen Journalistin. Das Buch heißt *Spook: Science Tackles the Afterlife* (W. W. Norton Verlag, 2005; „Spuk: Die Wissenschaft packt das Leben nach dem Tod an", noch nicht auf Deutsch erschienen). Noch detaillierter kann man etwas über diese Studie auf dieser Webseite finden: www.odemagazine.com/article?aID=4207&1=en.

Der Prozentsatz von Amerikanern, die bei Befragungen angeben, sie hätten Nahtoderfahrungen gehabt, wird im Online-

Artikel *Religious Interpretations of Near-Death Experiences* von David San Filippo zitiert: www.lutz-sanfilippo.com/library/counseling/lsfnde.html.

Diese Dissertation enthält auch viele andere akademische Verweise auf das Nahtod-Phänomen. Die Geschichte der historischen Delog Lingza Chokyi findet man auf www.inference. phy.cam.ac.uk/mackay/info-theory/course.html.

3. DER TOD ERFÜLLT DREI WÜNSCHE

Der religiöse Glauben ist ein weites Feld. Um einen ersten groben Überblick zu erhalten, wohin die Religion im modernen Amerika hingeht, habe ich eine führende Gallup-Umfrage konsultiert, die unter dem Titel *The Next American Spirituality: Finding God in the Twenty-First Century* veröffentlicht wurde (Cook Communications, 2000; Titel auf deutsch etwa: „Die kommende amerikanische Spiritualität: Gott im 21. Jahrhundert finden"). Die Gallup-Organisation strebt an, die tatsächliche Glaubensüberzeugung jedes Glaubens und jeder Religion rund um den Globus zu dokumentieren. Das ist für die islamische Welt besonders nötig, weil es von dort kaum verlässliche Daten gibt, auch nicht aus neuerer Zeit. Sie können sich selbst über Meinungen zu diesem Thema informieren, indem Sie in Google Sätze eingeben wie „Kirchenzugehörigkeit" *(church attendance)* oder „Glauben, in den Himmel zu kommen" *(believe they will go to heaven)*.

Die Angaben zum Kirchenbesuch in den USA stammen aus einem Online-Artikel: www.religioustolerance.org/rel_rate.htm.

4. DEM STRICK ENTKOMMEN

Ich habe mich hier nicht auf irgendein spezielles Buch über die christliche Vorstellung des Himmels gestützt; im Hinblick auf „offizielle" theologische Standpunkte habe ich *The Catholic Encyclopedia* benutzt, die (laut Eigenauskunft) ihren Lesern „vollständige und autorisierte Information zum gesamten Themenkreis katholischer Interessen, Handlungsweisen und Doktrin" geben möchte. Die Webseite dieses (englischsprachigen) katholischen Lexikons ist: http://www.newadvent.org/cathen/. Ich habe mich nicht in das Dickicht kontrastierender Glaubensüberzeugungen begeben, die sich aus der protestantischen Theologie ergeben; in Wikipedia findet man dazu viele hilfreiche Artikel.

Wenn man einfach einmal im Internet in der „religiösen Landschaft" herumstöbern möchte, fängt man zum Beispiel bei Google mit Fragen an wie „Wo ist der Himmel" oder „Wie ist der Himmel". Über viele verschiedene Religionen und Konfessionen findet sich etwas bei: www.religioustolerance.org/heav_hel.htm.

Die wunderliche Vielfalt des Alten Testaments mit seinen zahlreichen Gesichtern und Stimmungsschwankungen beschreibt Jack Miles' Buch „Gott: Eine Biographie" (dtv Verlag, 2005). Das Buch ist nicht-religiös und behandelt das Alte Testament als Quellenmaterial im Leben einer faszinierenden, gewinnenden und kommunikativen Person, die zufällig Gott ist.

Wenn ich sage, dass Jesus oft wie ein vedischer Rishi klingt, denke ich an das Thomas-Evangelium und andere gnostische Evangelien. Die faszinierende Geschichte, wie diese folgenreichen christlichen Schriften 1945 zufällig von einem umherwandernden ägyptischen Hirten entdeckt und wie sie von der Kirche dann unterdrückt wurden, kann man am besten in Elaine Pagels' Buch „Versuchung durch Erkenntnis: Die gnostischen Evangelien" nachlesen (Suhrkamp Verlag, 1987). Ihr Buch gehört zu jenen wenigen Werken über Religion, welche die öffentliche Meinung nachhaltig beeinflussen. Bei seinem Erscheinen wurde es als eine Enthüllung und Offenbarung empfunden, dass es in der Geschichte des Christentums eine frühe, authentische mystische Tradition gab, die Frauen volle Rechte zubilligte und eine andere Christusgeschichte über- liefert, die nicht mit Leiden und dem Tod am Kreuz endet.

Jeder, der jedes einzelne Wort nachlesen möchte, das Chris- tus in allen bekannten Evangelien zugeschrieben wird, in den kanonisch anerkannten sowie all den anderen, findet wert- volles Quellenmaterial dazu im Buch von Ricky Alan Mayotte *The Complete Jesus* (Steerforth Press, 1997; „Der vollständige Jesus", noch nicht auf Deutsch erschienen). Es ist thematisch gegliedert, zum Beispiel in Gebote, Gleichnisse, Jesus über sich selbst, und so fort.

5. DER WEG ZUR HÖLLE

Einer der Punkte, die ich in diesem Buch immer wieder betone, ist, dass sich das Nachleben auch immer weiterentwickelt. Das muss es auch, da das Leben als Ganzes sich ständig weiterent- faltet. Und das Gleiche gilt auch für die Hölle, wie dies von der freien Journalistin Alice K. Turner in einer sehr lesefreund- lichen Übersicht im Buch *The History of Hell* (Harvest Verlag, 1995; „Die Geschichte der Hölle", nicht auf Deutsch erschie- nen) dargelegt wird. Ähnliche Überblicke über Himmel und Hölle sind regelmäßig wieder erschienen; eine tiefgreifendere Beschreibung findet sich in Elaine Pagels Buch „Satans Ur- sprung" (Berlin Verlag, 1999). Ihr Ansatz ist, Satan nicht als eine echte Person oder Wesenheit anzuschauen, sondern als eine Vorstellung, ein Konzept, deren Ursprünge in Anthropo- logie, Psychologie und Literatur nachgespürt werden können. Mir sagt ein solch humaner Ansatz zu, weil er zeigt, wie sehr der Teufel als unsere eigene Schöpfung betrachtet werden kann.

Man kann sich auf diese Weise auch Christus nähern. Timothy Freke und Peter Gandy beleuchten mythische Hintergründe in ihrem Werk *Jesus and the Lost Goddess: The Secret Teachings of the Original Christians* (Harmony Books, 2001; deutsch etwa „Jesus und die verlorene Göttin: Die geheimen Lehren der ursprünglichen Christen", nicht auf Deutsch erschienen). Darin wird Jesus in den Kontext der antiken Welt und ihren Glauben an die Göttin gestellt. Hier wird der Versuch unternommen zu zeigen, wie frühe Christen Jesus als archetypische Erfüllung des Mythos von „Gott-im-Menschen" verwendet haben, welcher in jeder antiken Kultur existierte.

6. GEISTER

Akasha ist das subtilste der fünf Mahabhutas, der fünf Elemente, aus denen die Schöpfung erschaffen wurde (die anderen sind Erde, Luft, Feuer und Wasser). Wer das System der Mahabhutas näher kennenlernen möchte, kann online beginnen bei http://ignca.nic.in/ps_04012.htm. Traditionelle indische Überzeugungen und wie diese auf die westliche Spiritualität eingewirkt haben, wird online auf http://www.saragrahi.org/ diskutiert.

Selbstverständlich gibt es viele populäre Bücher über Geister und Kommunikation mit Verstorbenen. Mary Roach bietet in ihrem Buch „Spook" eine gut lesbare Übersicht zum Thema; das tut sie von einem skeptischen und zugleich amüsierten Blickwinkel heraus, der auf Anhieb entweder gefällt oder irritiert. Bücher von Medien haben Millionen von Lesern erreicht; dazu zählen die Bücher von James Van Praagh, das Buch „Kein Abschied ist für immer" (Allegria Verlag, 2006) von Allison DuBois und die Bücher von Gordon Smith (Allegria Verlag).

Das Phänomen der medialen Kommunikation ist (in den USA) akademisch untersucht worden vom Psychiater Gary Schwartz, an dessen Experimenten ich persönlich teilgenommen habe. (Im deutschsprachigen Raum sind vor allem die Untersuchungen von Prof. Dr. Ernst Senkowski über „Tonbandstimmen" und andere mediale Erscheinungen zu nennen. Anm.d.Ü.) Das Medium Allison DuBois ist durch Berichte über kontrollierte Experimente bekannt geworden, die auch zu einer Fernsehserie bei der amerikanischen Senderkette NBC führten; Gary E. Schwartz und William L. Simon berichten darüber in *The Truth About Medium* (Hampton Roads Publishing, 2005; Die Wahrheit über Medien, nicht auf Deutsch erschienen). Schwartz stellt seine wissenschaftlichen Untersuchungen dar in *The Afterlife Experiments: Breakthrough Scientific Evidence of Life After Death* (Atria, 2003; etwa: „Experimente zum Nachleben: Bahnbrechende wissenschaftliche Beweise für das Leben nach dem Tod", nicht auf Deutsch erschienen). Für dieses Buch hatte ich die Einführung geschrieben.

7. DER UNSICHTBARE FADEN

Leser, die sich für die historische Betrachtung des Nachlebens interessieren, werden vieles dazu im Buch „Das Leben nach dem Tod in den Weltreligionen" (Herausgeber Harold Coward, Herder Verlag, 1998) finden. Darin sind Essays von Experten der verschiedenen Religionen zusammengefasst. Ich habe meine eigene Synthese zu diesem Thema erarbeitet und mich dabei stark auf das klassische Werk von Huston Smith gestützt: „Die sieben Religionen der Welt. Eine Wahrheit, viele Wege" (Goldmann Verlag, 2004). Dieses Buch bleibt für mich ein Vorbild von Fairness und ökumenischer Toleranz, neben der wundervoll eleganten Schreibweise und den wertvollen Einsichten zum Thema. Wenn es ein Buch gibt, das jeder Mensch lesen sollte, der sich für Religion interessiert, so ist es dieses Buch von Huston Smith.

Das Zitat „Es gibt keine Erlösung außerhalb der Kirche ..."
stammt aus einem Presseinterview von Mel Gibson, das online
zitiert wird bei www.msnbc.msn.com/id/4224452/.

8. Die Seele sehen

Das Thema des spirituellen Materialismus ist unglaublich
wichtig, weil so viele Leute, vor allem im Westen, von Egobe-
dürfnissen getrieben werden, wenn es um Spiritualität geht.
Wir werden „spirituell", um von der Welt Dinge zu erlangen,
die durch Arbeit und Einsatz und Kampf zu erreichen sind.
Damit verwandeln wir Arbeit und Kampf in spirituelle Vorgänge. Ich habe angefangen, in diese Richtung zu denken aufgrund der Lektüre von *Cutting Through Spiritual Materialism*
von Chogyam Trungpa (Shambhala, 2002; deutsch etwa
„Über den spirituellen Materialismus hinaus", nicht auf
Deutsch erschienen). Das Buch behandelt das Thema aus buddhistischer Sicht, behält dabei indes das Publikum im Westen
im Blick.

9. Zwei magische Worte

Selbstverständlich lässt sich die Ewigkeit nicht beschreiben,
aber die vedischen Rishis kamen gut damit zurecht, in unbegrenzter Bewusstheit zu leben. Insofern sind ihre Beschrei-
bungen die verlässlichsten, die wir aus den Traditionen der
Weisheit der Welt haben. Es hilft einfach, wenn es jemanden
gibt, der ständig ähnliche Erfahrungen macht. Ich möchte hier
auf Nisargadatta Maharaj hinweisen, einen einfachen indischen Bauern, der nach seiner Erleuchtung zu einem weithin
bekannten Guru in Bombay wurde. Sein Buch *I Am That*
(Acorn Press, 1990; „Ich bin", Teile I-III, Kamphausen Verlag,
1997-2003) stellt eines der reinsten spirituellen Zeugnisse dar,

die wir in der modernen Zeit haben. Es ist nicht nur völlig un-
verdorben durch irgendwelche Spuren des Guru-Spiels, das in
Indien seit Jahrhunderten läuft, sondern Sri Nisargadatta
scheint einen sehr stark erweiterten und erhöhten Bewusstseinszustand zu erleben und zu bezeugen, der sich ganz und gar
mit dem der alten Rishis vergleichen lässt. Das ist ein weiteres
der wenigen Bücher, die ich seit Jahren immer bei mir habe.

Meine Zusammenfassung der Reise von Mellen-Thomas Benedict in das Nachleben beruht auf dieser Online-Quelle:
www.near-death.com/experiences/reincarnation04.html.

Die Geschichte von Dawn J., der Frau, die durch ein Wun-
deröl geheilt wurde, wird in Cheri Lomontes Buch *The Healing
Touch of Mary* (Divine Impressions, 2005) erzählt, in dem sich
Dutzende ähnlicher Ersthandberichte finden.

10. DEN STURM ÜBERLEBEN

Leser, die sich für Theorien über das Bewusstsein interessieren,
stehen einer verwirrenden Vielfalt von Wahlmöglichkeiten gegenüber; im Rahmen wissenschaftlich orientierter Bücher sind
sie alle materialistisch begründet. Das heißt, dass diese Bücher
davon ausgehen, dass sich Geist aus Materie entwickelt. Da ich
diese Grundannahme nicht teile, kann ich nur halbherzige Li-
teraturempfehlungen geben. Die meist gepriesenen Autoren
scheinen Skeptiker zu sein, die glauben, dass Geist und Bewusstsein in Wahrheit eine Illusion sei, die von neuraler Aktivität erzeugt würden und altmodischen Auffassungen vom Gehirn. Daniel Dennett zum Beispiel argumentiert in seinem Buch
„Spielarten des Geistes: Wie erkennen wir die Welt?" (Bertels-
mann Verlag, 2001) heftig zugunsten der Ansicht, das Bewusstsein ein materialistisches Phänomen sei und nicht mehr als das.
Deshalb würde (und wird eines Tages auch) das menschliche
Bewusstsein von einem Computer reproduziert bzw. dupliziert.

Wenn man eine offenere Erörterung der Thematik sucht, dann
mag man das von Susan Blackmore herausgegebene Buch „Gespräche über Bewusstsein" (Suhrkamp Verlag, 2007) zur Hand
nehmen, in dem einundzwanzig Denker über den gesamten
Themenkomplex sprechen, an welche Weise Bewusstsein,
Geist, Verstand und Gehirn miteinander zu tun haben. Um
schließlich eine eher neurologisch fundierte Darstellung kennenzulernen, habe ich die faszinierenden Spekulationen von
Humberto R. Maturana und Francisco J. Varela in „Der Baum
der Erkenntnis" (Goldmann Verlag, 1990) gelesen. Darin wird
der Versuch unternommen, eine allumfassende Theorie zu
entwickeln aufgrund der Annahme, dass Geist sich aus organischen chemischen Stoffen entwickelt habe. Der Leser bzw. die
Leserin mögen für sich selbst entscheiden, ob Vedanta, das in
seiner allumfassenden Theorie mit Bewusstsein beginnt statt
mit Chemikalien, dem modernen Skeptizismus, so wie ich Vedanta dargestellt habe, standhalten kann oder nicht.

Die Beschreibung der fünf Koshas ist meine eigene Synthese
traditioneller vedischer Vorstellungen. Man kann mehr über
diese Ansätze und Ideen auf Webseiten erfahren wie dieser:
www.swamij.co/koshas.htm.

11. Geistführer und Boten

Es gibt eine umfassende Literatur über Engel, aber ich habe
festgestellt, dass das, was ich sagen wollte, nichts mit den vielen historischen Übersichten zu tun hatte, die darstellen, welche Engel in welchen Weltreligionen auftauchen. Es gibt eine
Vielzahl von faszinierenden Berichten von Menschen, die gelernt haben, mit Devas zusammenzuarbeiten, also mit jenen
schöpferischen Wesen, welche in Indien den Engeln des Wes-
tens entsprechen. Es sind Bücher, in deren Zentrum Findhorn
steht, die berühmte schottische Gemeinschaft, in der mit Hilfe
der Devas Gemüse auf unfruchtbarem Boden angebaut werden

konnte, wie es heißt, neben anderen bemerkenswerten Ereignissen. Die Bücher von Dorothy MacLean (zum Beispiel „Du kannst mit Engeln sprechen", Aquamarin Verlag, 2005/2006) und von Machaelle Small Wright (über die Perelandra Blütenessenzen, Knaur Verlag, 1998) sind zwei sympathische Geschichten von Frauen, die plötzlich festgestellt haben, dass sie mit Devas sprechen können und diese ihnen dabei helfen, Wünsche zu manifestieren. Beide sind Skeptizismus und Materialismus diametral entgegengesetzt.

12. DER TRAUM GEHT WEITER

Die Literatur über Reinkarnation ist ziemlich sperrig, weil sie sich über alle Religionen und spirituellen Bewegungen erstreckt. Die Hauptquelle für den im Westen populären Glauben ist wahrscheinlich die Theosophie. Dies war eine Bewegung, die sich aus dem Spiritualismus des 19. Jahrhunderts entwickelte und dabei eine große Zahl von Ideen aus Indien mit verwandte. Eine gut lesbare Einführung ist das Buch *Experiencing Reincarnation* von James S. Perkins (Theosophical Publishing House, 1977; deutsch etwa: „Reinkarnation erleben", nicht auf Deutsch erschienen). Für mich persönlich war es überraschend zu entdecken, wie viele Anschauungen, die ich als kleines Kind zu Hause in Indien ganz natürlich aufgenommen hatte, inzwischen von der Theosophie und vom New Age allgemein aufgegriffen worden waren.

In Bezug auf den wissenschaftlichen Nachweis für Reinkarnation bin ich einem hervorragenden Artikel von Carter Phipps zu Dank verpflichtet, der im Magazin *What Is Enlightenment?* („Was ist Erleuchtung?"; Ausgabe 32, März-Mai 2006; S. 60-90) erschien unter dem Titel *Death, Rebirth and Everything in Between: A Scientific and Philosophical Exploration* („Tod, Wiedergeburt und Alles dazwischen: Eine wissenschaftliche und philosophische Betrachtung"). Die Webadresse lautet: www.wie.org/; Abonnenten können dort den ganzen Artikel nachlesen.

Dieser Artikel hat mich zu den bedeutenden Forschungsarbeiten des Psychiaters Ian Stevenson von der Universität von Virginia über Kinder geführt, die von sich sagen, dass sie sich an frühere Leben erinnern. Seine Webseite ist www.healthsystem.virginia.edu/internet/personalitystudies/. Zum selben Thema gibt es das wertvolle Buch von Carol Bowman „Ich war einmal. Kinder erinnern sich an frühere Leben" (Heyne Verlag, 2002). Darin wird auch von einer Mutter berichtet, dass die irrationalen Ängste ihres Kindes vor lauten Geräuschen und Feuer im offenen Kamin im Haus durch Rückführung in frühere Leben geheilt werden konnten. Das bewegte sie, sich mit diesem Feld intensiver zu befassen. Eine Webseite, die sich der Rückführung von Kindern in ihre früheren Leben widmet, ist: www.childpastlives.org/.

Auf den Jungen, der sich daran erinnerte, im II. Weltkrieg gestorben zu sein, stieß ich zuerst durch einen Nachrichtenbericht von ABC: www.reversespins.com/proofofreincarnation.html.

Die Anekdoten von Kindern, die sich an ihre früheren Leben erinnern, stammen im Wesentlichen aus den Daten von Ian Stevenson, wie Carter Phipps sie berichtet (siehe weiter oben).

Die Kinderzitate, die von ihren Eltern weitergegeben wurden, sind auf der Webseite www.healthsystem.virginia.edu/internet/personalitystudies/ zu finden.

Die Quelle zu den Untersuchungen über außerkörperliche Erfahrungen, die am Monroe Institut durchgeführt wurden, kann man nachlesen bei: www.monroeinstitute.org/. Ein weiterer guter Artikel, der außerkörperliche Erfahrungen mit Nahtoderfahrungen in Verbindung setzt, findet sich online bei: www.paradigm-sys.com/cttart/sci-docs/ctt97-ssooo.html.

13. GIBT ES ÄTHER WIRKLICH?

Ich hatte bereits damit begonnen, über Akasha zu schreiben, als ich Ervin Lazlos Buch *Science and the Akashic Field* entdeckte (Inner Traditions, 2004; etwa: „Naturwissenschaft und das Akasha-Feld"; nicht auf Deutsch erschienen). Es bringt die umfassendsten Argumente dafür, Bewusstsein und Wissenschaft zusammenzuführen. Da mein Thema ja das Nachleben war, konnte ich in diesem Buch nicht auf die Dutzend oder mehr Geheimnisse eingehen – in Quantentheorie, Kosmologie, Biologie und Neurowissenschaften –, die nach Laszlo nie werden gelöst werden können, ohne Bewusstsein dabei einen Platz und eine Funktion zuzugestehen. Leser, die sich in solche weiterhin bestehenden Rätsel vertiefen möchten, sollten mit diesem Buch anfangen.

Laszlo diskutiert auch das Nullpunkt-Feld; zu diesem Thema gibt es ein gut lesbares, in sich sehr komplettes Buch von Lynne McTaggart: „Das Nullpunkt-Feld. Auf der Suche nach der kosmischen Ur-Energie" (Goldmann Verlag, 2007). Die Autorin beschreibt viele Experimente und erzählt ganz detailliert von verschiedenen Entdeckungen, anders als Laszlos Buch, das einen Überblick gibt und sich dabei auf ein Minimum an eigener Erzählung beschränkt.

Dr. Helmut Schmidts Experimente, die das Team von Jahn in Princeton fortführte, werden in diesem Buch von McTaggart beschrieben.

Eine leicht verständliche Darstellung des Paradoxons, das unter dem Namen „Schrödingers Katze" bekannt geworden ist, kann man online finden: www.whatis.techtarget.com/definition/0,,sid9_gci341236,00.html.

14. Denken jenseits des Gehirns

Die gegenwärtig angestellten Spekulationen über ein „erweitertes Bewusstsein" – also über die Möglichkeit von Geist und
Intelligenz außerhalb des Gehirns – erstrecken sich über ein
weites Feld von Wissenschaften. Einen guten Überblick gibt
der Teil 2 in McTaggarts Buch „Das Nullpunkt-Feld" (siehe
oben), vor allem aus der Sichtweise der Feldtheorie der Physik
dargestellt. Wenn man eigene Forschungsarbeiten und ein ori-
ginäres Denken zu diesem Thema sucht, ist Rupert Sheldrakes
Buch „Das Gedächtnis der Natur" (Piper Verlag, 1998) die
beste Informationsquelle. Er spekuliert darin auf brillante
Weise darüber, wie sich das Leben hat entwickeln können und
sich weiterhin entwickelt, aufgrund seiner eigenen Intelligenz,
die immer wieder mit sich selbst interagiert.

Sheldrake hat sich vom Aufschrei unter Darwinisten über
seine nicht-materialistische Theorie nicht verschrecken lassen,
sondern sie vielmehr herausgefordert, seine eigenen Experimente selbst durchzuführen. Seine Forschungsarbeiten über
den medialen Papagei und andere mediale Haustiere sowie
über die Fähigkeiten des menschlichen Geistes sind nachzulesen in den Büchern: „Der siebente Sinn des Menschen" (Fischer Verlag, 2006), „Der siebente Sinn der Tiere" (Fischer
Verlag, 2001) und „Sieben Experimente, die die Welt verändern könnten" (Goldmann Verlag, 1997). Seine gesamte Forschungsarbeit hat mich sehr beeinflusst, und ich kann mir nicht
vorstellen, dass ein Mensch mit offenem Geist von seinen
Ergebnissen nicht tief beeindruckt wäre.

Ich habe das aufblühende Feld der Informationstheorie nur
kurz gestreift. Sie ist faszinierend, aber noch nicht genügend
weit systematisch ausgebaut, um ein solch spezielles Thema
wie das Nachleben zu behandeln. Meine Einführung gewann
ich durch Hans Christian von Baeyers *Information: The New
Language of Science* (Weidenfeld and Nicolson, 2003; auf
Deutsch etwa „Information: Die neue Sprache der Naturwis-

senschaften", nicht auf Deutsch erschienen). Es ist gut verständlich und frei von höherer Mathematik.

Über das Syndrom von „Savants" (Menschen mit erstaunlichen einseitigen Begabungen) ist viel geschrieben worden.
Meine erste Bekanntschaft machte ich damit durch das Buch
von Oliver Sacks „Der Mann, der seine Frau mit einem Hut
verwechselte" (Rowohlt Verlag, 1998). Darin beschreibt Sacks
aus der Sicht eines Neurologen Begegnungen mit autistischen
Kindern, die über besondere Fähigkeiten verfügten. Sacks' Interesse für Menschen mit besonderen Gehirnfähigkeiten wagt
keinerlei spirituelle Spekulationen. Anders als Joseph Chilton
Pearce, der in „Der nächste Schritt der Menschheit" (Arbor
Verlag, 1997) das Phänomen einseitiger Begabungen zu einem
nicht-materiellen Intelligenzfeld in Beziehung setzt, zu dem wir
alle Zugang hätten. Ein schöner Artikel zum Thema *The Key
to Genius* („Der Schlüssel zum Genie") findet man online bei
www.wired.com/wired/archive/11.12/genius_pr.html.

Ich fing an, mich für Meme zu interessieren, nachdem ich
darüber online vieles gefunden hatte. Das Internet ist voller
Debatten über diese „mentalen Gene". Zur Definition von Memen lese man: www.intelegen.com/meme/meme.htm (bzw. für
eine deutsche Definition gebe man bei Google ein: „Meme Wikipedia"). Der Evolutionsforscher Richard Dawkins, der diesen Begriff erfand, geht darauf in seinem Buch „Das egoistische
Gen" ein (Spektrum Akademischer Verlag, 2006). Obwohl ich
mich für Erörterungen der Theorie der Memetik interessiere,
schließe ich mich den Grundannahmen und Schlussfolgerungen allerdings nicht an.

Ein vollständiger Bericht über N'kisi, den telepathischen Papagei, kann man in Sheldrakes Buch „Der siebente Sinn der
Tiere" nachlesen.

Amit Goswamis Feststellung, dass das Universum immer
neuen Wein in alte Flaschen fülle, fiel in einer persönlichen
Unterhaltung.

Die erstaunliche Geschichte des Musik-Savants Rex ist online zu finden bei: www.cbsnews.com/stories/2005/10/20/60minutes/main957718.shtml

Die Geschichte des Automobil-Savants steht bei Pearce in „Biologie der Transzendenz" (Arbor Verlag, 2006).

Die Geschichte des Wunderkinds, das an der Juilliard-Musikhochschule studierte, war in den CBS-Fernsehnachrichten zu hören und findet sich bei: www.cbsnews.com/stories/2004/11/24/60minutes/main657713.shtml

15. DER MECHANISMUS DER SCHÖPFUNG

Das Thema der Entstehung – des Auftauchens eines neuen Phänomens in der Natur – wird auf eine für den Laien erhellende Weise bei Wikipedia diskutiert (www.wikipedia.org/wiki/Emergence). Ich habe auch enorm profitiert vom Physiker Amit Goswami, der ausführlich über schöpferische Sprünge in der Natur geschrieben hat, so in „Das bewusste Universum" (Lüchow Verlag, 2006). Einer der mutigsten Ansätze, um das Physikalische und das Spirituelle miteinander zu verbinden, kann man bei Ervin Laszlo nachlesen in *Science and the Reenchantment of the Cosmos* (Inner Traditions, 2006; Deutsch etwa „Wissenschaft und die Wiederverzauberung des Kosmos;" nicht auf Deutsch erschienen). Beide Autoren sind Naturwissenschaftler, die sich weigern, die Spaltung zwischen wissenschaftlichen und spirituellen Sichtweisen der Welt zu akzeptieren.

Remote Viewing, also das mediale „Sehen" in die Ferne oder das „Distanzsehen", ist inzwischen zu einem Begriff geworden für alles, was früher unter Hellsichtigkeit lief. Die Webseite www.farsight.org/ bietet reichlich Information zu diesem Thema (auf Englisch). Es gibt auch ein neueres umfassend recherchiertes Buch zum Thema: *Remote Viewing: The Science and Theory of Nonphysical Perception* (Farsight Press, 2005;

deutscher Titel etwa: „Distanzsehen: Die Wissenschaft und die Theorie der nichtphysischen Wahrnehmung", nicht auf Deutsch erschienen). Ein Veteran des geheimen Militärprogramms, das sich mit unkörperlichem Distanzsehen befasste, Joseph McMoneagle, hat ein Buch über seine Erfahrungen und Experimente geschrieben und dargestellt, wie jeder diese Fähigkeit vermittels Selbstdisziplin und Hingabe erlernen könne. Siehe sein Buch *Remote Viewing Secrets: A Handbook* (Hampton Roads, 2000; „Die Geheimnisse des Disanzsehen: Ein Handbuch"; nicht auf Deutsch erschienen; es gibt von diesem Autor jedoch ein Buch mit dem Titel *Mind Trek* auf Deutsch, erschienen im Omega Verlag, 1998, das seine Biographie bietet).

Die Geschichte des Mediums, das in das SQUID „hineinsehen" konnte, stammt aus dem Buch von McTaggart „Das Nullpunkt-Feld."

Das Experiment zum Distanzsehen, an dem ich beteiligt war, wurde von Marilyn Schlitz durchgeführt, der Leiterin des Instituts für noetische Wissenschaften. Deren Webseite ist: www.noetic.org/. Diese Webseite führt zu einem wahren Schatz an Materialien über jeden Aspekt von Wissenschaft, Spiritualität und das Paranormale. Nach meiner Kenntnis ist dies das Institut mit dem umfassendsten Forschungsansatz und dessen Untersuchungen und Ergebnisse haben mich seit zwanzig Jahren inspiriert.

Telepathie bei Pflanzen ist ein Thema einer Online-Diskussion mit Cleve Backster: www.derrickjensen.org/backster.

Alle Gedichte von Tagore habe ich selbst übersetzt bzw. veröffentlicht; auf Englisch sind sie erschienen als *On the Shores of Eternity: Poems from Tagore in Immortality and Beyond* (Harmony Books, 1999).